财经法治

中国农村法治论坛　第8卷

宅基地"三权分置"法治保障研究

主编／卢代富

法律出版社 | LAW PRESS | 北京

图书在版编目(CIP)数据

宅基地"三权分置"法治保障研究 / 卢代富主编
. -- 北京 : 法律出版社, 2022
(中国农村法治论坛 ; 第 8 卷)
ISBN 978 - 7 - 5197 - 6031 - 1

Ⅰ. ①宅… Ⅱ. ①卢… Ⅲ. ①农村 - 住宅建设 - 土地
管理法 - 研究 - 中国 Ⅳ. ①D922.324

中国版本图书馆 CIP 数据核字(2021)第 205220 号

宅基地"三权分置"法治保障研究
ZHAIJIDI "SANQUAN FENZHI" FAZHI BAOZHANG YANJIU

卢代富　主编

策划编辑 陈 妮
责任编辑 陈 妮 黄 筝
装帧设计 汪奇峰

出版发行 法律出版社
编辑统筹 法治与经济出版分社
责任校对 晁明慧
责任印制 吕亚莉
经　　销 新华书店

开本 787 毫米×1092 毫米 1/16
印张 13.5 **字数** 247 千
版本 2022 年 4 月第 1 版
印次 2022 年 4 月第 1 次印刷
印刷 北京虎彩文化传播有限公司

地址:北京市丰台区莲花池西里 7 号(100073)
网址:www.lawpress.com.cn
投稿邮箱:info@lawpress.com.cn
举报盗版邮箱:jbwq@lawpress.com.cn
销售电话:010 - 83938349
客服电话:010 - 83938350
咨询电话:010 - 63939796

书号:ISBN 978 - 7 - 5197 - 6031 - 1　　**定价**:86.00 元

凡购买本社图书,如有印装错误,我社负责退换。电话:010 - 83938349

前　　言

为繁荣农村法治研究，寻求化解“三农”问题的法律对策，服务乡村振兴等重大战略，西南政法大学中国农村经济法制创新研究中心、经济法学科点、经济法学院从2009年起每年举办“中国农村法治论坛”系列会议。从每次会议中遴选优秀投稿论文集辑出版。

2020年1月4日，由西南政法大学经济法学院、经济法学科和中国农村经济法制创新研究中心共同举办的“第十一届中国农村法治论坛”在重庆举行。论坛的主题为“新时代宅基地制度改革研究”，共征集到学术论文72篇。来自中国人民大学、吉林大学、河北大学、广东外语外贸大学、西北政法大学、重庆大学、山东政法学院、中国农业大学、中国社会科学院大学、内蒙古大学、南京师范大学、贵州省社会科学院等全国30余家高校、科研院所及实务部门的近百名专家学者参加了此次论坛。本书主要收录了本次论坛的部分优秀论文。

2020年10月31日，由中国土地法制与乡村振兴战略会议联盟主办，西南政法大学经济法学院、经济法学科、中国农村经济法制创新研究中心承办，《法学家》杂志社、《土地法制科学》编辑部、《经济法论坛》编辑部协办的“中国土地法制与乡村振兴战略会议联盟第六届学术研讨会‘农村要素市场化配置改革的法治保障学术研讨会’暨第十二届中国农村法治论坛”在重庆举行。论坛主题为“农村要素市场化配置改革的法治保障”。来自全国20余家单位的近百名专家学者参加了本次论坛。本书收录了本次论坛的会议综述。

2020年11月1日，由中国土地法制与乡村振兴战略会议联盟主办，西南政法大学经济法学院、经济法学科、中国农村经济法制创新研究中心承办的“第五届全国土地法制与社会发展博士生学术论坛”在重庆举行，会议主题为“乡村振兴战略的法治保障",近30名博士生及专家学者参加了此次论坛。本书收录了本次论坛的会议综述。

西南政法大学

中国农村经济法制创新研究中心

2021年12月

目　　录

宅基地“三权分置”的法理阐释

宅基地“三权分置”的权利架构

宅基地“三权分置”的运行机理

宅基地“三权分置”相关改革协同

会议综述

宅基地“三权分置”的法理阐释

经济法理念视角下宅基地“三权分置”改革合理性证成*

董新辉**

目　次

一、问题的提出:“三权分置”合理性受到质疑

2018年1月2日,中共中央、国务院《关于实施乡村振兴战略的意见》,从国家政策层面正式提出探索宅基地所有权、资格权、使用权“三权分置”改革。2020年《民法典》颁布,承包地“三权分置”改革被写入法典,而宅基地“三权分置”改革甚至是整个宅基

* 基金项目:2019年浙江省教育厅一般科研项目“乡村振兴背景下宅基地‘三权分置’改革的基本理念”(Y201941048);2018年国家社科基金一般项目“三权分置下农地经营权入典问题研究”(18BFX155);2019年教育部人文社会科学研究规划基金项目“宅基地三权分置法理阐释及其法律实现”(19YJA820063)。

** 法学博士,绍兴文理学院商学院法律系讲师。

地改革却未能有立法层面的突破。究其原因,宅基地"三权分置"改革与2014年国家提出的农地"三权分置"改革一脉相承,均是从经济学的产权分解理论衍变而来的,但法学界对宅基地"三权分置"质疑之声更甚。这主要集中于其与基本法理和传统物权理论不相融,难以与现有法律体系衔接,[1]应妥善处理中国农地权利制度的独特性与立法规范表达之间的关系。[2] 这种转换的难点在于,基于经济学的政策逻辑和基于物权法的法律逻辑存在违和性,学界对于"三权分置"的政策解读和法律解读存在矛盾。[3]

理念代表制度设计最根本的价值追求,也是观察问题和分析问题最基础的准绳,是阐释国家经济结构、社会结构以及法律结构的重要参考,会直接影响国家政策与法律的制定。作为经济学与法学的交叉学科,以经济法理念作为调和宅基地"三权分置"改革政策逻辑与法律逻辑的重要参考和评价标准,以经济法的分析方法和分析范式研究宅基地制度重塑问题以求得更多改革共识具有重要意义。

二、人本主义理念视角下的宅基地"三权分置"改革

(一)人本主义理念是经济法的元理念

人本主义理念并非玄妙深奥,从根本上说,它就是"以人为价值和尺度的哲学认知"。[4] 人本主义理念是我们理解人的世界、人的社会、人的国家的一个根本原则,其不仅是一种价值观,也是一种认识论和方法论。从法学视角分析,人是法的根本和终极的关怀对象。关心人的全面自由发展,促进人的社会发展进步,推动国家走向富强文明,推动人的世界走向和谐共赢正是法的目的和意义所在。以人为本的价值追求不但成为我们孜孜以求的具有形式意义的目标,更是社会文明进步和发展程度的重要标

---

〔1〕 宋志红:《宅基地"三权分置"的法律内涵和制度设计》,载《法学评论》2018年第4期。

〔2〕 刘恒科:《农地"三权分置"的理论阐释与法律表达》,载《南京农业大学学报(社会科学版)》2018年第4期。

〔3〕 张旭鹏、卢新、韩璟:《农地"三权分置"改革的制度背景、政策解读、理论争鸣与体系构建:一个文献评述》,载《中国土地科学》2017年第8期。

〔4〕 李昌麒主编:《经济法理念研究》,法律出版社2009年版,第86页。

尺。因此,从以人为本的理念分析经济法的固有品格及价值意蕴,从而提升经济法的精神品格对于经济法问题的研究具有重要意义,以人为本是经济法的元理念。

以人为本理念的内涵“从根本上是要对社会强势群体和社会弱势群体的分化,以维护和促进社会强弱势群体的生存和发展”。[1] 在马克思看来,人自身的历史发展过程可以分为三个阶段:一是原始社会、奴隶社会和封建社会的“人的依赖关系”阶段,二是以资本主义社会为主的“以物的依赖性为基础”阶段,三是共产主义的“自由个性”阶段。[2] 目前,我们仍处于第二阶段,并且在未来很长一段时间内都将处于这个阶段。市场经济的实质就是一种“以物的依赖性为基础”的经济,人在其中并未获得真正的独立,同时还会由于过分依赖“物”的倾向而出现被“物”异化的可能,形成“金钱至上”“唯利是图”的恶果。这些正是只顾经济利益而缺失人文关怀、忽视人本主义理念的表现。在经济社会发展的这一特定阶段,人被分化,人的社会被分层在所难免,这就是“阶级固化”等社会问题产生的根源。如何保护弱势群体的利益,防止人的过度分化是经济法人本主义理念的题中之义。

同时,我们还可以从共生的角度来理解人本主义理念。“经济法的人本主义理念是一种共生理念。”[3]“共生”是一个生物学概念,其实质是“异质者开放的社会结合方式。它不限于内部和睦的共存共荣,而是相互承认不同生活方式的人们之自由活动和参与的机会,积极地建立起相互关系的一种社会结合”。[4] 人作为一种社会性的存在,每一个个体都无法脱离整个社会和其他个体而孤立存在。社会风险的存在使每一个个体或者每一个群体,无论阶层高低,弱势或强势,都必须以一种共生的理念认识风险存在的可能以及其所带来的危害。这就导致各个利益群体间虽然存在利益的冲突,但是必须以共生的态度直面人类共同体的整体利益需要。必要时甚至要舍弃自己的部分利益诉求,以换得更大的社会整体利益的维护。

---

〔1〕 李昌麒主编:《经济法理念研究》,法律出版社2009年版,第91页。

〔2〕 参见[德]马克思、恩格斯:《马克思恩格斯全集》(第46卷上),中共中央马克思恩格斯列宁斯大林著作编译局译,人民出版社1979年版,第104~111页。

〔3〕 李昌麒主编:《经济法理念研究》,法律出版社2009年版,第91页。

〔4〕 [日]尾关周二:《共生的理想》,卞崇道译,中央编译出版社1996年版,第120页。

(二)人本主义理念下农民财产权利的保护

让作为农民家庭最重要的财产之一的农房,通过转让及抵押等方式进行流转,将这一重要财产货币化或资产化,以获取相应的资金,是保障农民财产权利实现的最重要内容。宅基地使用权实现自由流转使农房的转让脱离了“隐形流转”的地下市场,让农村房屋可以和城镇住房一样在市场中自由交易,让宅基地上农房的经济价值在房产市场上与城镇住房一样实现变现,房屋的资产价值得以在自由市场流转中大幅提升,这是对农民住房财产权利最基本的保障,是对农民最基本的关注和维护,也是人本主义理念的最基本体现。同时,“三权分置”丰富了宅基地产权体系,使宅基地使用权的转让属性在不突破保障属性的前提下实现宅基地使用权转让性的回归。宅基地使用权的自由流转,是对宅基地自身财产价值的实现,最大限度地显化了宅基地的财产价值,为农民进一步实现对土地的财产权利留下了足够的想象空间。

上述农房和宅基地资产价值的实现是对农民发展权利的保护,农民财产性收入的极大提升,赋予了农民更多选择的权利,可以满足购房、教育、创业等农民对宅基地和农房财产价值的不同需求,促进社会整体的机会平等。依靠农民的自主选择而非政府的主导,有利于进一步“降低农村劳动力的转移成本”,[1]为全社会的人口城镇化及推进城乡一体化建设提供人力资源保障。

实行宅基地“三权分置”改革,宅基地使用权实现自由流转,将使农民集体财力增强。农户在更大范围内流转宅基地的障碍有效破解后,宅基地的流转动力将得到有效释放,宅基地的流转活力将得到全面激发。可以预见,流转后宅基地有偿使用将会推动收益的显著增加,农村集体经济组织作为宅基地的所有权人参与流转收益的分配,集体财力会相应增强。而这些资金将进一步促进农村基础设施建设等公益事业的发展,提升农民生活质量。同时,有偿使用的收益也充实了闲置宅基地退出的资金,有利于退出补偿标准的提高,进一步盘活农村宅基地的流转和治理。促进农村集体对宅基

---

〔1〕 庄开明、彭亮等:《农村闲置宅基地有偿退出与优化利用——基于四川省农地改革与探索的实践》,人民出版社2017年版,第2页。

地有偿退出工作的积极性,保障退出工作有序开展。

(三)人本主义理念下农民生存权益的保障

人本主义理念下农民生存权益的保障就是要在充分尊重农户意愿的基础上,对农户流转的后续生存保障予以合理的、适度的关注。宅基地资格权制度设计是对流转后宅基地保障功能的继续维护。城镇化用地的改革方向是如何保障占总人口绝对大部分比例的进城农民和其他移居就业者的安居权利。[1] 城市化并不仅是土地的城市化,更是人口的城市化。而人口城镇化的着力点首先就应该是户籍制度的改革,其中最关键的是建立城乡统一的社会保障制度。宅基地使用权流转制度改革后,对“带地入城”的农民来说,他们手中的土地权利、身上的农民集体资格等如何保障已成为亟待明确的法律问题,这也是他们能否真正实现有保障的“人的城镇化”的基础。正因如此,“十三五”规划在“提高民生保障水平”部分,特别提出了关于农民的社会保障问题。农民祖祖辈辈生活在某一片土地上,在今后相当长的一段时间内,土地仍将会在农民生活保障方面发挥重要作用。[2] 《中华人民共和国国民经济和社会发展第十四个五年规划和2035年远景目标纲要》在“第二十五章 健全城乡融合发展体制机制”中提出,“深化农村宅基地制度改革试点,加快房地一体的宅基地确权颁证,探索宅基地所有权、资格权、使用权分置实现形式。”显然,在农民保障问题上合理的选择应该还是在农村土地中探寻可能,在宅基地权能的丰富和完善上寻求突破口。

习近平总书记曾指出:“农民进城务工居住,将来是不是在城里,这很难说。一个人的脱胎换骨需要一个长期的过程,人的改造不是一代人的问题。许多传统的观念、习惯和生活方式,都是从小养成的,不可能一进城一下子就改变了。”[3]城市化问题并不是简单的非农化,而是将农民从农民变市民的长期的养成问题。农村宅基地及农村的房子应在农民手中持续一段时间。要让农民“这边进得来,那边回得去”,来去自由,

---

〔1〕 参见华生:《新土改:土地制度改革焦点难点辨析》,东方出版社2015年版,第46页。

〔2〕 参见李昌麒:《中国农村法治发展研究》,人民出版社2006年版,第108~109页。

〔3〕 习近平:《干在实处 走在前列——推进浙江新发展的思考与实践》,中共中央党校出版社2013年版,第159页。

有进取之路,无后顾之忧。因此,我们也应清醒地认识到,虽然宅基地的保障功能呈弱化趋势,但其依然是农民的重要生活保障。在宅基地管理制度的构造中必须充分考虑宅基地使用权人的合法权益,以对农民宅基地保障属性的保护为导向,在顶层制度设计中严格落实。

从“三权分置”流转模式的设计思路看,宅基地资格权的制度设计正是基于上述考虑的结果。“三权分置”为农民在流转后保留宅基地资格权,继续通过宅基地资格权为农民在宅基地上保障权利的实现提供权利基础,为有的进城后又失败的农民提供出路,这是防止“流民”风险的保障。宅基地资格权制度的设想一定程度上实现了持限制流转观点的学者所主张的“农民可以进城又可以返乡的稳健的城市化战略”,[1]实现了农民在城市化过程中“这边进得来,那边回得去”的目标。让农村真正成为“中国现代化的稳定器和蓄水池”,[2]为国家应对危机提供了调控的余地。同步推进承包地“三权分置”和宅基地“三权分置”,回应了举家迁往城镇,同时又希望流转承包地和宅基地的农村家庭的需求。虽然在具体制度设计上以及制度运行的实际效果上,还需要实践的检验,但这一改革思路无疑回应了持限制流转观点的学者在流转可能导致风险方面的担心,凝聚了各方的改革共识,为改革的推进减少了阻力,创造了有利条件。

同时,农民生存权益的保障要对既往经验进行及时分析和总结,形成可复制、可推广的制度安排。在既有改革实践探索中,各地对流转后的农民社会生存权益的维护作出了大量的探索和努力,取得了较显著的效果。从已有的农民住房财产权抵押贷款试点的实际情况看,各地政府对金融机构在处置抵押物时,在如何保证农户的基本住房权利的问题上已经有所考虑。很多地方都作出了要求“流转以农民在城市里稳定就业和稳定居住为前提”,要求农民提供“拥有其他稳定居所和稳定生活来源的书面材料”的规定,[3]以防止抵押权实现时抵押人居无定所,防范社会风险的发生可能。有学者

---

〔1〕 贺雪峰:《地权的逻辑——中国农村土地制度向何处去》,中国政法大学出版社2012年版,第230页。

〔2〕 贺雪峰:《地权的逻辑Ⅱ——地权变革的真相与谬误》,东方出版社2013年版,第79页。

〔3〕 相关规定有《成都市农村房屋抵押融资管理办法(试行)》第5条、《厦门市农村房屋抵押融资管理暂行办法》第2条等。

对此做法提出了批评，认为其将大大限制农民住房抵押的设立，也不利于调动银行积极性，从而也就间接限制了农民住房的价值发挥。[1] 笔者认为，应首先对“拥有其他稳定居所和稳定生活来源的书面材料”的规定明确标准和细化要求。何谓“拥有其他稳定居所”？其并未明确是农民拥有自己名下合法产权的房屋还是拥有租赁关系的住房，抑或是拥有借住的房屋。而如果所谓“拥有稳定生活来源”仅指具有劳动合同关系的职业这一种情况，那么其无法涵盖自由职业者或者个体经商者。“住宅以外其他适当住所的证明”的真实性和必要性亦都值得质疑，可能在最后的结果上徒有形式而无多大的实际意义。因此，笔者认为，制度设计者对农户流转宅基地使用权进行此类限制可操作性不强，显得并无多大意义。不应单纯停留在农户提交书面材料等形式上，更应与其是否在城镇购房、就业情况、经济能力等相结合，划分不同类型，着重对自我保障能力较弱的农户予以关注。同时，保障农民的基本住房权利，已经超出了宅基地用益物权的范畴，是社会保障制度的功能。“随着整个社会保障体系的不断建立和完善，此种责任最终会回归政府。”[2] 故而，在制度构建的思路上，还应从政府的角色和责任入手，完善制度，落实政府保障职能。对此，有的地方政府要求流转农户将依法获得的补偿款拿出一部分购买社保，参与社会保障，即“宅基地换社保”；有的地方政府要求对流转后必须留下不低于一定面积的宅基地，以此作为流转条件。浙江义乌规定转让后人均建筑面积不能低于15平方米，四川成都规定30～35平方米。笔者认为，上述做法可以视为一种在农村社会保障体系还不完善情况下的过渡方式，值得肯定，可以在“三权分置”流转模式中继续实践并不断完善。

对于农户流转宅基地后的生存保障，政府要对流转出让主体的经济能力、自我保障能力等作出适当的介入和帮助，其资格权的退出应以农民在城市里稳定就业和稳定居住为优先因素，并通过强制其购买社会保险、留下一定面积的宅基地等措施加强其对自身生存风险的保障。从根本上，国家还是应从打破城乡二元社会保障体系的全局

---

〔1〕 参见周学东：《农村土地“两权”抵押法律问题研究》，载《中国金融家》2014年第11期。

〔2〕 王飞鸿：《〈关于人民法院执行设定抵押的房屋的规定〉的理解与适用》，载《人民司法》2006年第1期。

出发,着力于不断创新和完善包括宅基地资格权制度在内的农村社会保障体系的构建,亦从根本上解决农户的后顾之忧。

最后需要强调的是,“三权分置”改革后,在宅基地使用权(资格权)初始取得阶段仍应继续强调宅基地的保障功能。农村宅基地使用权的无偿设立,是农村社会保障制度内容的重要组成部分。在绝大多数的一般农村,宅基地对农民的住宅保障功能仍然是无可替代的。过去对宅基地使用权流转的限制,放大了在初始取得时保障价值的实现,以及在流转时保障价值向交换价值的转换,使其用益物权的权利内容大打折扣,让市场经济主体实现宅基地资产价值的期盼落空,让土地高效利用的目标难以实现,违背了市场经济谋求资源最优化配置的初衷。因此,“三权分置”改革后,应分阶段地确定保障功能的地位和作用。在宅基地审批阶段,仍应最大限度地体现宅基地的保障属性;在宅基地使用权(资格权)审批设立后,在向外流转过程中,可以适当淡化其社会保障色彩,通过流转实现宅基地的资产价值,避免宅基地在审批与流转两个阶段的价值错位。厘清宅基地保障价值与交换价值,避免不同阶段定位的混淆,是发挥宅基地物权效能的基础。

三、调制绩效理念视角下的宅基地“三权分置”改革

(一)调制绩效是经济法的重要价值追求

效率是人类经济社会发展追求的永恒主题。任何市场主体的行为都以经济的最大绩效为初衷展开,并最终回归到经济绩效的原点。经济效率是经济法强调的重要行为目标和主要评价因素。调制绩效理念是对经济法调整目标的原则体现。[1] 因此,应当在经济法上确立调制绩效的理念。对土地资源的优化配置,实现高效利用是调制绩效理念所追求的不懈目标。土地是人类生存的重要物质基础,也是人类从事生产活动的重要自然资源和社会资源,更是人类从事经济行为的重要生产要素。土地作为一种资源是有限的,甚至是稀缺的。土地的这种特性决定了人类在开发和利用每一寸土地

〔1〕 参见张守文:《经济法原理》,北京大学出版社2013年版,第69页。

时都要做到物尽其用，达到土地资源的优化配置，实现经济效益、生态效益和社会效益的统一和最大化。在资源稀缺的情况下，如何最富有效率地使用资源，既是调制绩效理念的重要追求目标，也是我国在土地高效利用上存在的现实问题。作为一种资源，宅基地的大量闲置显然不符合土地资源优化配置的要求。在现代经济学理论中，财产的高速流动、市场的合理配置、资源的优化利用是财富增长的不竭动力。尤其对于具有高度稀缺性的土地来说，对其的合理利用、优化配置就显得更为必要和紧迫。经济法在追求经济绩效的同时，也要在一些问题上强调社会效益，这本质上也可以理解为一种对绩效的考虑，平衡协调效率和公平是调制绩效理念的本质要求。将这种平衡与协调置入宅基地使用权流转问题中，则表现为在不损害社会公共利益的情况下如何最有效和集约地利用土地资源，达到最优配置效果的努力。这是人们在土地利用问题上追求的永恒主题，也是调制绩效理念在土地问题上的题中之义。只有在自由流动中，通过市场机制的调节和运行才能凸显宅基地的财产价值，达到土地资源优化配置的结果，发挥宅基地这一稀缺资源的最大功效。因此，可以说，土地资源的优化配置和土地要素在市场配置下的合理流动是调制绩效理念在土地问题上的根本要求。

完整清晰的产权是传递正确市场价格信号，有效配置资源，提高经济绩效的根本保证。[1] 要通过市场实现土地资源的自由流转与优化配置，完整清晰的产权是前提和基础。不同学者从不同角度对产权作出了界定。在新制度经济学理论中，产权被定性为“一种通过社会强制而实现的对某种经济物品的多种用途进行选择的权利”，[2] 并被解读为“占有、使用、改变、馈赠、转让或阻止他人侵犯其财产的一组权利”。[3] 而从法学视角看，产权可以被界定为一种“财产”与“权利”的组合，它既是经济学上的资源、生产要素，表现为“财产”；也是要求他人为一定行为或不为一定行为的一系列规则体系，表现为一种“权利”。因此，“产权是一个权利束，拥有一项资产并持有它（消极运

〔1〕 参见蒋淑玲：《产权、契约与经济绩效——中国“三农”问题解读》，载《湘潭论坛》2005 年第 1 期。

〔2〕 [英]约翰·伊特韦尔等编：《新帕尔格雷夫经济学大辞典》（第 3 卷），经济科学出版社 1992 年版，第 1101 页。

〔3〕 [美]罗伯特·考特、托马斯·尤伦：《法和经济学》，史晋川、董雪兵等译，上海三联书店 1991 年版，第 125 页。

用)；将它用于交易或让他人暂时使用其某些方面(积极运用)”。[1] 我们可以将产权界定为不让他人使用一项资产的权利，以及使用、向他人出租或出售该资产的权利。

根据上述对新制度经济学和法学研究成果的梳理可知，产权具有排他性、可分割性、可转让性的本质特征。可转让性涉及所有权通过出售或捐赠等方式的变化，[2]是产权的本质要求。一项产权不能被转让，将意味着其不能得到与之匹配的价值评判，也无法充分发挥其在使用上的最大潜能，实现资源的优化配置。产权一旦被禁锢在一个固定主体身上，而其他主体尽管对该财产具有更强烈的使用需求、更高的使用技能、更有效益的使用用途，都无法达到利用此项财产的目的。这使产权的效能处于一种被抑制的状态，本质上与调制绩效理念所追求的资源最优配置的目标相违背。土地作为一种具有明显稀缺性的资源，以一种静止、隔绝的状态存在时，其经济意义无从谈起。一块土地只有与其他经济要素联系起来，形成流动的、联系的整体，才能体现出其经济价值。因此，土地利用本质上就是要流动起来，而土地价值也只有在流转中才能被具体衡量和客观评价。宅基地不具有可转让性，或者说转让性受到严格限制，转让范围被限制在一个非常小的范围内。可以说，宅基地使用权的产权是不完整的，是一种“产权的残缺”。

(二)调制绩效理念下土地资源的优化配置

城镇化水平的提升和乡村人口数量的减少，理论上可以减少居住用地，节约建设用地。但是，实际上农村居民点用地却不减反增，直接的原因就是城乡土地分割管理，农村宅基地使用权流转动力不足。在2015年开始的农村土地制度改革试点中，宅基地使用权的流转范围相对过去没有变化，仍被限定在村集体经济组织中，流转范围仍然狭小，单纯通过对超标占地和“一户多宅”等收取有偿使用费，不仅集体财力增加有限，且农民获得感不强。而对于村集体经济组织之外有求购意愿的组织和个人来说，这也

---

〔1〕［德］柯武刚、史漫飞：《制度经济学：社会秩序与公共政策》，韩朝华译，商务印书馆2003年版，第224页。

〔2〕参见［德］柯武刚、史漫飞：《制度经济学：社会秩序与公共政策》，韩朝华译，商务印书馆2003年版，第224页。

抑制了流转交易的发生，无法满足交易的需求，造成市场供给的不足。

宅基地使用权自由流转本质上是通过市场手段实现土地资源的优化配置。市场决定资源配置是市场经济的一般规律，市场经济本质上就是市场决定资源配置的经济。只要存在适宜的制度，通过自由契约实现主体间的自愿交换才可以达成资源的优化配置。[1] 纵观我国社会主义市场经济发展的历程，市场在调节资源配置中发挥的作用不断提升，[2]其发挥着最为基础的作用，甚至从某种程度上说，没有市场的开放就没有中国今天的改革成就。党的十八届三中全会把市场在资源配置中的“基础性作用”修改为“决定性作用”，这是我国对中国特色社会主义经济建设规律认识的一个新突破，标志着社会主义市场经济发展进入了一个新阶段。

在土地资源的优化配置上，也要切实发挥市场的决定性作用。郑永流教授在分析市场在农地流转问题中的重要作用时曾说，人们追求最大的利润，是不可能在本村这一具有血缘的圈子里实现的。因为受人伦规范的制约，财富增长不可能获得有效的刺激力量。只有跨越这个圈子，进入陌生人的空间，人的独立利益才能体现，这个空间就是市场。[3] 一笔土地交易成功将意味着土地资源的配置得到一次优化，通过不断的土地流转，土地的资源配置也将得以不断优化。[4] 宅基地使用权通过市场流转的过程就是土地资源配置趋于最优化的过程。“权利应该赋予那些最珍视它们的人。”[5] 解除对宅基地使用权流转的限制，实现了宅基地使用权按照权利人意志的自由流转，有利于改变宅基地利用闲置、低效的状态，使大量宅基地资源，尤其是城镇周边的土地从闲置状态转化为利用效率较高的状态，充分盘活闲置土地，将宅基地交到了真正珍

[1] 参见李晓明：《私法的制度价值》，法律出版社2007年版，第475页。

[2] 梳理我国近30年的国家经济政策，党的十四大提出建立社会主义市场经济体制的改革目标，党的十五大提出“使市场在国家宏观调控下对资源配置起基础性作用”，党的十六大提出“在更大程度上发挥市场在资源配置中的基础性作用”，党的十七大提出“从制度上更好发挥市场在资源配置中的基础性作用”，党的十八大提出“更大程度更广范围发挥市场在资源配置中的基础性作用”，党的十九大报告强调“使市场在资源配置中起决定性作用”。

[3] 参见郑永流：《当代中国农村法律发展道路探索》，中国政法大学出版社2004年版，第73页。

[4] 参见李昌麒：《中国农村法治发展研究》，人民出版社2006年版，第102页。

[5] [美]理查德·A.波斯纳：《法律的经济分析》，蒋兆康译，法律出版社1997年版，第20页。

视它的人手中。宅基地可以按照以自愿、有偿原则转让等方式自由流转,将切实激发市场活力,提高宅基地的利用绩效,推动实现土地资源的有效配置。

同时,宅基地使用权流转还将通过市场手段解决宅基地有偿退出的资金不足问题。在2015年开始的农村土地制度改革试点中,宅基地制度改革面临的困难最大,主要表现为宅基地有偿退出面临资金困难。从地方的探索实践看,一些地区允许闲置宅基地由农民集体经济组织回购,整治后仍然限于在村集体经济组织范围内使用,有的虽然扩大至县域范围统筹使用,但显然仍无法从根本上完全满足宅基地的流转需求,这严重限制了指标收益能力。而集体收益不足又会反过来影响集体回购宅基地的财力,阻碍闲置宅基地整理的进程。改革前农民对宅基地有偿退出的补偿满意度不高,据在四川省南充市开展的有关调研显示仅21.05%,[1]很大一部分原因就是补偿标准偏低。一方面,这是政府的资金主要源于财政支出,财力有限且受制于预算等因素所致,难以满足土地整理周期长、金额大的要求;另一方面,集体财力的不足也是导致宅基地退出补偿偏低的主因。宅基地"三权分置"改革疏通了流转障碍,为进一步扩大流转范围打下基础,可以预见流转收益将进一步大幅增加,集体财力也会相应得到增强,这将为宅基地有偿退出提供更为有力的资金支持,通过市场循环机制解决集体财力不足的问题,促进宅基地有偿退出。这对于市场流转需求并不大、资产价值并不高的偏远地区的一般农村来说更具有重要意义。宅基地使用权的自由流转将有力促进农村富余宅基地的退出,通过构建城乡统一建设用地市场,为集体建设用地直接进入土地市场打下坚实基础,在很大程度上缓解城市建设用地的需求和缺口,从根本上提高宅基地使用权流转机制的活力。宅基地使用权流转充分回应了市场的需求,让市场的问题充分回归市场,是市场在资源配置中发挥决定性作用的重要表现。

(三)调制绩效理念下城乡一体化发展

党的十八届三中全会通过的《关于全面深化改革若干重大问题的决定》提出"健全

---

〔1〕 庄开明、彭亮等:《农村闲置宅基地有偿退出与优化利用——基于四川省农地改革与探索的实践》,人民出版社2017年版,第54页。

城乡发展一体化体制机制”的目标,通过“三权分置”流转模式改革实现宅基地使用权自由流转对于这一目标的实现具有重要的促进作用。

第一,宅基地使用权流转为农村发展带来资金和机遇。2018年中央提出的宅基地“三权分置”改革方案回应了农民流转宅基地以及农房诉求,也为满足以城市居民到农村购房居住为典型的“逆城市化”需求打下了基础。随着社会经济的发展,城乡居民对土地的需求发生根本变化。一方面,城市工商资本存在下乡发展农业的强烈愿望,对包括宅基地在内的农村非农建设用地存在旺盛需求;另一方面,城镇居民对宅基地也存在旺盛的需求和强烈的意愿。“三权分置”改革的目标是实现宅基地使用权的自由流转,赋予宅基地完全的可转让性。这既促进了土地资源配置的优化,也充分实现了产权主体的利益,是宅基地制度朝着产权完整、清晰目标迈出的重要跨越,为现代化市场要素在城乡间的自由流动打下了基础,充分回应了工商资本与城镇居民共同构成的“逆城镇化”土地需求。“逆城镇化”是城镇化发展到一定阶段派生的新潮流,城镇化发展水平越高,“逆城镇化”趋势越强。“逆城镇化”对城市来说是吐故纳新,是分流人口,也是解决城市“大城市病”的重要途径。对农村来说,“逆城镇化”是巨大的发展机遇和发展动能。农村与城市发展差距的逐步加大,与城市资本无法参与农村的发展建设有很大的关系。“逆城镇化”的潮流涌向哪里,必将带动哪里的经济发展。同时,宅基地使用权自由流转也顺应了部分农民想流转宅基地使用权的意愿。农村富余宅基地的退出和宅基地的自由流转,为返乡、下乡人员创新创业提供了必要空间,为承接资本、人力、技术等要素返乡、下乡创造了条件。

第二,宅基地使用权流转促进城乡统一土地市场的构建。允许农村宅基地等集体建设用地进入市场,与国有土地同权在政策层面已被国家确立为土地制度改革发展的方向。[1] 建立统一的城乡土地市场的关键,在于大力促进包括宅基地在内的农村集

---

〔1〕 党的十八届三中全会通过的《关于全面深化改革若干重大问题的决定》在第三部分“加快完善现代市场体系”中提出“实行与国有土地同等入市、同权同价”的城乡统一土地市场的改革目标。2018年1月,时任国土资源部(现自然资源部)部长姜大明表示,“我国将研究制定权属不变、符合规划条件下,非房地产企业依法取得使用权的土地作为住宅用地的办法”,“推动建立多主体供应、多渠道保障租购并举的住房制度,让全体人民住有所居。政府将不再是土地唯一提供者”。

体建设用地直接向土地市场的合理、有序、有效流转。土地是农民乃至农村最重要的生存要素,要让农村“活”起来,就必须先让土地“活”起来,使土地要素能够在一定范围内流动起来,以实现城乡土地资源整合。取消限制农村宅基地使用权进入市场的政策限制,加快建立包括宅基地使用权流转市场在内的土地要素市场是社会主义市场经济在宅基地问题上的改革方向。应当允许农村宅基地与国有土地具有进入市场的同等权利,盘活宅基地这块“沉睡”的资产。“三权分置”重塑了城乡土地权利关系,进一步推动了城乡统一土地市场的建立和完善,其可以被视为这一改革的重要组成部分。通过“三权分置”以实现宅基地使用权的自由流转,可以有效促进农村资产的流动,为宅基地退出流转给村集体经济组织后,直接进入土地市场提供更多土地资源并打下坚实基础,为推动城乡二元制度改革解决最大的障碍,有力促进统一城乡土地市场的建立,是向着构建城乡统一土地市场,实现城乡土地同地同权的方向迈出的重要一步。

第三,宅基地使用权流转促进城乡融合和一体化发展。我国一直将城市和乡村按照两种模式进行管理,两者在社会保障、发展定位等方面均存在很大不同。计划经济时代,人口流动小,城乡互动少,这种二元管理模式并未表现出太多问题。但随着改革开放和经济社会的发展变化,原有的城乡二元结构逐渐被大量的经济互动和人口迁移打破。通过上述城乡要素的变化,我们既可以看到城乡二元管理体制的过去,也可以看到其发展的方向和未来。当前,城乡二元制度的局限性和滞后性日益凸显。党的十八届三中全会报告《关于全面深化改革若干重大问题的决定》中提出的“健全城乡发展一体化体制机制”“推进新型城镇化”“推进一亿左右农业人口转移为城市常住人口”“建设美丽宜居乡村”等农业和农村改革目标,都指向城乡二元制度的改革,原有常规思路可能会在某种程度上被打破,固有的政策制度框架也有可能会被重构。宅基地使用权的自由流转能够显著提升宅基地资产价值,加快宅基地有偿退出,有效促进城乡统一土地市场的构建,从而打通城乡二元制度改革的中梗阻,为城乡要素平等交换和资源优化配置,推进城乡一体化进程打下坚实的基础。对农民住房财产权和宅基地抵押担保转让试点来说,自由流转有利于更好地实现对抵押物的处置,这将显著激发金融机构开展抵押业务的积极性,从而进一步促进农村相关改革,最大限度地释放农村各项改革的红利，放大改革的效应。“三权分置”的流转模式综合考虑了我国的经济发展现状、社会结构、“三农”整体情况，尤其是农民生计等因素，构建了一种农民可以进城又可以返乡的“弹性”城乡一体化体系，有助于农民对自己的生活更加理性地作出安排，有利于保证我国现代化的整体安全，提高中国现代化的安全系数，[1]也能够为破除城乡二元社会格局，平稳向城乡一体化体制机制过渡奠定坚实基础。

四、结语

改革的基础首先是理念的转变。经济法的基本理念可以作为宅基地改革理论基础的重要组成部分。对标这些基本理念，“三权分置”表现出对改革“稳”与“活”的辩证统一。

宅基地“三权分置”改革，放活宅基地使用权自由流转，实现土地资源的优化配置是调制绩效理念在宅基地改革中的目标追求。随着经济社会的不断发展，宅基地的一些基本特征，如对集体经济组织成员的平等保障性、成员的非流动性和土地不可分割性等，正在逐渐丧失其存在的社会土壤和理论基础，正在被市场对农地资源配置的基础配置作用，提升土地在高效利用基础上的相对公平等理念取代。破除集体经济组织的平均分配，以及在此基础上的绝对平等保障已成为宅基地制度改革和创新的方向。宅基地使用权的自由流转正是市场在资源配置中起决定性作用的表现，符合城乡生产要素流动的新要求。

与此同时，宅基地“三权分置”改革也符合人本主义理念。人本主义理念是经济法的元理念，如何保护弱势群体的利益，防止人的过度分化是经济法人本主义理念的题中之义。“三权分置”流转模式保障了农民的财产权利，维护了农民对宅基地保障属性的要求，促进了农民的生存和发展权益。从当前情况看，总体上农民退出宅基地进城或就地从事其他产业仍存在一定风险，不同地区农民抗风险能力还存在不小的差异，虽然宅基地的保障功能呈弱化趋势，但大多数传统农村宅基地福利保障功能仍未消

---

〔1〕 贺雪峰：《地权的逻辑——中国农村土地制度向何处去》，中国政法大学出版社2012年版，第230页。

失。而宅基地“三权分置”的改革兼顾了财产属性和保障属性，对“放开”“限制”两方面的考虑都有所兼顾——既回应了对“风险”的担忧，在保障农村社会稳定的前提下，有条件放活宅基地使用权的入市流转；又关切了对农民财产权益的保护和实现，赋予流转农户具有保障属性的宅基地资格权。看似妥协的方案，实质是充满智慧的制度安排。

“一子落而满盘活。”总体上看，“三权分置”改革路径解开了宅基地“稳”与“活”的死结，打破了当前宅基地制度改革的困局，有利于凝聚农村土地制度改革共识，是在宅基地制度改革关键节点上的重大创新。“三权分置”改革方案对形成可复制、可推广的改革做法和经验具有极大的推动作用，是农村土地改革迈出的关键一步，甚至可以说是迄今为止农村土地制度改革的最大亮点。

宅基地“三权分置”的权利架构

论宅基地资格权使用权分离与农村村民住宅抵押

唐烈英* 钟三宇**

目　次

2020年生效的《土地管理法》,保留了2004年《土地管理法》土地分为农用地、建设用地和未利用地三分法,将宅基地置于建设用地之下,是农村村民专享的修建住宅用地;同时,保留了宅基地属于农民集体所有,农村村民"一户一宅"、面积不得超过各省(自治区、直辖市)标准,出卖、出租、赠与住宅后不得再申请宅基地的规定,[1]新增

* 广州商学院法学院教授。

** 福建中医药大学人文与管理学院副教授、硕士研究生导师,法学博士。

〔1〕 参见《土地管理法》(2019年)第4条、第62条、第9条;《土地管理法》(2004年)第4条、第8条、第62条。

加了就农村村民住宅被征收的,尊重农村村民意愿,采取重新安排宅基地建房、提供安置房或者货币补偿等方式给予公平、合理的补偿;允许进城落户的农村村民依法自愿有偿退出宅基地、鼓励农村集体经济组织(以下简称农民集体)及其成员(以下简称农民、集体农民)盘活利用闲置宅基地和闲置住宅;对违反农村宅基地管理法律、法规的行为进行监督检查等规定。[1] 通读2020年《土地管理法》,不难发现,新旧《土地管理法》都一致地坚持:宅基地使用权仍然是农村村民享有的专有权利,即宅基地资格权。

党的十八届三中全会通过的《中共中央关于全面深化改革若干重大问题的决定》指出:“保障农户宅基地用益物权,改革完善农村宅基地制度,选择若干试点,慎重稳妥推进农民住房财产权抵押、担保、转让,探索农民增加财产性收入渠道。”这标志着农村村民住宅抵押改革试点被纳入党的政策层面。在物权法定原则下,宅基地使用权抵押在立法层面未受到肯定,[2]给农村村民住宅抵押制度的构建带来一定障碍。

2018年中央一号文件——《中共中央 国务院关于实施乡村振兴战略的意见》,第一次明确提出了农民宅基地“资格权”的概念及农民宅基地“三权分置”的概念,指出:“完善农民闲置宅基地和闲置农房政策,探索宅基地所有权、资格权、使用权‘三权分置’……适度放活宅基地和农民房屋使用权……”2019年中央一号文件——中共中央、国务院《关于坚持农业农村优先发展做好“三农”工作的若干意见》提出,继续坚持农村土地集体所有、不搞私有化,但要加快推进宅基地使用权确权登记颁证工作,力争2020年基本完成,完善宅基地的权益保护。由此,农村村民住宅抵押改革试点工作,成为国家政策。党中央、国务院的农村土地“三权分置”政策,推进了我国农村土地产权制度改革。[3] 在“三权分置”政策之下,集体土地所有权是我国农地权利构成的基础。[4]

---

[1] 参见《土地管理法》(2019年)第48条、第62条、第67条。

[2] 原《担保法》第37条、原《物权法》第184条都明文禁止宅基地抵押。2019年1月1日生效的《农村土地承包法》,修改了农村土地承包经营权禁止抵押的规定,但该解禁的仅仅的集体农用地,而非农民占有使用的宅基地。《民法典》第399条亦规定,宅基地等集体所有土地的使用权不得抵押,但是法律规定可以抵押的除外。

[3] 唐烈英、童彬:《论农村土地“三权分置”法律制度之构建》,载《社会科学》2018年第8期。

[4] 徐超:《承包地“三权分置”中“三权”的权利属性界定》,载《西南民族大学学报(人文社会科学版)》2019年第7期。

因此，本文以国家政策倡导的宅基地所有权不变，宅基地资格权与使用权的分离为视角，探讨农村村民住宅抵押困境及其制度规则建构。

一、农村村民住宅抵押：制度困境、理论检视与政策突破

（一）农村村民住宅抵押制度运行困境

就权利内容而言，农村村民住宅属于财产权，包含房屋所有权和土地使用权两种财产。从权利属性看，这两种财产权均属物权，二者均独立存在；但从物理状态看，前者又必须依附后者而存在。出于避免权利冲突、简化交易关系以及节约交易成本等目的考虑，我国立法针对城镇房屋和建设用地采取了"房地一致"的原则，对农村村民住宅所有权及宅基地使用权是否适用或准适用此原则，立法并未作出明确规定，从而导致理论与实务诸多疑问。[1]《民法典》第395条第1款规定，债务人或者第三人有权处分的"建筑物和其他土地附着物"为可以抵押的财产。按照该条文之规定，农民自然可以在其拥有所有权的房屋上设定抵押。然而，《民法典》第399条规定，宅基地等集体所有土地的使用权不得抵押，但是法律规定可以抵押的除外。上述条文关于农民房屋与宅基地使用权抵押关系之处理，与《民法典》第397条所规定的房地产抵押关系形成鲜明对比。[2]

原《物权法》试图通过"法律另有规定的除外"这一立法技术为宅基地使用权的抵押预留空间，但在我国现有的法律条文中未见有关规定。此外，《土地管理法》规定，农民集体内的农民可以出卖或者出租宅基地上的房屋，但未规定房屋出租或者出卖后宅基地使用权的流转方式。我国既有立法对宅基地使用权流转有严格限制。我国宅基地使用权本质上是以身份为前提，宅基地资格权与使用权被牢固地捆绑在一起。从法律文本上看，根据《国家标准土地基本术语》（GB/T19231—2003），宅基地概念的内涵

---

〔1〕 高圣平：《农民住房财产权抵押规则的重构》，载《政治与法律》2016年第1期。

〔2〕《民法典》第397条规定，以建筑物抵押的，该建筑物占用范围内的建设用地使用权一并抵押。以建设用地使用权抵押的，该土地上的建筑物一并抵押。抵押人未按照前款规定一并抵押的，未抵押的财产视为一并抵押。

还是比较明确的，[1]是村民所享有的一种重要的用益物权。[2] 但《民法典》在确立宅基地使用权的独立用益物权地位之同时，又规定宅基地使用权人仅享有占有和使用宅基地，并无收益的权利。[3] 流转仅限于具有本农民集体的集体农民资格的主体之间，这与《民法典》所规定的用益物权人享有的占有、使用、收益的权利不一致。[4] 宅基地使用权在事实上蜕化为一项虚设的用益物权。就如厉以宁教授所言，当私人产权受到限制时，便不再是完整意义上的私人产权。[5] 有学者指出，如果将宅基地使用权的功能仅停留在最低层面，“不仅低估了宅基地的巨大潜在价值，也是忽略了农民新的更高合理要求”。[6] 从法理上来讲，立法具有天然的滞后性。这种滞后性尤为突出地体现在宅基地使用权流转立法方面。而既有的法律制度显然已经不能满足农民对能够流转宅基地使用权的需求。

（二）“房地分离”抑或“房地一体”：标的物之争的理论检视与评析

在政策层面，开启了农村村民住宅抵押试点工作，但是，我国实定法对于何为“农村村民住宅”并未作出界定。换言之，“农村村民住宅”乃政策层面称谓，并非严格法律术语。构建农村村民住宅抵押制度，也就意味着将农村村民住宅作为抵押标的物。然而，如何科学地认识与界定这一抵押标的物，理论界存在不同观点。有学者认为，应对农村村民住宅作狭义理解，即作为抵押标的物的农村村民住宅只包括宅基地之上的房屋及其附属实施，不包括宅基地使用权。其原因在于宅基地使用权具有身份性，基于保障农民基本生活资料的公共政策考虑，应限制权利人对其有所收益。[7] 另有学者

---

〔1〕《国家标准土地基本术语》（GB/T19231—2003）宅基地使用权是指经依法审批，由农村集体经济组织分配给其成员用于建筑住宅及其他有关附属物的、无使用期限限制的集体土地建设用地使用权。

〔2〕苟正金、吴炜：《宅基地使用权退出法律规制研究——以江西省某县为调查对象》，载《西南民族大学学报（人文社会科学版）》2019年第7期。

〔3〕《民法典》第362条。

〔4〕《民法典》第323条。

〔5〕厉以宁：《资本主义的起源》，商务印书馆2003年版，第161页。

〔6〕贺日开：《我国农村宅基地使用权流转的困境与出路》，载《江苏社会科学》2014年第6期。

〔7〕陈小君：《我国农村土地法律制度变革的思想与框架——十八届三中全会（决定）相关内容解读》，载《法学研究》2014年第4期。

持不同观点,认为农村村民住宅不仅包括在宅基地之上的房屋及其附属设施,还应包括宅基地使用权。原因在于农村村民住宅所有权之转让势必会造成宅基地使用权一同转让,农村村民住宅受让人同时取得住宅所有权及宅基地使用权。在利益分配方面,作为宅基地所有权人的经济组织,可向农民住宅受让人收取一定的宅基地使用权有偿使用费。[1]

上述两种观点可被归纳为农村村民住宅抵押的"房地分离"理论与"房地一体"理论。"房地分离"理论立足于实体法之规定,遵循宅基地制度改革的渐进性,试图通过引入宅基地使用权租赁这一法定租赁权的方式来勾画农村村民住宅抵押的蓝图。该理论较为复杂的制度设计提高了当事人间的交易成本,加之农村村民住宅在地理区位、价值等方面具有的先天性不足,决定了其不利于促进交易的达成。"房地一体"理论从应然角度探讨了农村村民住宅抵押制度构建的可能性,但从短期来看无法消除农民挖掘其住宅财产功能所蕴含的法律风险。笔者认为,从长远来看,"房地一体"既是遵循市场规律之举,亦是统筹城乡发展的内在要求,即农村村民住宅抵押应按照"房地一体"思路开展制度设计。在此思路下,如何让宅基地使用权回归财产权的本质成为问题的关键。

(三)政策突破:宅基地"资格权"与"使用权"之重新厘定

诚如前述,宅基地"使用权"与"资格权"之权利捆绑导致宅基地使用权流转不畅,进而阻却农村村民住宅抵押制度的构建。这也就意味着,欲扫清农村村民住宅抵押障碍,需要从制度逻辑上厘清农村村民住宅占用宅基地的"资格权"与"使用权"二者间的关系。破解宅基地"资格权"与"使用权"二者间的困境,可以参照2019年《农村土地承包法》将农村土地经营权从土地承包经营权中分离出来,形成与土地承包权并行的土地经营权作为一项独立权利的做法。

按照2019年《农村土地承包法》第9条之规定,集体农民作为农地承包方,其承包

---

[1] 叶兴庆:《准确把握赋予农民更多财产权利的政策含义与实现路径》,载《农村经济》2014年第2期。

土地后享有土地承包经营权;承包农民可以自己经营,也可以保留土地承包权,流转其承包地的土地经营权,由他人经营。该规定既区分了具有身份属性的不能流转的承包权,又确定了不具有身份属性、可以流转的经营权。可以流转的经营权,就可以抵押。[1] 我国农村村民住宅抵押的做法,可以参照农村土地所有权、承包权、经营权"三权分置"的改革导向,将集体农民享有的宅基地资格权禁止其流转,允许宅基地使用权转让、抵押等流转。这种做法,符合具有人身性质的权利不得转让的传统民法原理;反之,不具有人身性质的权利则可以转让、抵押流转。

二、农村村民住宅抵押的困难状况

相较其他农村产权抵押行为,党中央对农村村民住宅抵押行为持更加谨慎的态度,主要是考虑村民住宅与宅基地融为一体的特殊物理形态。随着土地承包经营权、林地使用权等其他农村土地财产权抵押试点工作取得显著成效,且在法律上区别农用地承包权、经营权,将经营权流转权利赋予农民,[2] 避开了废除集体所有制或土地承包制的思路。[3] 这符合农村改革的核心原则。国家开始出台政策推动农村村民住宅抵押试点工作。部分地方政府经过几年的抵押试点工作,积累了丰富经验。同时,有的地方的试点政策因未有效处理好宅基地资格权与使用权的关系,导致试点工作出现困难。

(一)前置条件限制了农村村民住宅抵押实践

在我国现有法律法规环境下,宅基地在本质上是因资格权而拥有的,即以取得本农民集体成员的身份为前提。因此,宅基地使用权的流转范围仅限于本集体内部成员。农村村民住宅抵押改革试点虽然在这方面有一定突破,但依然较谨慎,突出表现便是在抵押试点中设置一定的前置条件,以宅基地的身份性限制宅基地使用权的流

---

〔1〕《农村土地承包法》第47条。

〔2〕《农村土地承包法》第9条。

〔3〕王冲:《农地"三权分置"改革的历史沿革及展望》,载《西北农林科技大学学报(社会科学版)》2018年第5期。

转。重庆、成都作为全国统筹城乡综合配套改革实验区，在农村村民住宅抵押改革方面走在全国的前列，但即便如此，成都地区的农村村民住宅抵押，亦规定有前置条件，主要包括：拥有集体土地使用证、经过农民集体的书面同意、抵押人必须将宅基地使用权变更为集体建设用地使用权、以后不再向集体申请宅基地使用权等。并且，还必须承诺：设定了抵押权的房屋依法可用于偿债、偿债后有适当的居所。重庆的农村村民住宅抵押改革试点，设置有相似的前置条件，即拥有集体土地使用证、有经过农民集体同意的书面证明、能够提供有适当居所的书面证明等。“农民集体的书面同意”这一前置程序的设计，便蕴含了浓厚的“身份性”思维。这类前置条件，导致具有住宅抵押权难以实现，就将部分有住宅供抵押的农民们的住宅抵押意愿拒之门外。这种状况，与宅基地使用权具有的用益物权属性不相匹配。

（二）抵押权实现的高风险性降低了金融机构的参与积极性

金融机构在农村村民住宅抵押实践中发挥重要作用，构建农村村民住宅抵押制度，需要构建与之对应的金融体系。从改革试点地方的实践看，开展相关业务的主要金融机构是农村信用社和部分涉农业务的银行，国有银行、股份制商业银行等参与度很低。2019 年中央一号文件要求“打通金融服务‘三农’各个环节，推动农村金融机构回归本源”。然而，基于对宅基地“身份性”的维护，抵押权实现时受让对象范围的限缩，农村村民住宅抵押实现的不确定性、高风险性，加之抵押获利空间有限，金融机构开展农村住宅抵押贷款业务的积极性并不高。例如，在重庆的试点中，实现抵押权时，要先在本经济组织内部处理抵押物，无法处置时，由政府指定机构收购抵押物。[1] 在成都改革试点中，虽然通过权利性质的转换，在形式上扩大了受让人的范围，然而，在实践中，抵押物依然是在有限的范围内流转：如果抵押所涉贷款额度高、住房面积大，由隶属于成都农业发展投资公司的农村产权抵押融资风险基金按照一定价格从金融机构手中收购宅基地使用权，再由风险基金进行下一步处置；倘若抵押所涉及贷款额度低、住房面积小，则由当地农民集体按照合理价格回购，再在本集体内进行流转。由

〔1〕《重庆市高级人民法院关于为推进农村金融服务改革创新提供司法保障的意见》第 11 条。

此可见，成渝两地农村村民住宅抵押权的实现，总是在集体农民或农民集体之间旋转。这大大限缩了农民集体之外的主体参与。各地改革试点大多如此。在农村村民住宅抵押权实现时对宅基地“身份性”的维护，增加了金融机构的风险，从而降低了金融机构参与的可能性。因此，如何推动农村金融机构参与农村村民住宅抵押，提高其参与积极性，仍是农村村民住宅抵押需要着重解决的难题。

（三）裁判依据的缺失使抵押权的实现未得到司法充分保障

司法是当事人权益救济的最后一道防线。当农村村民住宅抵押关系当事人的权益未得到司法充分保障时，该抵押制度就很难得以稳定发展。司法机关裁判以现有法律规定为基础。从现有法律规定来看，不禁止农民以自己的住宅作抵押，却明令禁止宅基地使用权抵押。从审判实践看，有的法官在审理相关案件时倾向于维护宅基地使用权“身份性”的不在少数，各地法院的司法指导意见和实践甚至推衍出“宅基地使用权流转的法律效力以认定无效为原则，以认定有效为例外的处理规则”。[1] 在轰动一时的北京画家村房屋买卖纠纷案中，[2]两级法院均判决买卖合同无效，最后以宣告合同无效告终。“法院的无效判决，体现了对宅基地使用权身份性以及房地一体原则的固守。”[3]这种与农村村民住宅抵押改革试点地区实际情况完全相反的认定，无疑大大打击了金融机构的积极性，损害了抵押人和抵押权人的合法权益。对农民来说，容易引发道德危机，有的当事人在事前故意以宅基地使用权抵押获得贷款，事后不能按时清偿债务时，将纠纷诉诸法院，请求法院认定宅基地使用权抵押无效。最终导致村民与金融机构之间出现信任危机和对农村村民住宅抵押制度的破坏。

（四）政府兜底性的风险分担机制增加了村民违约可能性

合理的风险分担机制是有效推进农村村民住宅抵押的保障。各地方在改革试点

---

〔1〕 唐烈英、钟三宇：《宅基地使用权流转效力的异化与演进——基于立法与司法的比较》，载《福州大学学报（哲学社会学科版）》2015 年第 1 期。

〔2〕 北京市通州区人民法院民事判决书，(2007)通民初字第 1031 号；北京市第二中级人民法院民事判决书，(2007)二中民终字第 13692 号。

〔3〕 王卫国、朱庆育：《宅基地如何进入市场——以画家村房屋买卖案为切入点》，载《政法论坛》2014 年第 5 期。

中纷纷建立了风险分担机制，但是，通过分析可以发现，既有的风险分担机制大多是以政府为主导建立的，主要方式是政府出资弥补金融机构因参与农村村民住宅抵押业务造成的损失。笔者认为，该类风险分担机制在本质上是政府为此类农民违约行为买单，根源在于过度强调村民住宅的社会保障功能。同样以重庆和成都为例，在政府主导下构建的风险分担机制，虽然可在一定程度上缓解信用风险，提高金融机构的积极性，增加宅基地使用权抵押的信贷供给，但也可能产生村民过度依赖政府、违约的道德风险。该风险分担机制侧重对金融机构的保护，对如何合法分担农村村民住宅抵押法律风险，甚至处于空白状态。抗风险能力差的村民通过违约降低住宅被用于实现抵押权风险，即政府的兜底性风险分担机制，增加了村民的违约道德风险。因此，从制度的长远运行看，以政府为主导的风险分担机制并非最佳选择。

三、宅基地资格权与使用权关系辨析

“三权分置”强调宅基地所有权主体不变，从宅基地使用权的权能构造着手，通过宅基地使用权权能的法律实现，调试宅基地所有权和宅基地使用权之间的紧张关系。[1] 宅基地使用权的立法尚不完善，这也是我国宅基地使用权纠纷案件数量急剧上升、宅基地的经济价值不能有效发挥的最主要原因。宅基地制度的完善应从宅基地资格权、使用权两个维度着手。从逻辑上讲，处理好宅基地的使用权与资格权之间的关系，直接关系完善、科学的农村村民住宅抵押制度是否能建立。

（一）应将宅基地资格权作为无偿取得宅基地使用权的唯一条件

宅基地资格权，是指集体农民作为某农民集体中一分子，依照农民集体内部章程或者法律规定，有资格对集体建设用地享有占有、使用、收益以及分配、表决、管理、监督等权利。宅基地资格权是申请获取宅基地使用权的前提条件。2020 年《土地管理法》的“宅基地面积法定”和“一户一宅”两大原则，[2] 在保护有限的农村土地资源、节

〔1〕 张富利：《农地“三权分置”改革的法理阐析与路径选择》，载《西北农林科技大学学报（社会科学版）》2018 年第 4 期。

〔2〕 《土地管理法》第 62 条。

约用地等方面发挥了重要的作用,应当被坚守。在此两大原则下,有权申请宅基地使用权至关重要。由于立法未明确规定,直接导致理论和实践中,针对某些特殊人员,如“回迁人员”“外嫁女”等,是否具有申请宅基地的资格权存在极大争议。对此,笔者认为,“户口登记地+是否有实际固定居住场所”是解决该争议的有效办法。按此办法,若某女性外嫁后,其户口仍保留在本农民集体组织内部,但在其他农民集体组织或者在某城市已取得固定居住场所,则该女丧失从本农民集体申请宅基地的资格。在宅基地使用权取得对价方面,为继续减轻农民负担,发挥宅基地使用权的居住保障功能和福利性质,应继续坚持宅基地使用权的无偿取得,这也是改革能够顺利推行的务实之举。需要说明的是,无偿取得是宅基地使用权作为用益物权的唯一标志。

(二)宅基地资格权不可转让

宅基地资格权具有身份性,具备该身份是无偿取得宅基地使用权的唯一要素,法律应明令禁止宅基地资格权转让。据此,从两方面理解:(1)可期待宅基地资格权禁止转让。集体农民具备无偿取得宅基地使用权资格,尚未申请或者申请后尚未批准的可期待宅基地资格权,不能转让。宅基地资格权转让与资格权放弃是有区别的,即某集体农民在调整宅基地时,虽然符合申请宅基地法定条件,基于特定原因放弃申请后,仍可继续申请。(2)禁止单独转让资格权。法律之所以赋予集体农民宅基地资格权,是基于保障居住和福利的考虑,如果某集体农民基于成员权申请并占有了宅基地,但未在宅基地之上修建住宅,这在本质上仍为享有宅基地资格权的状态,不得转让。

(三)应严格区分一般意义与用益物权意义的宅基地使用权

宅基地资格权和使用权的分离,目的在于促进宅基地使用权流转,继而挖掘宅基地使用权的财产功能。二者的分离使宅基地使用权内涵得以扩大,具体包含两部分,即一般意义上的宅基地使用权与用益物权意义上的宅基地使用权。作为用益物权的宅基地使用权,《民法典》“物权编”第十三章已经作出明确规定,所不同的是,“三权分置”后的用益物权意义上的宅基地使用权是用益物权之权能的完整回归。宅基地使用权之收益权能的发挥,意味着宅基地使用权流转,这便衍生出一般意义上的宅基地使用权,农民通过住宅租赁行为产生的宅基地使用权便属于此种情形。一般意义上的宅基地使用权基于当事人的意思自治并且符合法定条件,可转化为用益物权性质意义上的宅基地使用权,可以进行流转。

(四)明确用益物权意义上的宅基地使用权登记生效主义

《民法典》《不动产登记暂行条例》已经就宅基地使用权属登记事项作出明确规定,尤其是在宅基地使用权发生变更或消灭时其规定,应当及时进行变更登记或者注销登记,[1]然而,《民法典》第365条对宅基地使用权登记是采取登记生效主义抑或是登记对抗主义未作出明确规定,这便导致理论上和实践中存在极大争议。其中,反对采取宅基地登记生效主义者的理由可归纳为如下三点:(1)宅基地审批制度可以代替宅基地登记生效主义发挥作用;[2](2)在既有法律规定宅基地使用权只能在本农民集体内部流转的情况下,登记生效主义意义不大;[3](3)在我国农村幅员辽阔的背景下,统一的宅基地登记制度无法实现。[4] 对上述观点,笔者并不赞同。在宅基地的资格权与使用权分离已得到国家政策认同的背景下,作为用益物权的宅基地使用权之权能的完整回归仅是时间问题,农民集体内部流转的藩篱会被划开一道裂口,明确实行宅基地使用权登记生效主义,就显得至关重要。

四、基于"两权"分离的农村村民住宅抵押制度的规则构造

(一)农村村民住宅抵押的立法跟进

原《物权法》规定的用益物权很好地诠释了"以利用为中心"的物权理念,强化了对物的使用,从而在最大程度上实现物的价值。[5] 具体到作为用益物权之一的宅基地使用权,该项权利的创设则意在最大限度地实现宅基地的价值。《民法典》"物权编"第十三章就宅基地使用权的规定,使宅基地使用权人从法律上看,享有宅基地用益物权,在实际生活中却不能获取宅基地收益,这可能使宅基地使用权人享有的宅基地在价值

---

〔1〕《民法典》第365条、《不动产登记暂行条例》第5条。

〔2〕申卫星:《从〈物权法〉看物权登记制度》,载《国家检察官学院学报》2007年第3期。

〔3〕高圣平、刘守英:《宅基地使用权初始取得制度研究》,载《中国土地科学》2007年第2期。

〔4〕王利明、尹飞、程啸:《中国物权法教程》,人民法院出版社2007年版,第387页。

〔5〕房绍坤:《论用益物权制度的发展趋势》,载《河南省政法管理干部学院学报》2003年第3期。

上大打折扣。《民法典》第399条关于宅基地使用权不得抵押之规定（“但是法律规定可以抵押的除外”），也使宅基地使用权人享有的用益物权大打折扣。原《物权法》将宅基地使用权相关规范纳入私法体系中，第一次在法律规范层面以私法调整相关法律关系，从而确立了宅基地使用权的私权属性，使之成为宅基地使用权改革的底线，为进一步完善宅基地使用权制度做了铺垫。[1] 尽管《民法典》未明确规定宅基地使用权可以自由流转，但其关于“宅基地使用权的取得、行使和转让，适用土地管理的法律和国家有关规定”之规定，[2]显然为宅基地使用权制度改革以及逐步推动宅基地使用权流转预留了空间。[3] 此外，最高人民法院亦出台了一些规范性文件，在一定程度上支持涉及农村私有房屋买卖的行为。[4] 随着宅基地使用权抵押融资试点工作的逐步推进，宅基地使用权资格权的取得、资格权和使用权分离规则等相关的立法及立法的准备工作也应当及时跟进，只有这样，政策推进的改革成果才能及时以法律形式确定下来，通过科学的立法技术处理，将宅基地使用权流转无缝地嵌入现有的制度体系中，使因此项改革而释放的制度红利及时为全国农村和农民所共享。[5]

（二）禁止宅基地使用权单独抵押

“农民住房财产权由房屋所有权和宅基地使用权构成。”[6]“农民住房抵押的标的物为农民住房，住房所有权和宅基地使用权一并抵押。”[7]因而，农村村民基于成员权申请并占有宅基地后而未在宅基地之上修建农民住宅的，在本质上仍为宅基地资格权，不应当被流转，宅基地使用权单独抵押应当禁止。设立宅基地制度的目的在于，保障农民基本居住需求，这是农村村民获取其他发展的基本前提。倘若农村村民在无偿

---

〔1〕 刘守英：《中共十八届三中全会后的土地制度改革及其实施》，载《法商研究》2014年第2期。

〔2〕 《民法典》第363条。

〔3〕 钟三宇：《困境与革新：宅基地使用权抵押融资的法律思考——以宅基地使用权的物权属性为视角》，载《西南民族大学学报（人文社会科学版）》2014年第11期。

〔4〕 《最高人民法院关于贯彻执行〈中华人民共和国民法通则〉若干问题的意见》第131条第2款。

〔5〕 许明月：《农村承包地经营权抵押融资改革的立法跟进》，载《比较法研究》2016年第5期。

〔6〕 高圣平：《农民住房财产权抵押规则的重构》，载《政法与法律》2016年第1期。

〔7〕 房绍坤：《农民住房抵押之制度设计》，载《法学家》2015年第6期。

获得宅基地使用权后径直将其流转,无疑背离了宅基地制度设立、健全、发展的初衷。从集体土地与国有土地二者差异的视角来看,在我国经济社会发展中宅基地使用权具有特殊地位,为防止宅基地使用权性质及用途发生变化,我国立法对宅基地使用权实施更为严格的保护。正如陈小君教授所言:“如果允许宅基地使用权单独成为市场要素,则违背现行法基于宅基地使用权保障功能限制其流转的立法政策,且将会损害农民集体、其他成员(包括未来成员)的利益。”[1]

(三)扩大抵押权人的范围

房绍坤教授认为,农民住宅抵押权人应限于金融机构,[2]但基于农村村民住宅抵押业务自身的特征,仅将农业银行、农村信用合作社等正规金融机构作为抵押权人,实施效果并不理想。笔者认为,也应将非正规金融[3]纳入抵押权人范围。因非正规金融往往有单纯逐利的特点,相关部门应当加强对作为宅基地抵押权人的非正规金融机构或个人的监管。事实上,正规金融机构之外的上述主体,自身拥有比较充足的资金,在正规金融机构几乎垄断利润空间较大项目的背景下,正规金融机构之外的包括自然人在内的各类主体,对农村村民住宅抵押业务表现出较大兴趣。与其违背市场规律,由政府指定仅由特定正规金融机构参与该项业务,不如打破制度樊篱,让非正规金融机构、其他组织甚至是有充足闲置资金的自然人亦参与其中。尽管此举在实践中可能会引发高利贷等行为,[4]但这种客观存在的风险不应成为将上述主体排除在业务范围之外的充分理由,且在既有的金融监管体制下,上述风险并非不可控。因并非不可控风险将非正规金融机构等主体排除在抵押权人范围之外,无异

---

〔1〕 陈小君:《我国涉农民事权利入民法典物权编之思考》,载《广东社会科学》2018年第1期。

〔2〕 房绍坤:《农民住房抵押之制度设计》,载《法学家》2015年第6期。

〔3〕 非正规金融指正规金融概念的对应物,它涵括了银行、股票债券市场等金融活动以外的丰富融资渠道,具体包括商业信用、亲戚朋友间的个人借贷、高利贷、当铺、储蓄信贷合作组织(如标会、合会、互助会等)、私人钱庄、融资租赁等形式。参见钱雪松、陈琳琳、金芳吉:《非正规金融研究:评述与展望》,载《华中科技大学学报(社会科学版)》2018年第4期。

〔4〕 冯华、陈仁泽:《农村土地制度改革,底线不能突破——专访中央农村工作领导小组副组长、办公室主任陈锡文》,载《人民日报》2013年12月5日,第2版。

于因噎废食。

（四）缴纳宅基地使用权租赁费

从既有的地方改革试点做法来看，“有其他合适居所”成为推进农村村民住宅抵押尤为重要的前置条件，其目的在于保障农村村民在抵押权实现后仍有房可住，此举一方面利于保障农村村民最基本的生存权利，另一方面利于维护社会稳定。在农村村民“有其他合适居所”的条件下，其是否可以当然将农村村民住宅及其占用范围的宅基使用权一并抵押呢？对此，笔者持否定态度。基于历史遗留、继承、转让等多种因素影响，实践中，农村村民合法的“一户多宅”现象十分普遍，造成宅基地大量闲置。倘若制度上不作出回应，随着时间的推移，“一户多宅”的现象必将积重难返。《土地管理法》所确定的“一户一宅”原则应严格遵守，并在此基础上制定统一的标准。对于超越标准部分的宅基地在登记时应当进行备注，可考虑对超标准部分进行收费，依据不同地区差异和人均用地面积，实施不同档次的基本收费标准。另外，还可考虑对超面积部分实行阶梯收费制度。至于收费的性质，笔者认为可通过宅基地使用权租赁制度解决，即针对多余的住宅，由房屋所有者向集体缴纳一定的宅基地使用权租赁费，以此促进农民宅基地使用权的退出，促进宅基地的合理高效使用。基于此，在“有其他合适居所”的条件下，将农民按规定缴纳宅基地使用权租赁费作为把住宅与宅基使用权一并抵押的前提。抵押权实现后，宅基地使用权租赁费的缴纳义务则转移给受让方。

（五）建立市场化的“专项风险补偿基金”

在农村产权抵押的初级阶段，政府积极建立融资风险分担机制，有利于激励金融机构开展农村金融服务，推动农村产权抵押融资向深入发展。[1] 在此基础上，通过市场化的方式建立“专项风险补偿基金”，可以克服政府兜底性的风险分担机制所带来的弊端。在农村村民“无其他合适居所”的条件下，农村村民以自己住宅进行抵押，就面

〔1〕 钟三宇：《困境与革新：宅基地使用权抵押融资的法律思考——以宅基地使用权的物权属性为视角》，载《西南民族大学学报（人文社会科学版）》2014年第11期。

临在抵押权实现后其最基本的居住条件不能得到保障之风险。此种风险的存在,是不是应该成为禁止农村村民住宅抵押的理由？对此,笔者同样持否定的态度。先抛开农村村民本应该作为“经济理性人”这一点不谈,我们依然可以通过合理设计来化解上述风险。具体而言,在农村村民“无其他合适居所”的条件下,应当只允许农村村民以住宅本身的价值进行抵押,即贷款额度应与住房的评估价格相当。根据“房地一体主义”的原则,宅基地使用权应当被推定一并抵押。在抵押权实现时,抵押权人仅就农村村民住房部分优先受偿,宅基地使用权部分所得价款交由农民集体成立“专项风险补偿基金”,用于解决农村村民“无其他居住场所”的困境。

五、结语

农村村民住宅抵押制度之构建涉及国家、农村经济组织、农民以及金融机构等多方主体,所蕴含的利益关系十分复杂,除涉及法律因素外,还涉及政治、经济和社会等多方因素,可谓是一项异常艰巨的工程。简单套用一般的法律制度显然无法有效协调上述复杂利益关系,故而设计一套科学合理的农村村民住宅抵押规则便显得至关重要。中央层面的宅基地“三权分置”顶层制度设计为农村村民住宅抵押制度之推行提供了可能性,科学合理的农村村民住宅抵押制度并不能一蹴而就,实践中应当以一种审慎的方式逐步推进相关改革,既不能保守,亦不能过于激进。譬如,在推行农村村民住宅抵押时要不要以保障农村村民基本居住权为由,要求抵押人有两处以上房产或者由他人保证的情况下,[1]才允许其办理抵押手续？抛开前文所提到的建立“专项风险补偿基金”方式不谈,从审慎推进的角度出发,在我国农村社会保障体系尚不十分健全的背景下,该主张有其一定的合理性,而且实践中诸多地方政府亦作出这种要求。然而,从长远来看,从充分挖掘农村村民住宅财产功能,尊重“经济理性人”意思自治的角度出发,上述附加限制性的要求应当被取消,这也是缩小城乡二元差距进而实现城乡一体化进程的内在要求。概言之,农村村民住宅抵押制度规则之构建,应当以审慎的

〔1〕 焦富民:《农业现代化视域下农民住房财产权抵押制度的构建》,载《政法论坛》2018年第2期。

方式逐步突破制度“瓶颈”，在法治原则之下，以市场为导向平衡多方利益，使农村村民住宅的处分自由能得到充分保护，最终实现农村村民住宅之用益属性能够得到充分、平等的发挥之目标。

论农村宅基地资格权的制度意义与规范要点*

祝之舟**

目　　次

2018年中央一号文件（中共中央、国务院《关于实施乡村振兴战略的意见》）首次正式提出"探索宅基地所有权、资格权、使用权'三权分置'"以来，宅基地三权分置改革问题迅速引起学术界的注意，相关研究也陆续开展。其中，宅基地所有权和宅基地使用权在《民法典》中都有明文规定，内涵清晰，指代明确；但"宅基地资格权"一词却从未出现于我国现行政策或法律文本中，是一个全新的概念，无论内涵还是外延，都需深入研究并科学界定。只有科学界定宅基地资格权的内涵和外延，才可能明确宅基地资格

* 基金项目：国家社科基金项目"三权分置背景下集体土地所有权实现的法律问题研究"（批准号：19XFX007）。

** 内蒙古大学法学院副教授，法学博士。

权的制度意义,并以此为基础进行宅基地“三权分置”的制度设计。

一、宅基地资格权的概念生成

(一)概念的提出

继2018年中央一号文件之后,中共中央、国务院又分别在《乡村振兴战略规划(2018~2022年)》《关于建立更加有效的区域协调发展新机制的意见》《关于统筹推进自然资源资产产权制度改革的指导意见》《关于建立健全城乡融合发展体制机制和政策体系的意见》等政策文件中对宅基地三权分置政策进行了重申。宅基地三权分置改革以及作为其重要内容的宅基地资格权似乎已经成为我国将来宅基地制度改革的基本方向和制度要素。但是,前述文件也只是提出了三权分置的基本框架以及宅基地资格权的概念,而没有界定宅基地资格权的具体内涵和外延及其与宅基地所有权和宅基地使用权的关系。

仅从前述文件反复强调的“落实宅基地集体所有权,保障宅基地农户资格权,适度放活宅基地和农民房屋使用权”的政策表述看,宅基地资格权是一种需要法律保障的专属于集体成员(农民或农户)的有关宅基地的资格或权利。至于该资格或权利的具体指向或内容,只能结合农村宅基地的集体所有制和“一户一宅”、限制使用权交易等现行制度大致列举如下可能的涵射范围:(1)作为集体成员参与本集体宅基地事务管理的权利,如宅基地的规划、分配方案的制定;(2)作为集体成员分享宅基地权益的权利,其中包括参与征收补偿分配的权利;(3)作为集体成员申请分配宅基地、获得宅基地使用权的权利;(4)作为集体成员受让其他集体成员的宅基地使用权的资格;(5)持续保有宅基地使用权的权利;(6)出租、转让,甚至抵押宅基地使用权的权利。从具体内容上看,这些可能由宅基地资格权涵射的范围均与宅基地所有权或宅基地使用权存在密切的关联。因此,如要清晰地界定宅基地资格权的内涵和外延,必须将其放置于宅基地集体所有权和宅基地使用权的制度框架内予以考察,准确把握宅基地资格权这一概念提出的制度背景。

自1962年《人民公社工作条例修正草案》(“人民公社六十条”)规定农村宅基地

的集体所有制以来,集体经济组织就据此承担了保障集体成员居有定所的义务。换言之,保障所有集体成员的居住权是宅基地集体所有权得以建立的正当性基础。比如,该文件第45条第4款规定:“国家和人民公社的各级组织,应该在人力、物力等方面,对于社员修建住宅,给以可能的帮助。社员新建房屋的地点,要由生产队统一规划,尽可能不占用耕地。”1963年中共中央《关于各地对社员宅基地问题作一些补充规定的通知》(以下简称补充通知)也规定:“社员需新建房又没有宅基地时,由本户申请,经社员大会讨论同意,由生产队统一规划,帮助解决。”甚至在宅基地集体化以前的高级社时期,国家就曾明确要求高级社“统筹解决”“社员新修房屋需用的地基”。[1] 由此可见,保障集体成员的居住权是集体经济组织的法定义务,也是宅基地集体所有制的重要功能。

在实践中,农村集体组织根据集体所有制保障集体成员居住权的具体路径一般有二:一是通过《土地管理法》规定的“一户一宅”原则保障宅基地供应,赋予集体农户自建房屋并居住的权利,这是我国农村地区普遍采取的供地模式;二是直接提供住房的供房模式,比如,河南省南街村在发展集体经济的同时,集体出资兴建公寓式村民住宅,按照“一户一房”原则为每户村民无偿分配一套住房。另外,在城乡建设用地增减挂钩政策的试点农村,供房模式也被广泛采用以推进拆村并居,即以宅基地换楼房。[2] 在供地模式下,村民无偿获得宅基地使用权,[3] 自建房屋,独立成院;在供房模式下,村民按照建筑物区分所有的原则,共用宅基地,仅有独立单元房,没有独立院落和宅基地使用权。两相比较,前者更符合农村居住习惯,也方便于生产生活,可以满足农民发展庭院经济、存放各类农具的现实需要。

---

〔1〕 参见《高级农业生产合作社示范章程》(1956年)第16条第2款规定:“社员原有的坟地和房屋地基不必入社。社员新修房屋需用的地基和无坟地的社员需用的坟地,由合作社统筹解决,在必要的时候,合作社可以申请乡人民委员会协助解决。”

〔2〕 参见《“赶农民上楼”荒唐在何处?》,载《国土资源》2015年第10期。

〔3〕 1963年《中共中央关于各地对社员宅基地问题作一些补充规定的通知》规定:“社员新建住宅占地无论是否耕地,一律不收地价。”但在1990~1993年,某些地方曾经尝试宅基地有偿使用制度,后被国家禁止。参见韩清怀:《农村宅基地使用权制度研究》,中国政法大学出版社2015年版,第102页。

供地模式和供房模式都可以实现宅基地集体所有制的保障集体成员居住权的社会功能。但是由于供房模式无法为集体成员提供独立的宅基地,因而无法成为宅基地三权分置政策的适用背景,从而也就不能成为宅基地资格权概念得以产生的制度环境。换言之,宅基地资格权概念提出的制度环境应当是"一户一宅"的供地模式,即集体组织保障集体成员每户拥有一份宅基地的制度安排。在这一制度安排下,宅基地资格权是连接宅基地所有权和宅基地使用权的中介性权利或过渡性权利,集体农户借由集体成员资格取得宅基地使用权。进言之,供地模式和供房模式并存而宅基地资格权仅存在于供地模式之下的事实也表明:宅基地资格权并非宅基地集体所有制或宅基地集体所有权的当然性制度要素或权利内容,宅基地集体所有权的功能实现也不以农户的宅基地资格权为必要性前提条件;农户的宅基地资格权只是"一户一宅"的供地模式下个体农民或农户所拥有的独立于宅基地集体所有权的资格性权利,在权利体系中不属于宅基地集体所有权的范畴。

总之,作为宅基地集体所有制功能实现的路径之一,"一户一宅"的集体供地模式为宅基地资格权和宅基地使用权的设立与存续提供了可能的制度背景,同时也是宅基地三权分置政策实施的社会基础,并为宅基地资格权概念的内涵界定提供了可供探讨的话语体系。

（二）概念的内涵

"法律概念是法律规范的基础,也是进行法律思维和推理的根本环节。"[1]在国家相关政策提出的宅基地资格权尚未上升为法律概念的情况下,为保证后续出台的相关法律规范的科学性和适用性,有必要首先界定宅基地资格权的内涵,完成其从政策概念向法律概念的升级和塑造。

单从语义分析上看,宅基地资格权似乎是指集体成员依法请求集体组织分配宅基地的资格和权利,即宅基地分配请求权。而且我们可以找到相关法律依据,用以证明这种权利的存在。比如,《土地管理法》第62条"农村村民一户只能拥有一处宅基地"

---

〔1〕 雷磊:《法律概念是重要的吗》,载《法学研究》2017年第4期。

的规定就隐含了农村村民向集体组织申请分配宅基地的权利,[1]而且在实践中,自1962年农村宅基地集体化改革以来,很多农村地区都曾经发生过集体组织向本村村民分配宅基地的法律事实。[2] 但需注意的是,这些法律事实并没有被明确为以权利和义务为结构的制度规范,没有被提炼为宅基地资格权。换言之,《土地管理法》第62条仅规定"农村村民一户只能拥有一处宅基地",而没有明确规定集体成员有权向集体组织请求分配一处宅基地,也没有规定集体组织有义务为集体成员分配一处宅基地。换言之,"农村村民一户只能拥有一处宅基地"并不等于"农村村民一户必须拥有一处宅基地"。这与《农村土地承包法》第5条"农村集体经济组织成员有权依法承包由本集体经济组织发包的农村土地"的赋权性规范结构,是不同的。

比照《农村土地承包法》第5条的规范结构,正式赋予集体成员申请分配宅基地的权利,并进而将这种权利界定为宅基地资格权,具有重要的规范意义,既可以体现前文提及的宅基地集体所有制对集体成员居住权的保障功能,也可以为宅基地使用权的初始取得奠定权利基础或权利来源。在此值得一提的是《民法典》第364条,其规定:"宅基地因自然灾害等原因灭失的,宅基地使用权消灭。对失去宅基地的村民,应当依法重新分配宅基地。"该条规范以法律的形式规定了特殊场合下(宅基地灭失的情形下)相关主体的供地义务以及与此对应的农村村民申请宅基地的权利。尽管它还没有明确规定义务主体,但进步意义显而易见,那就是将《土地管理法》第62条以行政管理为目的的管理性规范改造为民法性质的权利义务规范,并为宅基地资格权的概念生成提供了初步的立法经验。

将宅基地资格权界定为集体成员向集体组织申请分配宅基地的权利,其本质是把宅基地资格权界定为集体成员权,即集体成员在集体组织中的权利,并对应于集体组织的供地义务。但问题是,在当前情况下,将宅基地资格权界定为集体成员的宅基地

[1] 《土地管理法》(2019年)第62条规定:"农村村民住宅用地,由乡(镇)人民政府审核批准;其中,涉及占用农用地的,依照本法第四十四条的规定办理审批手续。农村村民出卖、出租、赠与住宅后,再申请宅基地的,不予批准。"

[2] 余敬、唐欣瑜:《实然与应然之间:我国宅基地使用权制度完善进路——基于12省30个村庄的调研》,载《农业经济问题》2018年第1期。

分配请求权,是否具有现实意义。或者说,集体组织是否具有足够的宅基地存量用以满足新增农户的用地需求?笔者参与的农村调研显示,除城郊村和集体经济发达的农村之外,大多数普通农村的集体组织往往倾向于不介入宅基地事务,即不直接控制宅基地资源,不接收村民废弃的宅基地,不分配宅基地。集体组织的"三不原则"使我国现行的宅基地秩序自发地形成了以代际继承、私下转让以及偶发的耕地侵占为主要内容的动态平衡机制。在这些农村地区,将宅基地资格权界定为优先受让以及长期保有宅基地的权利更具有现实意义,可以促进宅基地资源在本集体内部的有无互通和自我调剂。

将宅基地资格权界定为集体成员优先受让以及长期保有宅基地的权利符合当前我国农村宅基地大量闲置、供大于求、转让需求上升的现实。随着我国经济社会的高速发展,大量农民走出农村,进城务工,甚至落户定居,农村人口减少已成为我国城镇化发展的必然趋势。这一趋势发展的必然结果就是农村人口的宅基地需求下降以及由此引起的宅基地闲置问题。为了有效解决这一问题,促进农村宅基地的有效利用,允许宅基地使用权在更大范围内自由转让是农村宅基地制度改革的必由之路,比如,允许下乡企业的职工就近有偿取得宅基地使用权,并建房定居;允许城镇退休人员返乡建房定居等。这不仅是以人才引进实现乡村振兴的需要,同时也是缓解大中城市人口增长压力和供地紧张形势的需要,进而可以使农村宅基地不仅服务于原住村民,还可以服务于外来人口。但在适度放开宅基地使用权转让的情况下,本集体成员,特别是没有宅基地的集体成员,应当享有优先受让权,毕竟农村宅基地的所有权属于农民集体所有。这种优先受让权类似集体成员在承包地经营权流转中的优先受让权及其在"四荒"地发包中的优先承包权,都是基于集体成员资格而应当享有的权利,因而也具有集体成员权的属性。

无论是将宅基地资格权界定为分配请求权还是优先受让权,其根本目的都是在集体供地模式下努力实现集体成员合法取得一份宅基地,并拥有长期有效的宅基地使用权。因而,农户宅基地资格权的根本属性或法理内涵是宅基地取得权,即依据集体成员资格取得宅基地使用权的权利,“一种纯粹的农民集体成员权”。〔1〕一旦集体成员据此取得宅基地使用权,其宅基地资格权即获得实现,“归于消失”。〔2〕所以,宅基地资格权是连接宅基地所有权和宅基地使用权的中介性权利,是宅基地集体所有权功能实现的法律路径,是农户取得宅基地使用权的前提条件和权利来源,具有集体福利或住房保障的性质,其本身并不具有独立的意义,不是实体财产权利。因此,有学者将其界定为“现行法律上的宅基地使用权”〔3〕或“宅基地使用权流转后的剩余权”,〔4〕这不可取。它更不是某些学者所谓的独立的财产权或用益物权。

二、宅基地资格权的制度意义

(一)现实功能

宅基地资格权以宅基地取得权为法理内涵,在外延上包括集体成员的分配请求权和优先受让权两项具体内容与实现方式。以赋予并保障农户宅基地资格权为主要内容的宅基地三权分置政策具有重要的现实意义。

一方面,赋予并保障农户的宅基地资格权是实现宅基地集体所有制的社会保障功能的现实需要。1962 年国家通过“人民公社六十条”实现了农村宅基地的集体化,将农民私有的宅基地统一宣布为集体所有(生产队所有),进而建立了涵盖所有农村土地的集体土地所有制。从此,农民的宅基地所有权降格为宅基地使用权,由权能完整的自物权变为受制于人的他物权和用益物权。国家或集体通过宅基地的集体所有制保障农民世世代代住有所居。这种居住权保障,实乃宅基地集体所有制的制度优越性之所在。但无论是“人民公社六十条”还是之后相关立法未正式明确集体组织的该项保障责任,没有明确集体成员取得宅基地的资格和权利。从 1958 年高级社章程的“统筹解决”到 1962 年“人民公社六十条”“给以可能的帮助”,再到 1963 年补充通知“帮助解

〔1〕陈小君:《宅基地使用权的制度困局与破解之维》,载《法学研究》2019 年第 3 期。

〔2〕董祚继:《“三权分置”——农村宅基地制度的重大创新》,载《中国土地》2018 年第 3 期。

〔3〕岳永兵:《宅基地“三权分置”:一个引入配给权的分析框架》,载《中国国土资源经济》2018 年第 1 期。

〔4〕李凤章、赵杰:《农户宅基地资格权的规范分析》,载《行政管理改革》2018 年第 4 期。

决”，直到1986年《土地管理法》“农村居民建住宅，应当使用原有的宅基地和村内空闲地”，最后是1998年《土地管理法》“农村村民一户只能拥有一处宅基地”。2018年中央一号文件首次正式提出“保障宅基地农户资格权”，其实质就是重新认识并规范宅基地集体所有制的居住权保障功能，赋予宅基地资格权以“居住保障权属性”，[1]变“农村村民一户只能拥有一处宅基地”为“农村村民一户必须拥有一处宅基地”。这是一种宅基地管理观念的更新，更是宅基地三权分置的法理基础。

另一方面，赋予并保障农户的宅基地资格权是实施国家乡村振兴战略、促进农村宅基地三权分置改革的现实需求。2018年中央一号文件以乡村振兴战略为主题，却首次正式提出宅基地三权分置的政策以及宅基地资格权的概念，其实正说明了以宅基地资格权为主要内容的宅基地三权分置改革与乡村振兴战略的内在关联。首先，推进宅基地三权分置改革、完善农村土地制度是乡村振兴战略实施的重要内容。对此，2018年中央一号文件第九部分“推进体制机制创新，强化乡村振兴制度性供给”有明确的表述，其指出：“深化农村土地制度改革。系统总结农村土地征收、集体经营性建设用地入市、宅基地制度改革试点经验，逐步扩大试点，加快土地管理法修改，完善农村土地利用管理政策体系。”其次，农村土地制度改革为乡村振兴提供必要的土地资源和建设基础。对此，《乡村振兴战略规划（2018—2022年）》第三十三章“加强乡村振兴用地保障”有明确的表述，其指出：“完善农村土地利用管理政策体系，盘活存量，用好流量，辅以增量，激活农村土地资源资产，保障乡村振兴用地需求。”而且该部分还特别指出：“在符合土地利用总体规划前提下，允许县级政府通过村土地利用规划调整优化村庄用地布局，有效利用农村零星分散的存量建设用地。”其中，大部分的“存量建设用地”其实就是农民手中闲置的宅基地。因此，宅基地三权分置改革的目的之一就是盘活这部分闲置宅基地，使其通过合法的流转用以支持乡镇振兴和设施建设。最后，无论是农村土地制度改革还是乡村振兴用地供应，都必须首先保障农村居民的基本住房需求。换言之，保障广大农民的基本住房需求是我国农村土地制度改革和乡村振兴战略

[1] 陶钟太朗、杨环：《论“三权分置”的制度实现：权属定位及路径依赖》，载《南京农业大学学报（社会科学版）》2017年第3期。

实施的底线;而该底线的坚守从制度上就依赖于农户宅基地资格权的赋予和保障。因此,赋予并保障广大农民的宅基地资格权是农村土地制度改革以及乡村振兴战略顺利实施的保障性制度安排。

(二)规范价值

宅基地三权分置政策在区分宅基地所有权、资格权和使用权的同时,要求"落实宅基地集体所有权,保障宅基地农户资格权和农民房屋财产权,适度放活宅基地和农民房屋使用权"。其中,无论是"三权"表述的顺序还是三项具体要求的递进关系,都说明农户的宅基地资格权处于宅基地三权分置政策的中枢地位,是连接宅基地所有权和宅基地使用权的中介性权利,因而具有重要的规范意义。

首先,从宅基地所有权和宅基地资格权的关系上看,宅基地资格权是宅基地所有权功能实现的重要机制之一。1962 年农村宅基地实行集体所有制以后,集体组织获得了法律上的所有权,同时也背负了保障集体成员居住权的义务。这是宅基地集体所有制的法律表现形式。此后,随着农村经济体制改革的日益深入,人民公社体制及其三级组织逐步废除,包括宅基地在内的农村土地被 1982 年《宪法》以及以后的相关立法界定为农民集体所有(不再是集体组织所有),进而被《民法典》第 261 条界定为"本集体成员集体所有",从而开启了农村土地的抽象集体所有模式——以全体集体成员为所有权人。在此背景下,宅基地集体所有的本质也就变成了全体集体成员共同以本集体宅基地为物质基础所形成的居住权保障体系,用以保障每一个集体农户都能够按照供房模式或供地模式获得一套住房或一块宅基地。宅基地资格权正是供地模式下保障集体农户通过集体分配或其他集体农户转让而取得一份宅基地的重要机制。通过宅基地资格权机制,宅基地集体所有权的保障功能或"成员受益权能"[1]得以实现,集体农户由此获得具有保障性质的宅基地使用权。因此,在"一户一宅"的供地模式下,农户的宅基地资格权是落实宅基地集体所有权进而实现其制度价值的重要机制或法律工具。

---

〔1〕 韩松:《论农民集体土地所有权的集体成员受益权能》,载《当代法学》2014 年第 1 期。

其次，从宅基地使用权和宅基地资格权的关系上看，宅基地资格权不仅是农户取得宅基地使用权的权利基础，而且是允许宅基地使用权适度放活的前提条件。依据宅基地资格权，集体农户取得并保有具有社会保障性质的宅基地使用权。但除此之外，集体农户还可能通过继承等合法手段获得其他宅基地的使用权并由此产生出让宅基地使用权的现实需求。中央宅基地三权分置政策提出“适度放活宅基地和农民房屋使用权”，其实就是要解决该部分宅基地的闲置问题，即在“保障宅基地农户资格权”的前提下，允许集体农户转让多余的宅基地使用权。允许集体农户转让多余的宅基地使用权不仅可以体现宅基地使用权的财产价值，而且是其他没有宅基地的集体农户解决住宅用地的重要途径，进而有利于实现宅基地在本集体内的合理配置，以促进全体集体成员的宅基地资格权的实现。但问题是，当本集体成员的宅基地资格权全部获得实现，即每个农户都有一处宅基地的情况下，如何进一步解决宅基地闲置的问题？对此可能的解决方案有二：一是允许非本集体成员购买宅基地使用权；二是由集体组织有偿收回宅基地使用权及地上房屋。但前者面临法律障碍，后者面临现实障碍。一方面，我国现行法律和司法实践禁止宅基地使用权向非本集体成员（包括城镇居民）转让；另一方面，并非所有的集体组织都有足够的经济实力回购农民手中的富余宅基地和房屋。这种交易困境正是我国目前宅基地闲置的根本原因。但现实障碍一时无法解决，法律障碍却是可以消除的。适度允许非集体成员受让并使用农村富余宅基地，实为农村宅基地制度改革和三权分置政策实施的必然趋势。这不仅可以盘活宅基地资产，增加农民财产性收入，而且可以为下基层从事乡村振兴事业的人才提供基本的居住条件。[1] 总之，通过宅基地资格权和宅基地使用权的区分，我们可以将农民的宅基地区分为必要宅基地和富余宅基地，并彻底剥离富余宅基地使用权的身份性和保障性，允许其自由流转，塑造具有独立用益物权性质的财产性宅基地使用权。

最后，作为一种以集体成员资格为前提的集体成员权，宅基地资格权概念的提出也丰富了农村集体成员的成员权体系，进而完善了农村土地权利体系，而不是“损及宅

---

〔1〕 无论是2018年中央一号文件还是《乡村振兴战略规划（2018—2022年）》都发出了“鼓励社会各界（人才）投身乡村建设”的号召，其中，通过宅基地使用权让渡保障其居有定所无疑是必要之举。

基地制度的稳定,引发权利体系的混乱”。[1] 宅基地资格权是“一户一宅”的供地模式下专属于农村集体成员的以取得宅基地使用权为目的的成员权,该权利与我国《农村土地承包法》第5条规定的承包请求权一起构成了农村集体成员分享集体土地权益的两大成员权类型,并分别为宅基地使用权和土地承包经营权的权利基础。在我国现行农村集体土地所有制下,分享集体土地权益是集体成员的基本权利,其具体分享机制可以是请求分配集体土地的统一经营收益,表现为经营受益分配权,也可以是直接请求分配并占有、使用集体土地,以进行家庭经营或使用,比如,对宅基地和承包地的分割使用;而后者正是我国现行宅基地和承包地的一般利用模式。在这种模式下,集体土地所有权、集体成员权和土地使用权就构成了农村土地权利体系的完整结构。其中,宅基地资格权和承包地请求权这两大成员权恰恰处于这一权利体系的核心环节,是该权利体系的中枢性法律机制。因此,宅基地资格权概念的提出不仅可以丰富农民的集体成员权体系内容,而且可以促进农村土地权利体系的完善,因而具有重要的规范意义。

三、宅基地资格权的规范要点

(一)规范路径

通过前文分析可知,宅基地资格权是广大农民依法取得宅基地使用权的资格性权利,属于集体成员权的范畴,具有社会保障性、集体福利性和身份属性,是专属于农村集体成员的基本权利,不仅具有重要的现实功能,也具有制度上的规范意义,因而有必要将其尽快转化为正式的法律概念,并予以制度化规范。

宅基地资格权的法律化首先面临的问题是规范路径的选择问题,即在哪一部法律文本中规定宅基地资格权。对此,笔者认为,宅基地资格权属于广大农民的基本权利,应具有特定的宪法地位,我国宪法应对其进行正式确认,明确“一户一宅”的供地模式或保障体制,以作为宅基地资格权产生的体制基础。关于宅基地资格权的宪法地位,

---

[1] 刘国栋:《论宅基地三权分置政策中农户资格权的法律表达》,载《法律科学(西北政法大学学报)》2019年第1期。

一方面,我国《宪法》在其第10条规定了宅基地的集体所有制;另一方面,也在第39条规定了“住宅不受侵犯”的宪法权利。尽管后者的立法本意是保障公民“住宅隐私”和“住宅自由”等人格利益,但住房权无疑是其重要的物质基础。对于广大农民来说,没有宅基地资格权,就没有取得宅基地的权利基础,也就不可能取得合法稳定的宅基地和住房权,住宅隐私和住宅自由也就无从谈起了。因此,对前述条文的延伸阐释,可以得出“住房权是宪法确认的公民权利”的结论,[1]保障广大农民的宅基地资格权就是保障其宪法权利,因此有必要首先对其进行明确的宪法规范,以确认其宪法地位,并为具体规范的设计奠定宪法基础。在宪法规范条文的设计上,我们可以参考《宪法》第8条“农村集体经济组织实行家庭承包经营为基础、统分结合的双层经营体制”的规定,拟定如下条文:“农村集体经济组织实行一户一宅的宅基地保障制度,依法保护农民的宅基地资格权。”至于宅基地资格权的具体内容,则交由部门法予以规范。

在部门法的选择上,本文主张选择《民法典》“物权编”或作为民事特别法的宅基地法,而不是《土地管理法》。从部门法的分类上看,《土地管理法》属于行政法的范畴,以规范行政管理行为为立法宗旨,所以才以“管理”一词命名;而《民法典》则属于典型的民法范畴,其物权编以物权保护以宗旨,是权利法。宅基地资格权及其所在的农村土地权利体系,则完全属于民事权利的范畴,对这些权利的确认和保护理应由《民法典》或民事特别法来承担。再从具体内容上看,我国《民法典》已经系统确认了集体土地(包括宅基地)所有权和宅基地使用权,在集体所有权部分突出了集体成员的地位以及部分集体成员权内容,并首次将宅基地使用权予以物权化并专章规范,[2]从而为宅基地资格权的引入创造了良好的制度空间。另外,以民事法规范宅基地资格权还有利于从法理观念上强化宅基地权利体系的私权属性,淡化土地管理法所带来的管理色彩。在原《物权法》(2007年)出台以前,2004年《土地管理法》第62条是规范农村宅基地制度的核心条款,该条款从行政管理者的角度建构了纯义务性的宅基地管理规范,但没有体现宅基地的权利属性。原《物权法》及其后的《民法典》其短短四个条文却首次宣

〔1〕 朱福惠、李燕:《论公民住房权的宪法保障》,载《暨南学报(哲学社会科学版)》2009年第2期。

〔2〕 原《物权法》和《民法典》用益物权部分的第十三章均为“宅基地使用权”。

布了宅基地使用权作为独立的用益物权的法律地位,并为宅基地权利体系的完善奠定了坚实的物权法理基础。

最后,在具体的章节安排上,笔者建议将宅基地资格权的相关内容规定于《民法典》“物权编”一章或宅基地法中。因为宅基地资格权在本质上并非一种独立的物权,不以特定宅基地为客体,不宜独立成章,而只是取得宅基地使用权的权利,与宅基地使用权的关系最密切,在制度范畴上属于宅基地使用权的取得制度。其中,宅基地分配请求权是请求集体组织分配宅基地以设立宅基地使用权的权利,属于宅基地使用权的初始设立制度;而优先受让权则属于宅基地使用权的转让制度,是集体成员优先受让其他集体成员转让的宅基地使用权的权利。这两种具体权利均与宅基地使用权存在制度规范上的内在关联。

总之,从规范路径上看,宅基地资格权的法律化应当坚持宪法确认的先导功能或“繁殖功能”,[1]并进而以此宪法基础为根据将其具体规范落实于《民法典》“物权编”或宅基地法的宅基地使用权部分。作为行政法的《土地管理法》不宜直接规范和调整宅基地资格权问题。

(二)主体界定

关于宅基地资格权的政策表达,2018年中央一号文件及其后相关文件的表述都是“宅基地农户资格权”,似乎内含了宅基地资格权属于农户的意蕴,进而有人认为“农户是宅基地资格权的权利主体”。但笔者认为,这一观点值得商榷。

首先,“农户”在我国并不是一个严谨的法律概念。《农村土地承包法》虽然使用了“农户”的概念,用以指涉家庭承包合同的承包方,[2]但该概念已经被《民法典》第55条提炼为“农村承包经营户”。它规定:“农村集体经济组织的成员,依法取得农村土地承包经营权,从事家庭承包经营的,为农村承包经营户。”根据这一规定,农村承包经营户被严格限定为已经取得土地承包经营权的农村集体经济组织成员,从而取代了《农

---

[1] 林来梵:《从宪法规范到规范宪法——规范宪法学的一种前言》,商务印书馆2017年版,第316页。

[2] 《农村土地承包法》(2018年)第16条规定:“家庭承包的承包方是本集体经济组织的农户。”

村土地承包法》上的"农户"。相对农村承包经营户,农户只是一个仅具有事实描述功能的生活概念,泛指一切农村家庭,而没有特定的法律内涵。

其次,作为事实描述性质的生活概念,农户的具体构成或成员是不确定的,或者说是变动的,不具有作为宅基地资格权人的社会基础。一般的农村家庭由未婚子女及其父母构成,如果我们将农户界定为宅基地资格权人,那么未婚子女将与其父母共同享有一个宅基地资格权,并共同取得一份宅基地的使用权。这就无法解释未婚子女结婚之后组建家庭又可以申请宅基地的事实。换言之,在我国广大农村地区,子女结婚之后即和父母分开居住,独立成家,这已经成为普遍的生活习惯。在此情况下,成家立业的子女独享宅基地资格权,并单独取得宅基地使用权,更加符合我国农村的社会现实和生活习惯。

最后,从土地管理法和一些地方立法的相关规范看,可以申请取得宅基地的也是个体农民,而不是农户。一方面,《土地管理法》第62条在规定宅基地制度时所使用的概念是"农村村民",而不是"农户";另一方面,很多地方性法规或政府规章在规定宅基地申请时,也是类似的表述。如《山东省实施〈中华人民共和国土地管理法〉办法》第45条规定"农村村民建住宅,由本人提出用地申请"。其中"农村村民"及"本人"的表述足以说明申请宅基地的是个体农民,而不是农户。另外,依据农村先建房再结婚的习俗,也应当将宅基地资格权的权利主体界定为个体农民,而不应该是结婚之后的新婚家庭。而且从这个意义上看,凡是达到结婚年龄的集体成员都应享有宅基地资格权。

综上,"农户"是一个内涵和成员都不确定的生活概念,不具备作为宅基地资格权人的主体资格,作为个体农民的集体成员才是宅基地资格权的适格主体。所谓"一户一宅"也只是宅基地资格权行使或实现的基本原则,而不能作为集体成员取得宅基地资格权的具体条件。换言之,在宅基地资格权的主体认定上,我们应当区分宅基地资格权的取得和宅基地资格权的实现,凡是达到结婚年龄的集体成员都应自动取得宅基地资格权,这是"一户一宅"模式下集体成员的基本权利。但拥有权利未必就能行使权利、实现权利、取得宅基地使用权。以请求集体组织分配宅基地为例,该请求权属于宅基地资格权,但其能否获得实现,达到分配宅基地的目的,还取决于集体组织是否拥有可供分配的宅基地以及集体组织是否同意分配宅基地等法律规定的实现条件。[1]

(三)实现程序

宅基地资格权在外延上包括集体成员向集体组织申请分配宅基地的权利以及在其他集体成员转让宅基地使用权时的优先受让权。这两种权利的行使方式或实现程序是不同的。我国现行法对前者有相关规定,对后者没有规定。以下分而述之。

1. 宅基地分配请求权的实现

宅基地分配请求权,是指集体成员在没有宅基地的情况下,请求集体组织分配宅基地以获得宅基地使用权的权利。根据2019年《土地管理法》第62条以及一些地方性法规规章的规定,该权利的实现程序包括:(1)成员申请,即由集体成员向集体组织申请宅基地;(2)集体组织民主议定,即集体组织召开集体成员的村民会议或村民代表会议讨论通过;(3)乡镇政府批准;(4)登记颁证。其中涉及占用农用地的,还应当办理农转非的审批手续。

从这一系列的程序过程中,不难发现,宅基地资格权的实现或宅基地使用权的取得受到严格的行政管制,集体组织的民主议定程序无法发挥主导型作用。这在无形中淡化了宅基地资格权的民事权利属性和集体成员权特征,也使宅基地使用权成了一种基于行政许可的特许物权,而不是基于宅基地资格权的独立物权。甚至有些地方政府滥用行政管理权,冻结特定地区的宅基地审批,无异于取消当地农民的宅基地申请资格和村民住房保障。例如,2008年《呼和浩特市赛罕区农村宅基地审批办法》曾规定:"二环路以内及周边已列入城中村改造的村庄、绕城路以内已列入区重点项目的区域和列入改造项目的区域不再审批宅基地。"

2018年中央一号文件明确赋予农村村民以宅基地资格权,将其申请宅基地的权利明确为一种独立的成员权类型,其在法理上的要求就应当是:强化宅基地申请和分配的民事行为性质,并将其纳入村民自治的范畴,进而淡化其中的行政管制因素,控制地

---

〔1〕 董祚继:《"三权分置"——农村宅基地制度的重大创新》,载《中国土地》2018年第3期。

方政府的行政裁量权，将其严格限制在土地利用规划的审查方面，使其无权对土地利用规划内的宅基地分配事宜进行行政干预，变行政审批制为行政核准制。这就要求从宅基地资格权的实现程序中取消乡镇政府和县级政府的审查、批准权，仅保留土地管理部门的规划审查权，对符合土地利用规划的宅基地申请一律核准，不得无故否决。

最后需要说明的是，以宅基地分配请求权实现宅基地资格权的模式，必须以集体组织实际拥有可供分配的宅基地为物质基础。如果离开了这个物质基础，那么一切都是空谈，除非动用农转非程序，变农用地为宅基地。除此之外，集体成员只能通过动用优先受让权购买其他集体成员出让的宅基地使用权。

2. 宅基地优先受让权的实现

宅基地优先受让权，是指享有宅基地资格权的集体成员在其他集体成员转让其富余的宅基地使用权的情况下，有权以同等条件优先取得该宅基地使用权。该权利在我国现行法上没有规定。与此类似的权利是《农村土地承包法》第 38 条第 5 项规定的集体成员在土地经营权流转中的优先受让权，即在承包农户流转土地经营权的情况下，本集体其他成员有权以同等条件优先取得该土地经营权。

参照优先购买权的基本法理，无论是集体成员对宅基地使用权的优先受让权还是其对土地经营权的优先受让权，它们都是一种程序性权利即形成权，即仅以权利人的单方意思表示即可取得受让人的地位。以宅基地使用权转让为例，在转让方与非集体成员的受让方签订转让合同之后，只要优先权人向转让方表示愿以同等条件受让其宅基地使用权，转让方与优先权人的转让合同即告成立，而无须转让方同意或另行订立转让合同。接下来，转让方就只能按照与原受让方签订的转让合同向优先权人履行转让义务，而不能再向原受让方履行转让义务。

在优先权人不知情的情况下，转让方与受让方相互履行转让合同，可以视为对优先权人的优先权的侵犯。根据合同行为与物权变动相区分的法理，优先权人尽管无权主张其转让合同无效，却可以主张他们之间的转让行为不产生物权变动的效力，而直接行使优先权，取得受让人地位。这一法律后果对宅基地资格权人来说，尤为重要。因为宅基地的集体所有制及其对集体成员的住房保障功能是众所周知的法理和事实，集体宅基地当然应当首先满足本集体成员的建房需求,特别是保障没有宅基地的集体成员的资格权获得实现。因此,建议我国未来立法在适度放活宅基地使用权转让的情况下,赋予没有宅基地的集体成员以优先受让权,以实现其宅基地资格权,并特别明确其侵权后果。

最后,为了保障宅基地资格权人能够及时行使优先受让权,建议建立宅基地使用权转让的公告制度,即在宅基地使用权转让行为开始实施以前,转让方应当在本集体内部公告转让事宜和转让条件,接受本集体成员的优先权主张,公告期满后无人主张的,方可实施转让行为。

综上所述,农村村民的宅基地资格权可因分配请求权或优先受让权的行使而实现,进而取得具有保障性质或福利性质的宅基地使用权。为了维护宅基地资格权实现的法律成果,未来立法应当明确禁止该份宅基地使用权的转让或抵押,而仅允许闲置宅基地或富余宅基地使用权的转让或抵押。

四、余论

"法规范并非彼此无关地平行并存,其间有各种脉络关联。"[1]相对农民集体的宅基地所有权规范和集体成员的宅基地使用权规范,集体成员的宅基地资格权规范就是这样一种连接宅基地所有权和宅基地使用权的中枢性"脉络关联",其虽可成为一种独立的民事权利或集体成员权类型,却不具有独立的制度属性,而只是从属于宅基地集体所有权的实现机制和宅基地使用权的取得制度。因此,以法律规范的形式界定并保障农村村民的宅基地资格权,将不得不依赖于我国农村宅基地使用权制度的完善。本文选题所限,无法就此展开进一步的探讨。但可以预见的是,如果我国现行宅基地使用权继续受限,无法在权能上得到拓展并获得更大的流转空间,宅基地资格权的赋予将难免陷入"文胜质则史"的境地,仅有形式之美,而无实际功效。

---

〔1〕[德]卡尔·拉伦茨:《法学方法论》,陈爱娥译,商务印书馆2003年版,第316页。

宅基地“三权分置”的运行机理

三权分置视阈下的宅基地使用权流转

陈源媛*

目　　次

一、问题的提出

2019 年是中华人民共和国成立 70 周年，也是宅基地制度发展变迁的第 70 年。自 1949 年《中国人民政治协商会议共同纲领》规定了“凡已实行土地改革的地区，必须保护农民已得土地的所有权”，即在事实上确立了宅基地所有权属于农民。我国宅基地制度经历了从“私人所有，无偿使用”到“集体所有，有偿使用”，从“严格限制宅基地使

* 华中师范大学法律（法学）硕士研究生。

用权流转”到“适度放活宅基地使用权”的变迁过程。2014 年中共中央印发了《关于农村土地征收、集体经营性建设用地入市、宅基地制度改革试点工作的意见》,2015 年全国人大常委会审议通过《关于授权国务院在北京市大兴区等三十三个试点县(市、区)行政区域暂时调整实施有关法律规定的决定》,2018 年发布的《关于实施乡村振兴战略的意见》明确提出“探索宅基地所有权、资格权、使用权三权分置”。2019 年发布的《关于坚持农业农村优先发展,做好“三农”工作的若干意见》也强调 2019 年的重点任务是推进宅基地使用权确权登记颁证工作、起草宅基地使用条例、开展闲置宅基地复垦试点。由是观之,我国宅基地制度的中心任务从保障农民基本生活需求转移到探索多种途径唤醒宅基地上“沉睡的资产”。

宅基地使用权流转是发挥宅基地财产价值的核心,但是对于宅基地使用权是否可以流转、如何流转的问题,现行法律法规含糊不清、实践中发生突破法律规定的现象、理论界存在大量争议。首先,《土地管理法》(2019 年修正)并没有给出明确答案。《土地管理法》(2004 年修正)第 63 条是限制宅基地使用权流转中最核心的条款,即“农民集体所有的土地的使用权不得出让、转让或者出租用于非农业建设”。《土地管理法》(2019 年修正)中删除该条款,增加集体经营性建设用地“入市”的规定,并在其他条款中针对户有所居制度、宅基地退出机制和宅基地审批机制进行补充完善,其中第 62 条第 6 款规定“国家允许进城落户的农村村民依法自愿有偿退出宅基地,鼓励农村集体经济组织及其成员盘活利用闲置宅基地和闲置住宅”。该条款看似是对《土地管理法》(2004 年修正)第 63 条的突破,但是对于如何退出、如何盘活并无条文予以解释。其次,农村“空心化”“小产权房”乱象激增,现行法律法规无法解决实践中产生的新问题、新需求。笔者以“宅基地使用权转让”为关键词在中国裁判文书网上共搜索出 2291 篇判决文书。可以发现自 2014 年起与宅基地使用权转让相关的纠纷数量均保持在一个较高水平上(见表 1)。越来越多的农民希望充分发挥宅基地的财产价值,“以房抵债”现象日益频发。但是法院普遍认为基于我国“房地一体”原则,农民将宅基地上的房屋进行买卖就必然涉及宅基地使用权的问题,然而宅基地使用权具有身份性的特点,因此将宅基地上的建筑物出售给非集体经济组织成员的合同应属无效。[1]

表 1 2013～2019 年宅基地使用权转让纠纷案件数量统计[2]

单位:件

年份	2013	2014	2015	2016	2017	2018	2019
数量	82	266	172	322	497	555	244

但是也有法院认为,在不改变土地用途、不损害集体经济组织利益的前提下,现行法律、法规并未禁止将宅基地及其地上建筑物转让给其他集体经济组织的成员。[3]由此引发了农民日益增长的对宅基地制度蕴含的经济利益的需求与现行法律、法规对宅基地使用权流转限制之矛盾。最后,理论界对该问题也一直无法达成共识。有学者认为,若将宅基地使用权流转限制在本集体经济组织内部,将会阻碍其财产价值的实现,也意味着其被排除在土地市场化之外,当前宅基地三权分置理论的提出让开放宅基地使用权流转成为可能。[4] 也有学者认为,农村宅基地闲置、浪费、低效现象的产生是一种历史必然性,究其原因主要是宅基地的保障功能深入人心,农民不愿将自己闲置的住宅流转出去,与宅基地使用权流转受限没有必然的因果关系。[5] 为实现乡村振兴战略,保障宅基地三权分置政策的稳步推进,宅基地使用权流转在法律上定位不清、实践中矛盾突出问题亟待解决。

二、宅基地使用权流转之法理困境

1962 年,中共八届十中全会通过了《农村人民公社工作条例(修正草案)》,第 17 条、第 43 条分别规定"全大队范围内的土地都归生产队所有""社员的房屋永远归社员所有。社员有买卖或租赁房屋的权利",首次确立了"一宅两制,公地私房"的农村宅基

[1] 山东省日照市中级人民法院民事判决书,(2019)鲁 11 号民终 973 号;云南省昭通市中级人民法院民事判决书,(2019)云 06 号民终 1055 号;河南省郑州市中级人民法院民事判决书,(2019)豫 01 号民终 14071 号。

[2] 数据源于中国裁判文书网,http://wenshu.court.gov.cn/,最后访问时间:2019 年 10 月 29 日。

[3] 辽宁省沈阳市中级人民法院民事判决书,(2019)辽 01 号民终 6116 号。

[4] 高圣平:《宅基地制度改革政策的演进与走向》,载《中国人民大学学报》2019 年第 1 期。

[5] 王爱民:《农村宅基地制度改革再认识》,载《中国土地》2017 年第 6 期。

地产权模式。[1] 自此农村宅基地的产权结构也被确立为两权分置，即集体所有权和农民享有的宅基地使用权。两权分置下的宅基地使用权被界定为限制让与用益物权。[2] 限制让与性主要体现在《土地管理法》(2004 年修正)第 62 条、第 63 条，规定了“农民集体所有的土地的使用权不得单独转让、抵押、出租”，“农村村民出卖、出租住房的，再申请宅基地的，不予批准”。

《民法典》“物权编”第 399 条规定了，一般情况下，不得对宅基地使用权单独设置抵押。由是观之，宅基地使用权的性质决定了其在我国长期处于流转途径受限、财产价值被忽视的状态。

(一)宅基地使用权权能缺失

《民法典》“物权编”中共有 4 个条款对“宅基地使用权”进行规定。第 362 条、第 364 条、第 365 条分别规定了宅基地使用权人的权利、宅基地使用权消灭、宅基地使用权的变更、注销，第 363 条为转质条款，涉及宅基地使用权的取得、行使、转让适用《土地管理法》和国家的有关规定。其中第 362 条[3]对宅基地使用权权能的规定受到众多学者的批评与质疑，他们认为，应当将宅基地使用权的权能扩充为“占有、使用、收益”。其主要理由包括，权能完整的宅基地使用权是农民基于集体成员身份而拥有的法定权利，因此收益权应当作为一项固有权能被囊括在内。并且只有将收益权明确纳入宅基地使用权权利内容之中，才能确保后续宅基地制度改革的顺利进行。[4] 宅基地使用权中收益权的长期缺位导致其不能与建设用地使用权一样进入市场自由流通。

(二)宅基地使用权主体封闭

1999 年，国务院办公厅在《关于加强土地转让管理严禁炒卖土地的通知》中强调“农民集体土地使用权不得出让、转让或出租用于非农业建设”“农民的住宅不得向城市居民出售，也不得批准城市居民占用农民集体土地建住宅”。自此，我国的“房地一

---

〔1〕 参见李泉：《农村宅基地制度变迁 70 年历史回顾与前景展望》，载《甘肃行政学院学报》2018 年第 2 期。

〔2〕 崔建远：《物权：规范与学说——以中国物权法的解释论为中心》(下册)，清华大学出版社 2011 年版，第 491 页。

〔3〕《民法典》第 362 条规定：“宅基地使用权人依法对集体所有的土地享有占有和使用的权利，有权依法利用该土地建造住宅及其附属设施。”

〔4〕 陈小君：《我国涉农民事权利入民法典物权编之思考》，载《广东社会科学》2018 年第 1 期。

体”原则逐渐从“地随房转”转变为“房随地转”,[1]国家严格管控非集体经济组织成员取得宅基地使用权的行为。《土地管理法》(2004 年修正)第 62 条规定“农村村民一户只能拥有一处宅基地,其宅基地面积不得超过省、自治区、直辖市规定的标准”。由此可以推断出宅基地使用权的实质主体应该是符合宅基地使用权申请条件的农村村民。[2] 为了保障农民家家户户都能过上“耕者有其田,户者有其屋”的生活,防止城镇资本过度涌入农村从而妨碍该价值理念的实现,我国将宅基地使用权的享有者严格限定在农村集体经济组织成员范围内,即在主体层面宅基地丧失流转可能性。

(三)宅基地使用权价值单一

宅基地使用权的价值可以分为保障价值和财产价值。长期以来,宅基地使用权的核心要义都围绕保障价值展开,并且其身份属性与农民居住保障价值相衔接,成员权与土地的结合使宅基地使用权制度不可避免地发挥社会保障功能。[3] 由此造成我国宅基地使用权中财产价值与保障价值长期属于失衡状态,而增强流通性的最终目的就是发挥财产价值,当最终目的被忽视时,实现路径自然也就被斩断了。

上述原因决定了宅基地使用权在法理层面存在流转的障碍,同时也决定了宅基地制度长久以来负载的维护农村社会稳定的公共政策目标毫不动摇,偏重宅基地保障属性的价值理念毫不改变。[4]

三、宅基地使用权流转之现实需求

在中国广大农村地区长期贯彻的两权分置产权结构的主导下,宅基地使用权在权能、主体、价值方面的弊端让突破宅基地使用权流转的限制成为遥不可及的梦想。但是自我国开启市场经济体制改革以来,农民的生存不再依附于土地,由限制宅基地使用权流转引发的社会生活中的三大矛盾开始促使宅基地制度走向革故鼎新之路。

(一)宅基地中财产功能与社会保障功能之矛盾

在传统宅基地使用权制度下,农民只能分享宅基地的使用价值,不能实现宅基地

[1] 高圣平:《农村宅基地制度:从管制、赋权到盘活》,载《农业经济问题(月刊)》2019 年第 1 期。

[2] 喻文莉:《论宅基地使用权初始取得的主体和基本方式》,载《河北法学》2011 年第 8 期。

[3] 喻文莉:《论宅基地使用权初始取得的主体和基本方式》,载《河北法学》2011 年第 8 期。

[4] 高圣平:《农村宅基地制度:从管制、赋权到盘活》,载《农业经济问题(月刊)》2019 年第 1 期。

的交换价值。但是基于农民的文化知识水平、技术水平等限制，宅基地使用价值的表现方式只能局限于居住功能，财产功能的实现方式主要是宅基地市场化流转，由此导致了财产功能囿于法律法规始终无法得到重视的问题。通过对比第二次全国农业普查公报（2006年）和第三次全国农业普查公报（2016年）中"农户住房""农业从业人员"类数据。截至2016年年底，我国没有住宅的农村居民人数比例只有0.5%，基本实现了宅基地制度中"户有所居"的政策理念。随着乡村振兴战略逐步开展，农民的生活水平日益提高，拥有两处、三处及以上住宅的人数呈现增长趋势。换言之，拥有两处、三处及以上宅基地使用权的人数呈现增长趋势（见表2）。

由此可以反映，农村的主要矛盾已经从如何通过"一户一宅"保障农民的基本生活需求转移到如何在"一户多宅"的现实下使宅基地使用权的财产价值发挥到最大化，从而扩宽农民财产性收入增长渠道。两份公报中分别使用了"农业从业人员"与"农业生产经营人员"的称呼，本质都是"以从事农业为主的从业人员"。通过对两组数据的简单分析，我们可以发现与2006年相比，2016年的人数下降了9.8%（见表2）。由是观之，农业收入作为农民最主要收入来源的地位已经被慢慢削弱，农民收入结构也呈现从单一化向多元化转变的趋势，这种变化的出现也对宅基地使用权制度的定位提出新的要求，一味满足社会保障功能压制经济功能的传统价值取向显然不能适应社会主义市场经济体制下新农村的发展。

表2　农村居民住宅保有量及农业从业人员人数统计[1]

	拥有住宅占比/%	1处住宅占比/%	2处住宅占比/%	3处及以上住宅占比/%	农业从业人员/人
2006年	99.3	92.5	6.4	0.4	34,874万
2016年	99.5	87	11.6	0.9	31,422万

（二）城乡一体化进程中城乡资源之矛盾

2008年党的十七届三中全会报告指出"中国总体上已进入着力破除城乡二元结构、形成城乡经济社会发展一体化新格局的重要时期，要建立促进城乡经济社会发展一体化制度"，自此我国进入了推动城乡经济社会一体化发展的新时期。但是城乡二

〔1〕 数据源于《第二次全国农业普查主要数据公报》及《第三次全国农业普查主要数据公报》。

元结构根深蒂固、各地区城乡发展情况各异等问题决定了城乡一体化进程的复杂性，宅基地使用权流转受限决定了生产要素在城乡之间无法自由流动。特别是国家对城乡资产及其相关土地和资源的产权的合理界定和保护不足，城乡统一建设市场滞后，农民搬迁进城实现市民化和城市人下乡投资买房、享受生活的渠道受阻，土地资源难以通过市场交易实现优化配置，[1]最终导致大量宅基地闲置。《国家新型城镇化规划(2014—2020年)》中也再次指明“增强农村发展活力”，“加快消除城乡二元结构的体制机制障碍，推进城乡要素平等交换”的发展目标。

由此可见，在微观层面，宅基地使用权受限意味着农村土地资源只能在本集体经济组织内部交换，无法进入具有更多机会的外部市场，因此，扩宽宅基地使用权的流通渠道是打破城乡贸易壁垒的必由之路。在宏观层面，如果一味侧重“户有所居”则只能不断加深城乡差距，与推动城乡融合发展的改革目标不相匹配，因此，放活宅基地使用权是促进城乡经济社会发展一体化格局早日形成的应有之义。

(三)城乡统一土地市场中国有建设用地与集体建设用地之矛盾

2013年党的十八届三中全会通过的中共中央《关于全面深化改革若干重大问题的决定》指出“允许农村集体经营性建设用地出让、租赁、入股，实行与国有土地同等入市、同权同价”。值得注意的是，集体建设用地由宅基地、经营性建设用地、公共基础设施及公益性建设用地三部分组成，“同地同权同价”的对象只限于占比很少的集体经营性建设用地，由此产生政策浮于表面的问题。有学者认为，在建设用地的性质都为住宅用地时，基于“同权”原则可以推测出宅基地使用权应该与城镇建设用地使用权一样进行自由流转，但是实践显然与这一设想相违背，因此应当探索宅基地入市交易的路径，如将宅基地转化为经营性建设用地，由此实现真正意义上的集体建设用地与国有建设用地同地同权同价。[2] 也有学者对宅基地归属于建设用地提出质疑，其认为宅基地的性质不应一概而论。对于沿海发达地区的农村，宅基地较大程度上发挥的是交换价值，此时应该将宅基地定义为建设用地。对于农业型地区的农村，宅基地主要服

---

〔1〕 秦中春：《城乡一体化发展：面向未来的国家战略》，载《人民论坛·学术前沿》2016年第8期。

〔2〕 杨遂全：《论集体经营性建设用地平等入市的条件与路径》，载《郑州大学学报(哲学社会科学版)》2019年第4期。

务于农业生产与农村生活，着重于使用价值的发挥，此时应该将宅基地定义为农地。[1] 不管是主张宅基地应当与国有建设用地同等入市交易，还是主张宅基地入市交易应当区分沿海发达地区与农业型地区，这些观点的目的都是解决国有建设用地与集体建设用地发展不平衡的问题。2019 年 8 月通过的《土地管理法》新增“集体经营性建设用地入市”的规定，[2] 不少学者认为这是历史性的一步，但是对于如何化解集体经营性建设用地入市后的风险，如何解决宅基地与国有建设用地之间的差异等问题，仍然有很长的路要走。

四、“三权分置”下放活宅基地使用权之路径选择

基于对上述观点的分析，实践中出现的新问题、新情况推动了宅基地走上改革发展之路，但是对于如何调和宅基地使用权上并存的双重价值体系——社会保障价值与财产价值——内部存在的结构性矛盾，如何解决农民对于宅基地使用权流转之后失去主体资格的担忧，也是改革面临的首要困境。在中央提出的“盘活农民土地用益物权的财产属性”“增加农民土地财产性收入，实现农民土地财产权，促进乡村振兴”政策目标指引下，为了夯实“盘活利用闲置宅基地和闲置住宅”的理论基础，应当探索宅基地三权分置的合理化路径，明晰三权分置结构之下宅基地使用权的性质。

（一）“三权分置”下宅基地使用权之理论争议

自 2018 年中央一号文件正式提出“宅基地所有权、资格权、使用权”的三权分置产权结构后，33 个试点地区根据各地实际情况开展的宅基地改革模式千差万别，学界对于如何将政策文本转化为法律语言众说纷纭。基于产权结构的选择路径不同，不同的学者对宅基地使用权性质的认定也大相径庭，大致可以分为以下两派观点。

支持“宅基地所有权、资格权、使用权”的学者认为，资格权中蕴含宅基地使用权中的身份属性，因此摆脱身份属性后只余下财产属性的宅基地使用权显然无法与《民法

---

〔1〕 贺雪峰：《论土地资源与土地价值——当前土地制度改革的几个重大问题》，载《国家行政学院学报》2015 年第 3 期。

〔2〕 《土地管理法》（2019 年）第 63 条第 1 款规定：“土地利用总体规划、城乡规划确定为工业、商业等经营性用途，并经依法登记的集体经营性建设用地，土地所有权人可以通过出让、出租等方式交由单位或者个人使用，并应当签订书面合同，载明土地界址、面积、动工期限、使用期限、土地用途、规划条件和双方其他权利义务。”

典》“物权编”中具有人身专属性的宅基地使用权等同。[1] 也有学者提出，基于宅基地三权分置“还权赋能”的实质功能，将人身性、保障性转移到资格权之后，宅基地使用权被构造为突破原有人役权属性、权利内容包含占有及处分的地上权具有合理性。人役权的产生目的就是解决特定人的生活和养老问题，其与生俱来的社会保障功能决定了具有人役权属性的宅基地使用权缺乏流通性，因此为了让农村土地上“沉睡的资本”苏醒过来，就必须从地上权的理论基点出发去寻求激发宅基地使用权财产价值的可能性。[2] 不管是宅基地使用权的利用权还是地上权，两种观点的共通点都在于承认资格权可以独立作为一项实体性权利，以此为基础对宅基地使用权性质进行理性重构以充分发挥其交换价值。

支持“宅基地所有权、使用权、租赁权”的学者认为，宅基地三权分置的法理基础与承包地三权分置[3]相同，因此立法表述应该为“宅基地所有权，具有身份权属性的宅基地使用权，以及债权性质的宅基地租赁权”，其中宅基地使用权流转的对象限于本集体经济组织内部。[4] 也有学者在此基础上进一步提出应当区分宅基地出租与转让两种流转模式下的宅基地使用权性质。宅基地出租对应债权性质的宅基地租赁权，宅基地权利分离后转让对应用益物权性质的宅基地经营权。与上述承认资格权具有独立性的学者不同，持此观点的学者认为2018年中央一号文件中“资格权”的表述并不符合现行法上的权利概念，而且资格权只是取得宅基地使用权的前提条件并非组成部分。因此，资格权不属于实体财产权利从而不能被纳入“三权分置”的产权结构内，政策文本中的“资格权”应理解为《民法典》“物权编”体系下的宅基地使用权，即农民基于成员资格而享有的宅基地权利。[5]

---

[1] 高圣平：《农村宅基地制度：从管制、赋权到盘活》，载《农业经济问题（月刊）》2019年第1期。

[2] 温世扬、韩富营：《从“人役权”到“地上权”——宅基地使用权制度的再塑造》，载《华中师范大学（人文社会科学版）》2019年第2期。

[3] 《农村土地承包法》第9条规定：“承包方承包土地后，享有土地承包经营权，可以自己经营，也可以保留土地承包权，流转其承包地的土地经营权，由他人经营。可以推知承包地三权分置的权力构造表现为土地所有权，身份属性与使用价值贯穿始终的土地承包经营权，以及解决市场化问题的土地经营权。”

[4] 高圣平：《宅基地制度改革与民法典物权编编纂——兼评〈民法典物权编（草案二次审议稿）〉》，载《法学评论》2019年第4期。

[5] 宋志红：《宅基地“三权分置”的法律内涵和制度设计》，载《法学评论（双月刊）》2018年第4期。

(二)“三权分置”下产权结构选择之正当性

基于对上述观点的分析,我们可以发现不同的三权分置模式决定了对宅基地使用权性质不同的理解。在“所有权、资格权、使用权”的框架内,宅基地使用权的性质仍然是用益物权。在“所有权、使用权、经营权”的框架内,《民法典》“物权编”下的宅基地使用权被原封不动地保留下来,此时人们讨论的具有流通性的宅基地使用权实质上是经营权。笔者认为,应当遵循“宅基地所有权、使用权、经营权”的产权结构,主要理由包括:

其一,符合围绕宅基地制度改革发布的一系列中央文件、法律法规的政策意蕴。2016年12月底中共中央、国务院发布《关于稳步推进农村集体产权制度改革的意见》(以下简称《意见》)指出农村集体产权制度的改革目标包括“落实农民的土地承包权、宅基地使用权、集体收益分配权和对集体经济活动的民主管理权利,形成有效维护农村集体经济组织成员权利的治理体系”。土地承包权与集体收益分配权都包含身份性与财产性,即主体都必须为集体经济组织成员,土地承包权的财产性体现为承包地转让收益权、征收补偿权、退出补偿权。[1]《意见》中将土地承包权、宅基地使用权、集体收益分配权并列,可以理解为这三项权利具有共同的特征属性,即宅基地使用权兼具身份性与财产性。

基于上述对理论争议的分析,只有在“宅基地所有权、使用权、经营权”的路径之下,宅基地使用权才能被理解为集体经济组织成员取得的包含占有、使用、收益权能的用益物权。[2] 自2018年中央一号文件中使用“资格权”的表述以来,中央出台的一系列关于宅基地制度改革的文件都沿用这一名称,但是与宅基地关系最紧密的《民法典》“物权编”以及《土地管理法》中,都未出现“资格权”的法律语言,因此,只有将这一政策性语言的实质理解为法律语言中的宅基地使用权才能与立法发展方向相吻合。

其二,符合以农民为主体发挥宅基地财产价值的核心要义。宅基地制度改革在强调社会资本流入宅基地带动经济发展的同时,也要重视发挥农民的主观能动性。《意

---

〔1〕 丁文:《论三权分置中的土地承包权》,载《法商研究》2017年第3期。

〔2〕《民法典》第362条只规定了“宅基地使用权人对宅基地享有占有、使用的权利”,但是笔者认为三权分置下的宅基地使用权应该在保证农民主体资格不丧失的前提下增加收益权,如此方能与宅基地三权分置中还权赋能本质相契合。

见》指出“确认农村集体经济组织成员身份”“保障农民集体资产股份权利”，具体而言，“组织实施好赋予农民对集体资产股份占有、收益、有偿退出及抵押、担保、继承权改革试点”，“健全集体收益分配制度”，“探索农民对集体资产股份有偿退出的条件和程序”。概言之，农民基于集体经济组织成员身份对集体资产享有占有权、使用权、收益权等股份权利，通过扩大抵押、担保、继承的适用范围实现增加农民财产性收入的改革目标，其中如何完善以农民为主体的收益权是各地试点改革的重点。有学者提出资格权的意义是将一直混同的两种概念，即成员资格和宅基地使用权，分离成两个互相独立的权利，在保障农民利益的同时实现宅基地使用权的依法自由流转。[1] 但是此种模式的弊端在于弱化了农民发挥宅基地使用价值的功能，而一味强调对外流转中交换价值的发挥，与资格权相比，作为用益物权的宅基地使用权的财产价值色彩更加强烈。

综上，宅基地三权分置的立法表述应为“农村村民获得宅基地后，享有宅基地使用经营权，可以自己使用经营，也可以保留使用权，流转其宅基地的经营权，由他人经营”。宅基地使用权分享了所有权中占有、使用、收益权能，当农民主体资格消灭后，分享的权能回归所有权；宅基地经营权分享了宅基地使用权中的使用、收益权能，当经营权约定或者法定期限届满，分享的权能回归宅基地使用权。

宅基地三权分置的运行路径大致可以分为如下两个阶段。当宅基地不流转或者在集体经济组织内部流转时，实质上与传统两权分置模式相差无几，宅基地上存在集体所有权与农民享有的宅基地使用权。发生流转时，集体经济组织其他成员受让宅基地使用权。唯一的差别在于此时的宅基地使用权包含收益权能，以此激发农民通过多样化的途径发挥宅基地的财产价值，而不是怠于行使权利。例如，随着宅基地使用权流转功能的破冰，市场资源配置的改变促进乡村旅游发展的规模化和转型升级，农民可以基于宅基地使用权利用宅基地发展民宿旅游产业。当宅基地转为向集体经济组织外部流转时，宅基地三权分置的功能才真正得到发挥。农民的主体资格通过宅基地使用权保留下来，社会主体取得宅基地使用权中分离出的债权性经营权。

---

〔1〕 李凤章、赵杰：《农户宅基地资格权的规范分析》，载《行政管理改革》2018 年第 4 期。

五、结语

1978 年在农村地区实施的家庭联产承包责任制拉开了中国改革开放的序幕，自此中国农村进入机遇与挑战并存的快速发展期。自 2004 年以来，中央连续 18 年发布以“三农”为主题的中央一号文件，足以可见“农业、农村、农民”是贯穿中国改革发展史的核心问题。土地是农民的立身之本，宅基地制度集社会保障性与财产性于一身，其重要性不言而喻。传统宅基地两权分置模式受制于理论困境无法回应实践中社会各界对于宅基地使用权流转的呼声，由此催生了宅基地三权分置改革。宅基地三权分置的推行不是为了改变现有的“所有权—宅基地使用权”模式，而是在坚持集体所有权，保障农民居住权的前提下，适度扩展宅基地使用权的权能。[1] 作为一项基于中国国情派生出的中国农村特色产权制度，我们只能在实践摸索中不断前进。虽然各试点地区的实际情况千差万别，但是任何的改革举措都应该服务于“三方利益共享”理念，“探索正确处理国家、集体、农民三者利益分配关系的有效办法”，使“落实宅基地集体所有权，保障宅基地农户资格权和农民房屋财产权，适度放活宅基地和农民房屋使用权”的改革目标从“纸面上的政策”转化为“行动上的法”。

〔1〕 杨一介：《论农村宅基地制度改革的基本思路》，载《首都师范大学学报(社会科学版)》2019 年第 4 期。

论宅基地使用权流转本质问题及应对之策

冯乐坤*

目　次

在积极推行集体所有农地的所有权、承包权、经营权三权分置的同时,中央又开始推行宅基地的所有权、资格权、使用权的三权分置。依据2018年1月中共中央、国务院《关于实施乡村振兴战略的意见》,宅基地三权分置就是要具体“落实宅基集体所有权、保障宅基地农户资格权和农村房屋财产权、适度放活宅基地和农民房屋使用权”,以此为指导,部分地方相应进行了宅基地使用权流转的实践,并且,理论界又开始了新一轮的宅基地改制研究,但相关理论研究成果缺乏系统性及可操作性。[1] 当然,受立法规定的宅基地集体所有所致,各地实践宅基地使用权流转并没有全面放开,仅允许在一定地域范围内流转,为此,本文特在对近年来的宅基地流转实践经验整理的基础上,诠释了阻碍宅基地流转的实质问题,进一步提出了应对之策。

---

* 西北政法大学民商法学院教授,法学博士。

〔1〕 胡振红、叶桦:《农村宅基地转让制度制度改革目标及总体方案研究》,载《贵州社会科学》2018年第4期。

一、宅基地使用权财产属性之整理

就宅基地使用权的立法规定而言,现行立法明确规定了“一户一宅”以及禁止批准农村村民出卖、出租住房后而再申请取得宅基地的同时,[1]又禁止非本集体成员取得,尤其是禁止城镇居民购买宅基地。[2] 换言之,立法仅允许宅基地附加相应条件后于农民集体内部自由转让。因宅基地使用权无法自由流转不利于对农民利益保护,故我国理论界及实务部门一直存在允许宅基地自由流转的各种见解与做法,尤其是部分地区正在试点的宅基地三权分置改革更是如此。当然,宅基地使用权自由流转的首要基础就是要明确其流转的法理基础,因财产属性为其根本,为了便于理解其自由流转的必要性,本部分特对其财产属性进行了如下整理。

(一)农民集体成员对宅基地之权利

就集体而言,集体是一个抽象性概念,其实际上由各单独的个体所组成,即集体是以各单独的个体为基础而高度概括出来的概念,由此,集体成员往往为集体利益的实际享有者,集体则是所有成员的对外代表者。当然,在立法赋予集体对某项财产享有所有权的前提下,对外集体以所有权主体出现,对内则形成了由所有成员的共有,[3]进言之,集体所有权是徒有虚名,集体成员其实间接对集体所有财产享有所有权,也就成为了间接所有者。与此同时,既然农民集体由农民所组成,农民其实为集体成员,在立法肯定农民集体所有权后,对外农民集体为所有权主体,对内则形成了由农民的共有,农民也就成为集体所有财产的间接所有者。

依上述集体所有法理,自立法将宅基地规定为农民集体所有后,农民集体就是宅基地所有权主体,对内则形成了农民共有,即农民其实为宅基地的间接所有者,[4]对

---

[1] 参见《土地管理法》(2004 年)第 62 条第 1 款、第 4 款。

[2] 《土地管理法》(1988 年)第 41 条、《土地管理法实施条例》(1991 年)第 26 ~ 27 条明确允许“城镇非农业人口”以及“回原籍乡村落户的职工、退伍军人和离、退休干部以及回家乡定居的华侨、港澳台同胞”可以申请农村宅基地,但 1998 年修订后的《土地管理法》及其实施条例则又将其删除,宅基地申请主体就被限制为农村居民,相关规范性文件也就一再禁止城镇居民在农村购买宅基地。

[3] 肖方扬:《集体土地所有权的缺陷及完善对策》,载《中外法学》1999 年第 4 期。

[4] 当然,因现行立法并没有修改,将宅基地确定为农民所有也只能在理论层面探讨。参见徐万钢、杨少垒:《城市化视角下的农村宅基地流转制度分析》,载《社会科学家》2009 年第 3 期。

宅基地使用就是对自己财产的使用,宅基地无疑成为农民自己的财产,所以,现行立法规定的宅基地集体所有已经名存实亡,仅能在理论层面存在。然而,若对某项财产享有独立的财产权,就意味着权利主体对其可以享有独立、自由的转让处分权,既然宅基地使用权已经成为农民自己的财产,农民理应对其享有转让处分权,继续不允许宅基地流转就不尽合理,理应允许自由流转。

(二)宅基地使用权取得方式之变化

20世纪50年代,商品房市场并没有构建,在当时单位制的背景下,城乡居民的住房保障主要由单位承担。因当时的农村地区已经构建了集体经济组织,农村住房遂主要由农民集体提供,并且,主要表现为由农民集体为其成员无偿分配宅基地,加之,受上述农民为宅基地间接所有者的集体所有法理影响,农民就对宅基地长期无偿无期使用,即使立法创设宅基地使用权后,此种方式仍然继续延续。据此,宅基地使用权取得也就采纳了无偿分配的方式,且迄今为止,并没有变化。

不过,集体所有土地又被赋予了确保粮食安全等公共义务,为此,《土地管理法》第62条就明确规定了"一户一宅"以及"不得占用永久基本农田,并尽量使用原有宅基地和村内空闲地"。因绝大多数集体土地被确定为农用地,作为宅基地的土地毕竟有限,加之,随着农村人口不断增加,农村已无宅基地可供分配,继续沿用无偿分配宅基地的方式就不切合实际。为了解决宅基地不足问题,唯一办法就是将农用地转为建设用地,但土地审批程序较为严格,现实中又出现了大量有偿转让宅基地使用权的现象,以往长期存在的无偿分配取得方式已经日渐式微,[1]更为突出的是,部分地方又将宅基地使用权有偿转让给其他农民集体成员,即突破了仅允许转让给本集体成员的立法限制。

显然,宅基地使用权取得方式已经从无偿分配变化到有偿转让,宅基地居住保障功能日益衰落,财产价值却日益突出,宅基地使用权已成为农民的主要财产之一,继续实行仅向本集体内部符合宅基地申请条件的农户转让的限制规定,[2]不仅与现实不

---

〔1〕 冯小:《宅基地权属观念的地方性建构——基于皖北S村宅基地制度实践的分析》,载《西北农林科技大学学报(社会科学版)》2014年第5期。

〔2〕 参见2019年9月11日的中央农村工作领导小组办公室、农业农村部《关于进一步加强农村宅基地管理的通知》。

符,又使其财产价值无法体现,实有必要予以检讨。

(三)宅基地使用权法效之考察

依前述,为彰显宅基地集体所有法理,在长期的实践中,我国对宅基地使用权采纳了无偿无期使用方式。20世纪80年代末,部分地方曾尝试进行宅基地有偿使用的实践,[1]但在中央的明令禁止下,又被终止,故宅基地无偿无期使用方式一直延续至今。[2] 然而,无偿无期使用就是农民不向集体支付对价的永久性使用,该法律效力必然致使宅基地使用者享有了永久性权利,[3]且已与所有权效力相当,所以,对农民来说,宅基地使用权理论上为使用权,实质上却为所有权。

此外,宅基地集体所有是农民集体化的产物,集体所有前的宅基地一直为农民所有,但自宅基地集体所有后,并没有禁止原宅基地的所有人继续使用,无论此类主体是否为本集体成员,农村习惯均承认其为宅基地使用权主体,使用方式也为无偿无期。同时,在宅基地使用权者死亡后,无论继承人是否为本集体成员,仍然允许其继承,并且,在宅基地使用权确权过程中,又将继承人确定为宅基地使用权人。[4] 质言之,人们已经将宅基地视为所有财产,即使后来又创设了宅基地使用权,此种观念也没有发生变化。

据此,就宅基地使用权的效力而言,法律后果已经与所有权相当,并且,允许继承人继承就是明证,尽管立法没有将此后果明确认可,但农村习惯中长期承认。因此,不论现行立法如何规定,现实中的宅基地使用权权属已经逐步近似于所有权,至少已将其视为了农民的主要财产之一。

(四)农村房屋价值之彰显

自1949年以后,无论农村宅基地归农民所有或者集体所有,立法均没有否认农村

---

〔1〕 1988年3月,山东省在陵县首先宅基地有偿使用的实践后,又在全省范围内全面推行,随后,国家土地管理局又决定在全国部分县扩大了试点。1990年,国家土地管理局下发的《关于加强农村宅基地管理工作请示的通知》中提出了“进行农村宅基地有偿使用试点”,至此,全国各地相继进行了试点。

〔2〕 自1993年《关于涉及农民负担项目审核处理意见的通知》明确取消了“宅基地有偿使用收费”“宅基地超占费”后,宅基地有偿使用实践遂被禁止,直到2010年后,又先后发布了一系列文件而开始在部分县市进行宅基地有偿使用实践。不过,宅基地有偿使用实践的主要目的在于限制超标准的使用宅基地,即对超过规定宅基地面积的部分实行有偿收费。

〔3〕 贺日开:《我国农村自己地使用权流转的困境与出路》,载《江苏社会科学》2014年第6期。

〔4〕 参见《不动产登记暂行条例实施细则》(2016年)第42条。

房屋所有权独立存在,且允许其自由转让,农村房屋遂成为农民的主要财产之一。不过,农村房屋及其宅基地天然结为一体,取得农村房屋必然要取得其占有范围内的宅基地,立法在明确规定宅基地集体所有后,又将农村房屋受让主体限定为符合取得宅基地使用权条件的本集体成员,故农村房屋只能在本集体内部转让;相反,现实中又存在非本集体成员通过继承、买卖等途径而取得农村房屋所有权的事实,[1]即现实已经突破了立法限制,二者之间存在矛盾。

需要注意的是,在城镇房屋转让中,受房屋与土地天然结为一体的影响,一直实行"地随房走"原则,即房屋与其土地使用权一并转让。相反,在农村房屋转让过程中,尽管立法没有明确允许宅基地使用权一并转让,但人们在取得农村房屋所有权的同时,又一并取得了宅基地使用权,[2]同时,在宅基地使用权确权中,又将通过继承、分家析产、符合取得宅基地使用权条件的本集体成员买卖农村房屋而取得宅基地使用权的情形予以确权。[3] 显然,在农村房屋转让过程中,我国仅部分适用了"地随房走"原则,此举无疑无法彰显农村房屋的财产价值,有必要将"地随房走"原则全面适用。

总之,无论立法对宅基地使用权权属如何规制,人们已经将其视为了农村房屋的有机组成部分,宅基地使用权已成为农民的主要财产之一,在转让农村房屋的同时,必然要将其一并转让,允许宅基地使用权自由流转势在必行。

二、各宅基地使用权流转见解:诠释与评析

公有制为我国的基本制度,根据《宪法》及相关立法,宅基地集体所有也就被立法所坚守。所以,为了促使宅基地自由流转,从宅基地所有权归属角度进行研究,并不具有现实性,也无助于现实问题之解决;相反,从宅基地使用权角度进行研究,就较为稳妥,目前理论界存在的诸多改制见解就是以其为基础而进行研究的结果。并且,主要出现了将宅基地使用从无偿无期修正为有偿有期,赋予法定租赁权、地上权、永久性用

---

〔1〕 王崇敏、张丽华:《我国农村宅基地使用权流转的现状考察》,载《河北省政法管理干部学院学报》2010年第1期。

〔2〕 吴越:《从农民角度解读农村土地权属制度变革——农村土地权属及流转调研报告》,载《河北法学》2009年第2期;李永安:《中国农户土地权利研究》,中国政法大学出版社2013年版,第200页;陈锡文、韩俊:《中国特色"三农"发展道路研究》,清华大学出版社2014年版,第159页。

〔3〕 参见《不动产登记暂行条例实施细则》(2016年)第42条。

益物权等见解。为了对未来宅基地改制提供有益的立法建议，本部分特对其进行如下诠释与评析。

（一）有偿有期见解之诠释与评析

该见解认为，应当允许宅基地使用权流转，因该权利为用益物权，从法理层面而言，应当具有期限限制。同时，为了避免农民多占、超占宅基地行为，对于宅基地使用期限设计，应构建有偿有期使用方式，即应参照城市国有住宅建设用地使用权使用期限70年限制，将其设计为70年且允许自动续期。〔1〕当然，有人又认为，对于该见解之适用，符合“一户一宅”宅基地使用权使用标准的本集体成员应适用无偿无期方式，对于超标准使用和继承、购买等途径使用宅基地的城市居民则应实行有偿、有期限方式。〔2〕

实际上，该见解是以宅基地集体所有为前提，赋予了使用权人对其有偿有期限使用，因农民长期以来享有宅基地使用权一直无偿无期，并且，已经形成了将其视为自己财产的事实，故采纳该见解必然会受到质疑。与此同时，尽管该见解又进一步主张应参照国有住宅建设用地使用权有偿有期方式进行具体设计，〔3〕但对其期限届至的自动续期如何进行具体设计却争议较大，并没有统一定论。若采纳该见解，必然会重蹈此争议。由此，该见解并没有消除阻碍宅基地流转的因素，反而，又使宅基地使用权流转问题复杂化，其合理性有待商榷。

（二）法定租赁权见解之诠释与评析

有观点认为，在立法承认农村房屋所有权和现实中存在农村房屋转让的前提下，因现行立法禁止宅基地使用权转让，为了解决农村房屋转让与宅基地使用权无法转让之间的内在矛盾，应赋予取得农村房屋所有权的受让方取得宅基地租赁权。但此租赁权的标的物为宅基地而非宅基地使用权，并且，该权利性质为债权而非物权，取得宅基

---

〔1〕付光辉、刘友兆等：《论城乡统筹发展背景下城乡统一土地市场构建》，载《中国土地科学》2008年第2期；申建平：《宅基地使用权流转模式的选择》，载《政法论丛》2011年第3期。

〔2〕刘广明：《“双轨”运行：城镇化进程中农村宅基地（使用权）制度解困的可行性》，载《法学论坛》2014年第2期。

〔3〕付光辉、刘友兆等：《论城乡统筹发展背景下城乡统一土地市场构建》，载《中国土地科学》2008年第2期。

地租赁权并非当事人的意思表示,而是基于法律的直接规定。[1]

该见解的优势,在于解决了农村房屋自由转让与宅基地使用权无法转让的内在矛盾,尤其是解决了受让取得农村房屋的非本集体成员无法取得宅基地使用权的困惑。然而,该见解却将权利性质定位为债权,将权利标的定位为宅基地,因农村房屋出让者往往为宅基地使用权人,权利标的理应为宅基地使用权,此种定位就与现实不符,同时,在将宅基地租赁权定位为债权后,因债权存续期限较短而具有不稳定性,且又存在期限届至后如何处理的问题,必然危害房屋所有权的稳定性,受让者肯定会有所顾虑,农村房屋不可能真正得以流转。此外,该见解又将农村房屋转让主体分解为农民集体、宅基地使用权、房屋受让人三个主体,无疑又使农村房屋用地的权利主体、权利体系更加复杂化。所以,该见解并不具备合理性。

(三)地上权见解之诠释与评析

有观点认为,阻碍农村房屋流转的症结,不在于宅基地的集体所有性质,在于宅基地使用权的身份属性,尽管现行立法不允许宅基地使用权转让,但房屋所有权可以依托用益物权转让,即在不改变宅基地使用权权属的情形下,应当赋予房屋所有权人占用宅基地的合法地位。因源自罗马法而被后来的大陆法系各国民法典所规定的地上权,旨在解决在他人所有土地的享有建筑物而使用该土地的权利关系,加之,宅基地使用权实际具有了所有权效力,所以,将农村房屋转让而保留宅基地使用权其实与地上权的法律效果具有一致性,理应借鉴传统地上权重新构建宅基地权利构造。换言之,将农村房屋让与他人时,宅基地使用权不必随之转让,仅需为取得农村房屋所有权人设定地上权。[2]

当然,该见解将宅基地使用权相当于宅基地所有权为理论基础,即将宅基地使用权视为了土地农民所有的替代物,但此理论基础与宅基地为集体所有、宅基地使用权为用益物权的法律规定相悖,在立法没有修改的前提下,此理论基础就仅为假设,无法

---

〔1〕 韩世远:《宅基地的立法问题——兼析物权法草案第十七章宅基地使用权》,载《政治与法律》2005年第5期;刘凯湘:《法定租赁权对农村宅基地制度改革的意义与构想》,载《法学论坛》2010年第1期;高圣平:《宅基地制度改革试点的法律逻辑》,载《烟台大学学报(哲学社会科学版)》2015年第3期。

〔2〕 崔建远:《土地上的权利群研究》,法律出版社2004年版,第208页;唐文平:《宅基地上私权处分的路径设计》,载《北方法学》2010年第6期;王卫国、朱庆育:《宅基地如何进入市场——以画家村房屋买卖案为切入点》,载《政法论坛》2014年第3期。

具体适用。需要注意的是,为了将城乡房屋所有权予以统一,有人又将该见解推及城镇住宅用地——建设用地使用权方面,欲对受让取得城乡房屋所有人赋予房屋所有权,又同时取得地上权,但城乡住宅用地所有权人分别为国家和集体且适用方式又分别为有偿和无偿,此种不同性必然致使上述目的无法实现,该见解的可行性值得商榷。

(四)永久性用益物权见解之诠释与评析

有观点认为,现行立法并没有对宅基地使用权设定使用期限限制,为了实现居者有其屋、屋者有其地的基本生活需求,应将宅基地使用权规定为无期限的永久性用益物权,并且,该权利为恒产,在权利人死亡后,可以通过遗嘱或者法定继承由其继承人继承。同时,对于该权利的法律适用,应适用原《物权法》第153条规定,不再适用《土地管理法》等法律与国家政策中的限制性规定。此外,应将自动续期后的城镇住宅用地使用权也赋予永久性用益物权,即作为其中的一种类型。[1]

不过,该见解仅适用于将农村房屋与宅基地使用权一并转让的情形,若仅转让房屋而不转让宅基地使用权,则无法适用,同时,又仅适用于继受取得农村房屋的所有人,并不适用于初始取得宅基地使用权人。因现实中的宅基地使用权所具有的各种弊端均源自宅基地集体所有,在立法没有对宅基地集体所有进行修改的前提下,各种弊端仍然无法避免,故该见解并没有将其根本解决。值得注意的是,若适用该见解,受让取得农村房屋所有人对宅基地享有的用益物权必然为永久性,即无任何期限限制,法律效力已经与所有权相当,也就将宅基地视为了农民所有,该后果必然与现行立法相悖。

综上,上述对宅基地使用权的改制见解,尽管均有利于促进宅基地使用权流转,尤其是解决了农村房屋自由转让与宅基地无法自由流转之间的内在矛盾,但各种见解均存在弊端,所以,任何一种方式都并非最优方式,若径直采纳,反而又会致使宅基地使用权权属更加复杂化。究其原因,无非是宅基地集体所有是实质障碍,在立法没有修改的前提下,该实质障碍仍然存在,理想办法就是从宅基地所有权归属角度进行研究改制。

---

〔1〕 杨立新:《70年期满自动续期后的住宅建设用地使用权》,载《东方法学》2016年第4期。

三、宅基地使用权流转实践及问题

（一）宅基地使用权流转实践之整理

受各地经济发展水平不同的制约，我国各地对宅基地使用权流转的需求度并不一致，加之，允许自由流转必然与现行立法相悖，为了便于对未来立法修改提供有益经验，现实中遂一直存有主张将宅基地使用权流转先在地方试点而后由中央顶层设计的见解。[1] 因我国东部沿海地区的经济较为发达，对建设用地需求量较大，在建设用地不足的前提下，东部地区的部分地方先后进行了允许宅基地使用权流转的实践，为了便于总结有益的实践经验，本部分特对实践总结如下。

1.2004 年上海市高级人民法院的《关于审理农村宅基地房屋买卖纠纷案件的原则意见》

依前所述，农村房屋所有权一直被我国立法肯定，且现实中一直存在农村房屋买卖。但受现行立法对宅基地使用权限制流转的影响，如何认定此类合同效力，实践中却仍存争议。为了统一司法判决，2004 年上海市高级人民法院遂制定了《关于审理农村宅基地房屋买卖纠纷案件的原则意见》，该意见明确承认将本乡范围内农民集体经济组织成员之间的农村房屋买卖合同确定为有效合同，同时，又明确对出售给本乡以外人员的农村房屋合同效力采纳了区别对待的规则。具体而言，该规则明确规定，若取得有关组织和部门批准的，可以认定合同有效；否则，应当为无效，但履行完毕且购房人已经实际居住的，对合同效力不表态，承认购房人的实际占有、使用的权利。[2]

---

〔1〕 李永安：《中国农户土地权利研究》，中国政法大学出版社 2013 年版，第 200 页；陈锡文、韩俊：《中国特色“三农”发展道路研究》，清华大学出版社 2014 年版，第 159 页；崔江红：《农村宅基地使用权有限市场化流转改革研究》，载《云南社会科学》2017 年第 5 期。

〔2〕 2004 年，上海市高级人民法院制定了《关于审理农村宅基地房屋买卖纠纷案件的原则意见》，明确指出了“对于发生在本乡范围内农村集体经济组织成员之间的农村房屋买卖，该房屋买卖合同认定为有效；对于将房屋出售给本乡以外的人员的，如果取得有关组织和部门批准的，可以认定合同有效；对于将房屋出售给本乡以外的人员的，未经有关组织和部门批准，如果合同尚未实际履行或者购房人尚未实际居住使用该房屋的，该合同应作无效处理；对于将房屋出售给本乡以外的人员，未经有关组织和部门批准，如果合同已实际履行完毕，且购房人已实际居住使用该房屋的，对合同效力暂不表态，实际处理中应本着尊重现状、维护稳定的原则，承认购房人对房屋的现状以及继续占有、居住、使用该房屋的权利”。

2. 2013 年草拟的《广东省农村宅基地管理办法》

在广东，经济的快速发展导致对建设用地的需求量大幅度增加，但城镇建设用地指标一直处于短缺状态，农村建设用地隐形转让较为严重，为此，2005 年 5 月广东省就制定了《广东省集体建设用地使用权流转管理办法》。尽管该地方性立法没有明确允许宅基地使用权自由流转，但从其第 4 条的立法精神可以看出，宅基地使用权随着农村房屋出卖、出租而一并流转。[1] 后来广东省的相关部门又草拟了明确允许宅基地使用权转让、出租的相关规范性文件，相关权力机关却并没有通过，典型的如 2013 年草拟的《广东省农村宅基地管理办法》就开始允许“符合相关条件的农民集体经济组织成员，报乡镇人民政府或街道办事处同意，可以购买本镇区域范围内农民集体经济组织成员的房屋，并取得相应的宅基地使用权”。[2]

3. 浙江义乌等地宅基地使用权流转的试点经验

自 2013 年 11 月党的十八届三中全会要求“保障农户宅基地用益物权，改革完善农村宅基地制度”以来，2015 年，全国人大在部分地方调整实施相关宅基地法律规定后，[3] 遂授权国务院在浙江义乌、云南大理等 15 个地区重点进行宅基地制度改革试点工作。[4] 就试点工作中对宅基地使用权流转所采取的做法而言，受经济发展水平差异的影响，各地做法迥然不同，经济欠发达地区并没有允许宅基地流转，如江西余江、

---

[1] 2005 年 5 月《广东省集体建设用地使用权流转管理办法》第 4 条第 1 款明确规定了“集体建设用地使用权不得流转的几种情形”，第 2 款又规定了“因转让、出租和抵押地上建筑物、其他附着物而导致住宅用地使用权转让、出租和抵押的除外。村民出卖和出租住房后，不得再申请新的宅基地”。

[2] 参见《〈广东农村宅基地管理办法（送审稿）〉征求意见》，载中国政府网 2013 年 8 月 6 日，http://www.gov.cn/gzdt/2013-08/06/content_2461988.htm。

[3] 2015 年 2 月和 2015 年 12 月，全国人大常委会分别通过了授权国务院在试点行政区域暂时调整实施有关法律的规定，即下放相关宅基地审批权和允许农民住房财产权（含宅基地使用权）可以抵押。具体言之，一方面，暂时调整《土地管理法》第 63 条第 3 款关于宅基地审批权限的规定，即“使用存量建设用地的，下放至乡（镇）人民政府审批，使用新增建设用地的，下放至县级人民政府审批”；另一方面，暂时调整实施《物权法》第 184 条、《担保法》第 37 条关于集体所有的宅基地使用权不得抵押的规定，允许以农民住房财产权（含宅基地使用权）抵押贷款[参见 2015 年 2 月 27 日《全国人民代表大会常务委员会关于授权国务院在北京市大兴区等三十三个试点县（市、区）行政区域暂时调整实施有关法律规定的决定》和 2015 年 12 月 27 日《全国人大常委会关于在北京市大兴区等 232 个试点县（市、区）、天津市蓟县等 59 个试点县（市、区）行政区域分别暂时调整实施有关法律规定的授权决定》]。

[4] 因试点工作较为复杂，2017 年 11 月，十九届中央深改组通过了《关于拓展农村宅基地制度改革试点的请示》，全国人大又授权延长至 2018 年 12 月 31 日。

云南大理,[1]相反,经济发达地区开始试点宅基地流转,如浙江义乌、象山、丽水等地,如浙江义乌允许“在本市行政区域范围内,经过相关程序后,允许宅基地使用权跨集体经济组织转让”。[2]

(二)宅基地流转实践之经验总结

实际上,允许宅基地流转,不仅可以有效解决农村房屋转让的效力问题,而且,也可以缓解经济发展对建设用地的需求,所以部分经济发达的地方遂开始允许宅基地在一定地域范围内自由流转,尤其是地方在试点的宅基地三权分置改制措施中更是如此。为了便于未来宅基地使用权流转,本部分特对实务中的实践经验总结如下。

1. 宅基地流转之间接承认

2004 年上海市高级人民法院《关于审理农村宅基地房屋买卖纠纷案件的原则意见》的制定目的,主要在于为司法裁判提供统一的确定农村房屋买卖合同效力的规则,因考虑到现行立法对宅基地流转的限制,该意见并没有提及宅基地使用权。然而,农村房屋与其宅基地天然结为一体,转让农村房屋必然要一并转让宅基地,即应当践行“地随房走”的原则,在认定农村房屋转让效力的同时,肯定要对宅基地使用权转让效力进行认定。所以,从表面上看,该意见的规范对象为农村房屋买卖合同效力,没有涉及宅基地使用权转让效力,但最终后果却确认了宅基地使用权转让效力。

既然农村房屋与宅基地天然结为一体,那么转让农村房屋必然要将宅基地使用权一并转让,但立法并不允许宅基地使用权转让,限制了房屋的转让,然而,农村房屋已经成为农民的最主要财产之一,现实中就一直存在将其转让的事实。因此,禁止转让并不利于对农民利益的保护,有必要确认农村房屋转让效力,但基本前提就是要允许宅基地使用权流转。当然,目前论及宅基地使用权转让效力显得不合时宜,与其这样,不如径直允许农村房屋转让,即应当采纳忽视宅基地使用权转让而重视农村房屋转让的研究路径。需注意的是,此种研究路径转变,不是不研究宅基地使用权流转,而是通

---

〔1〕 钟荣桂、吕萍:《江西余江宅基地制度改革试点经验与启示》,载《经济体制改革》2018 年第 2 期;叶红玲:《大理“宅改”试点探析》,载《中国土地》2018 年第 5 期。

〔2〕 《义乌市农村宅基地使用权转让细则(试行)》第 7 条、第 5 条规定,农村宅基地使用权转让不改变集体土地所有权性质,不改变集体经济组织成员资格,不改变土地用途。受让人依法享有宅基地使用权及地上建(构)筑物的占有、使用、收益、处分权利,且经村民代表会议同意,所在镇人民政府(街道办事处)审核,报国土局、农林局(农办)备案后,允许农村宅基地使用权在本市行政区域范围内跨集体经济组织转让。

过研究农村房屋转让而间接对其进行研究。

2. 农村宅基地流转范围之扩大

在东部地区的宅基地流转实践中,2013 年《广东省农村宅基地管理办法(草拟)》以及浙江义乌在宅基地三权分置中所实践的宅基地使用权转让规则,均允许宅基地使用权有限流转,即允许在一定农村地域范围内自由流转,并且,允许流转的地域范围出现了从本乡镇到本县(市)的扩大化趋势。不过,2004 年上海市高级人民法院《关于审理农村宅基地房屋买卖纠纷案件的原则意见》没有明确涉及宅基地流转,而是通过规定农村房屋买卖效力的认定规则而间接将其予以规定,既然该意见明确规定“本乡范围内的农村房屋买卖合同有效,跨乡镇的,则采纳区别对待的原则”,宅基地使用权流转的地域范围也就相应以此为标准而予以确定。

显然,上述地方实践经验已经开始允许宅基地使用权流转,但对其流转范围加以限制,而且,又将受让主体限定为农民集体成员,即城镇居民不能成为受让主体。尽管如此,该种实践经验突破了将宅基地使用权限制在本集体内附条件转让的立法规定,其他农民集体成员可以成为受让者。究其缘由,无非是先通过在部分地方试点,而为未来全面放开积累有益经验。不容置疑的是,此种地方实践经验在与现实相符的同时,又切实保护了宅基地使用权人及农村房屋所有人的利益,确实值得未来立法予以借鉴。

(三)宅基地流转之本质问题

1. 宅基地所有权主体的非统一性

农民集体分为乡(镇)农民集体、村农民集体、村民小组农民集体三种类型,[1]但各种类型的农民集体的规模大小并不一致,农民集体就表现为多样化,并且,各农民集体均为独立的权利主体,其所支配管理的财产范围并不一致。由此,宅基地的集体所有,导致了各宅基地所有权主体并不相同,而且,自立法创设宅基地使用权后,除同一农民集体内的宅基地使用权权属相同以外,各农民集体的宅基地使用权权属并不相同。因宅基地使用权自由流转实际后果就是要将其流向本集体以外的成员,但此类人员不是该宅基地所有权主体——农民集体成员,故由其受让取得宅基地使用权往往与

---

〔1〕 参见《民法典》第 262 条(已废止的《物权法》第 60 条)、《农村土地管理法》第 11 条、《农村土地承包法》第 13 条。

现行立法相悖。进言之,宅基地所有权的主体非同一性其实就是宅基地使用权无法自由流转的根本障碍。

需要注意的是,在我国城镇地区,因立法已经将城镇土地统一规定为国有,即城镇土地所有权主体统一为国家,遍及各地的国有住宅建设用地使用权其实就为一个所有权主体,此恰好为国有住宅建设用地使用权自由流转排除了障碍,立法也就明确允许自由流转。然而,就宅基地使用权流转而言,无论立法是否允许宅基地自由流转,在同一农民集体内,因宅基地所有权主体为同一主体,由其所派生的宅基地使用权可以直接在农民集体内部自由流转。相反,各宅基地所有权主体往往为各个不同的农民集体,尽管派生的各宅基地使用权采纳了相同的法律术语,但各宅基地使用权权属却并不相同,遂就无法自由流转。换言之,只有将宅基地所有权主体从不同农民集体统一为同一主体后,宅基地使用权才具备自由流转的可能性。〔1〕

2. 宅基地使用权权利属性的同一性

为了有效促进宅基地自由流转,有必要将各宅基地所有权主体从不同主体统一为同一主体,并且,我国理论界早已经对此种路径进行了研究,且部分地方也进行了实践。就研究结果而言,主要表现为宅基地国有化和农民所有化两种形式,国有化就是将宅基地从农民集体所有变为国有,〔2〕城乡房屋用地所有权就同为一个主体——国

〔1〕 我国农垦系统所使用的土地为国有,为了解决职工的住房用地,在借鉴农村宅基地的立法经验基础上,相关立法又设计了宅基地使用权,但实务中也允许此类宅基地使用权自由流转(参见李克飞:《对兵团团场宅基地及其房屋流转的法律思考——兼与农村宅基地之比较》,载《兵团党校学报》2012 年第 1 期)。显然,因农垦系统内的住宅用地所有权主体统一为国家,必然为宅基地使用权自由流转排除了障碍,在农村宅基地所有权主体为各农民集体的前提下,若要使宅基地使用权自由流转,有必要借鉴农垦系统内的宅基地所有权主体统一为同一主体国家的立法前提。

〔2〕 就立法依据而言,在具体确定土地权属的过程中,因相关规定往往将"国家建设征用土地且农民集体建制被撤销或其人口全部转为非农业人口的,所剩余的集体土被确定国家所有,继续使用原有土地的原农民集体及其成员享有国有土地使用权"(参见 1989 年的国家土地管理局《关于确定土地权属问题的若干意见》第 5 条、1995 年的《确定土地所有权和使用权的若干规定》第 14 条、1999 年实施的《土地管理法实施条例》第 2 条第 5 项),即形成了"村改社"户后的集体宅基地转为国有宅基地的特殊情形。尽管后来原国务院法制办公室、原国土资源部于 2005 年将其限定解释为征收,宅基地国有化遂成为历史,但因已经形成了既定事实,如何处理相关后续问题就比较困惑(参见肖锦成:《撤组转户后国有宅基地管理的改革与创新》,载《广东土地科学》2017 年第 1 期)。

家，城乡住宅用地建设使用权属也就具有了统一性，[1]二者遂可以自由流转，但出现了原宅基地使用权人对国有化后的住宅建设用地使用权的使用方式应采纳无偿划拨或者有偿出让的争议，[2]并且，若采纳有偿出让方式，却又与长期存在的宅基地使用权的无偿无期使用方式相悖，[3]与此同时，农民所有化就是将宅基地从农民集体所有变为农民所有，该见解的最大优势就是与宅基地使用权法律效力相当于所有权的实际相符，却与立法规定的土地公有制相悖，该见解也就无法适用，仅能在理论层面存在。[4] 据此，将宅基地所有权主体统一为同一主体的路径弊端较多，目前并不是最佳选择。

当然，在上述部分地方进行实践中，尽管立法授权决定暂时停止实施宅基地的部分法律，但并没有允许宅基地使用权在农民集体之间自由流转，[5]然而，经济较为发达的浙江义乌等地却开启了宅基地使用权流转，即允许宅基地使用权在一定农村地域范围内跨农民集体自由流转，此举其实就允许宅基地使用权由非本集体成员取得，从理论层面来看，就是将各宅基地所有权主体视为了同一主体。如此，在目前立法规定没有修改的前提下，为了便于宅基地使用权自由流转，不如先暂时不予考虑其所有权

[1] 李凤章、张秀全：《土地所有权立法之反思：透过历史的映照》，载《北方法学》2009年第2期。

[2] 早期的天津华明镇的做法是所换的房屋的土地所有权为国有，国有土地使用权是政府通过划拨的方式取得。此外，部分地方采取了将国有土地建设使用权再出让、出租给农民使用的方式。

[3] 2001年，上海市计委、农委、房屋土地资源管理局制定的《关于上海市农村集体土地使用权流转的试点意见》第5条第3款规定“农民通过宅基地置换进镇建造的房屋，其权证按农村个人建房办法办理，其房屋可转让给符合农村个人建房条件的购房者；居民可在支付集体土地补偿费和国有土地出让金后，换领房地产权证”，同样，2003年的《苏州市宅基地管理暂行办法》第9条第1款规定“符合规划的也可以将宅基地征为国有，由宅基地使用权人补办出让手续并按土地评估价的40%向政府补缴土地出让金后入市交易”。

[4] 徐万钢、杨少垒：《城市化视角下的农村宅基地流转制度分析》，载《社会科学家》2009年第3期。

[5] 2015年2月和2015年12月，全国人大常委会分别通过了授权国务院在试点行政区域暂时调整实施有关法律的规定，即下放相关宅基地审批权和允许农民住房财产权（含宅基地使用权）可以抵押，具体而言，就是暂时调整《土地管理法》第63条第3款关于宅基地审批权限的规定，即“使用存量建设用地的，下放至乡（镇）人民政府审批，使用新增建设用地的，下放至县级人民政府审批”，同时，暂时调整实施原《物权法》第184条、原《担保法》第37条关于集体所有的宅基地使用权不得抵押的规定，允许以农民住房财产权（含宅基地使用权）抵押贷款[参见2015年2月27日《全国人民代表大会常务委员会关于授权国务院在北京市大兴区等三十三个试点县（市、区）行政区域暂时调整实施有关法律规定的决定》和2015年12月27日《全国人大常委会关于在北京市大兴区等232个试点县（市、区）、天津市蓟县等59个试点县（市、区）行政区域分别暂时调整实施有关法律规定的授权决定》]。

主体的不同性，而直接赋予各宅基地使用权权属相同性质，从而排除阻碍其自由流转的障碍。

四、宅基地使用权权属同一性之解读

依前述，将各农民集体统一为同一个主体是允许宅基地使用权自由流转的最佳实践路径，但在现行立法无法修改的前提下，该路径的实现难度较大，比较现实的做法就是从现行制度中寻找解决途径，即直接赋予宅基地使用权权属同一性。为便于理解，本部分特对其作如下解读。

（一）与宅基地所有权主体的关联性

就宅基使用权权属同一性的含义而言，具体是指同一农民集体内的宅基地使用权以及各农民集体的宅基地使用权在权属方面均具有相同性质。换言之，无论宅基地属于哪一个农民集体，各宅基地使用权均具有相同性质，此种属性必然使各宅基地使用权在同一市场中可以自由流转。然而，各宅基地使用权均源自各农民集体所有的宅基地，宅基地所有权是宅基地使用权的权源，宅基地所有权的存在往往为其宅基地使用权存在的基础，如此，在赋予各宅基地使用权权属同一性的前提下，有必要厘清其与各宅基地所有权主体的关联性。

实际上，宅基地使用权权属的同一性并不意味着其与宅基地所有权主体没有任何关系，而是在宅基地所有权主体多元化的前提下，将所有宅基地所有权主体拟制为同一主体。也就是说，将各地的农民集体均假设为性质相同的主体，即一个农民集体，如此，同一农民集体内的各宅基地使用权自由流转实属正当。当然，此种逻辑关系其实就是将宅基地使用权与其所有权主体的权源关系模糊化，重在实现强化使用权、弱化所有权物权立法理念，并且也与宅基地使用权在现实中的实际效力相吻合。需要注意的是，在宅基地所有权主体为各农民集体的前提下，前述出现的将宅基地使用权改制为永久性用益物权的见解，目的就在于赋予各宅基地使用权权属同一性，最终促使其自由流转，尽管采纳了不同的法律术语，但与本文见解却具有一致性。

（二）与宅基地面积的关联性

在我国，各地的人口数量、土地面积的差异悬殊，为此，关于宅基地面积大小，《土地管理法》《土地管理法实施条例》并没有具体规定，在确保农用地的前提下，往往授权由各省级地方根据本地农村土地的实际情况而通过地方立法明确规定。在具体规定宅基地面积的过程中,各省级地方充分考虑了农区、牧区、平原、山地丘陵等情形,据此,不仅各省级地方规定的宅基地面积大小不统一,而且,在同一省级地方的不同地区亦不统一,〔1〕同时,受继承、分家析产等原因所致,现实中又存在超占面积的现象。如此,既然要赋予宅基地使用权权属同一性,宅基地面积的大小不一对其影响程度如何?有必要予以厘清。

当然,因同一地区的宅基地面积具有相等性,理解宅基地使用权权属同一性就较为容易,允许其自由流转就理所当然,正因如此,部分地方试点的宅基地使用权流转也就将其限制在一定农村地域范围内,并没有扩及县级地域以外。受各地立法的影响,不仅同一地区的宅基地面积大小不一,而且,不同地区乃至不同省级地方的宅基地面积大小亦不相同,因宅基地使用权权属同一性是指源自各农民集体的宅基地使用权具有相同性质,实质目的在于回避立法禁止宅基地自由流转的规定,所以,宅基地面积大小以及宅基地位置因素并不影响对其使用权权属的定性,仅是影响其流转价格的因素之一,〔2〕二者没有必然关系,但不可否认的是,只有将宅基地使用权权属确定后,宅基地面积大小的价值才具有意义。

(三)宅基地使用权使用方式之选择

为了实现宅基地使用权权属的同一性,统一宅基地使用权的使用方式就是必要措施之一,但目前对宅基地使用权的行使方式争议较大,并没有统一见解。〔3〕 因初始取得的宅基地使用权为自由流转的基础,故理论界及实践中首先就要对其使用方式进行

---

〔1〕 如《北京市实施〈土地管理法〉办法》第40条、《甘肃省实施〈土地管理法〉办法》第34条。

〔2〕 依据各地立法规定的宅基地面积标准,各地方均存在不同程度的超占宅基地面积的现实,但对其如何处理?理论界以及现实中存在不同措施,其中一项措施就是对其有偿收费(参见付光辉、刘友兆等:《论城乡统筹发展背景下城乡统一土地市场构建》,载《中国土地科学》2008年第2期)。实际上,宅基地超占面积的形成原因较为复杂,部分为继承遗产,部分为买卖农村房屋,部分为农民集体分配,部分为擅自侵占,如此,不加区别地均有偿收费,肯定无力对农民财产的保护,更无法实行,理应仔细甄别后而有所区别。因该内容与本文主旨无关,本人另有一文详细阐述。

〔3〕 关于该见解,理论界争议较大,有人主张,本集体成员取得应无偿无期,非集体成员应有偿有期(付光辉、刘友兆等:《论城乡统筹发展背景下城乡统一土地市场构建》,载《中国土地科学》2008年第2期),有人认为,应以一个时点为界,本集体成员一次性获取均等的宅基地,新成员或立新户者取得宅基地,以有偿方式取得(刘守英:《农村宅基地制度的特殊性与出路》,载《国家行政学院学报》2015年第3期)。

改制,并且,主要存在将其从无偿无期改为有偿有期的见解,[1]现实中也存在有偿有期的实践。[2] 不过,既然要实现宅基地使用权权属的同一性,采纳有偿有期使用方式并不合理,理应继续采纳无偿无期使用方式,主要理由如下:

第一,在宅基地农民集体所有的前提下,宅基地使用权的初始取得主体主要为农民集体成员,对宅基地使用其实就是间接地对自己财产的使用,无偿无期使用方式遂具有了正当性,也符合宅基地归农民集体所有的内在逻辑构造。与此同时,农村房屋存续无任何期限限制,若将宅基地使用权使用期限加以限制,必然会使二者在存续期限方面形成无期限与有期限的矛盾,尤其是存在无法处理宅基地使用权使用期限届满后的农村房屋归属的问题。[3] 所以,应当继续采纳无偿无期的使用方式。

第二,主张对宅基地使用权使用方式采纳有偿有期限使用的见解,其实就是借鉴国有住宅建设用地使用权使用方式,目的在于为将来构建统一的城乡房地产市场奠定基础。就城镇房屋购买而言,因绝大多数购买者往往倾其家庭所有财产、部分甚至贷款购房,继续使用有偿有期方式必然无法保护房屋所有权人的利益,《民法典》第359条遂规定了期限届满"自动续期",但若采纳了无偿无次数的自动续期,就会使国有住宅建设用地使用权使用期限无任何限制,法律效力就与所有权相当,[4]并且,又与宅基地使用权无偿无期使用的法律效力相符合。由此,国有住宅建设用地使用权的有偿有期使用方式存在弊端,若宅基地使用权借鉴该立法设计,必然会重蹈该弊端,该见解的理论依据并不充分,应予以避免。

---

[1] 付光辉、刘友兆等:《论城乡统筹发展背景下城乡统一土地市场构建》,载《中国土地科学》2008年第2期。

[2] 《义乌市农村宅基地使用权转让细则(试行)》第7条第2项规定,跨集体经济组织转让实行宅基地所有权、资格权和使用权相分离,转让后使用年限最高为70年,使用期届满后受让人可优先续期,并实现有偿使用。

[3] 贺日开:《我国农村宅基地使用权流转的困境与出路》,载《江苏社会科学》2014年第6期。

[4] 李凤章:《法律移植,移植什么?——以土地所有权的中国命运为中心》,载《法律科学》2009年第6期。

农业供给侧改革视野下的辽宁农地流转法律问题研究[*]

阎其华[**]　吴　迪[***]

目　次

一、问题提出的背景

（一）我国"农业供给侧改革政策"的提出

近年来，我国农业产品产量虽然稳步增长，粮食安全不存在威胁，但农业产业结构布局不合理，农产品的品质和效益有待提升，农业生产成本过高使其销售价格在国际市场竞争中处于劣势。为此，2015 年 12 月召开的中央经济工作会议首次提出加强"农

---

* 基金项目：国家社科基金一般项目"'三权分置'背景下我国农地规模经营法律规制制度研究"（批准号：18BFX153）；国家社科基金重点项目"新时代中国特色土地管理法律制度完善研究"（批准号：18ZDA151）。

** 沈阳师范大学副教授。

*** 博士后流动站科研人员。

业供给侧结构性改革”，提高农业供给体系质量和效率，使农产品供给数量充足、品种和质量契合消费者需要，真正形成结构合理、保障有力的农产品的有效供给。此后，党和国家又相继在2016年、2017年、2018年和2019年的中央一号文件中不断提出“推进农业供给侧结构性改革”“实施乡村振兴战略”，并明确将其作为当前和今后一段时期农业农村工作的重点。

为响应国家“农业供给侧结构性改革”的政策号召，辽宁省于2016年分别颁布了《关于推进农业供给侧结构性改革的实施意见》和《辽宁省农业产业发展指导意见》（以下简称《指导意见》），希望以此为改革契机实现辽宁省农业专业化、产业化和现代化的发展目标。

（二）农地流转促进辽宁省农业供给侧结构性改革的有效实现

当前，我国农业供给侧改革应聚焦于现有农业生产要素的流动、重组以及优化配置，改革的主要方向是对农业生产要素进行市场化改革。其中，土地是农业生产各要素的最基本要素，也是制约其他各要素资源配置效率的关键性因素。因此，如何通过农地流转推动土地资源的优化配置是实现辽宁省农业的供给侧结构性改革的关键。为此，辽宁省颁布的《关于推进农业供给侧结构性改革的实施意见》和《辽宁省农业产业发展指导意见》也将推进“农地有序流转，促进家庭农场发展，使之成为引领适度规模经营等”作为实现农业供给侧结构性改革的政府工作内容之一。

二、辽宁省农地流转的现状及问题

（一）辽宁省农地流转的基本状况

据相关部门统计，截至2017年上半年，辽宁省土地流转总面积已达126.34万公顷，流转率达到37.12%，高于全国平均水平；农民合作社达到54,290个，家庭农场达到5844个；2018年全省已基本完成土地确权登记工作。[1] 截至2019年2月，全省已有163.17万农户将1817.82万亩承包地流转出去，占全省农户承包面积的35.66%。[2] 以辽宁省盘锦市为例，全市农村土地承包经营权流转面积达37.5万亩，涉

〔1〕 刘润秋：《利益协调推进农村土地流转》，载《人民论坛》2012年第2期。

〔2〕 《辽宁省近164万农户流转土地1817万亩》，载中国新闻网辽宁新闻2019年2月26日，https://www.sohu.com/a/297690952_100253947。

及3.2万户，分别占耕地总面积的22.5%和总户数的22.9%。全市种植100亩以上的种粮大户达988户，涉及43.6万亩耕地，其中种植100～200亩大户达556户，涉及7.2万亩耕地；种植200～300亩大户达144户，涉及3.4万亩耕地；种植300～500亩大户达122户，涉及4.6万亩耕地；种植500～1000亩大户达83户，涉及5.4万亩耕地；种植1000亩以上的大户达73户，涉及23万亩耕地。〔1〕

（二）辽宁省农地流转的特点

目前，辽宁省全省农地流转主要呈现以下几方面特点：

1. 农地流转在数量与规模方面都在逐年递增。在数量方面：2018年，辽宁省农户流转土地达到1818万亩；在规模方面，已经建设了14个国家级现代化农业示范区，新增2个国家农业科技园，创建6个国家级畜牧业绿色发展示范县。

2. 土地流转收益由初期增长速度快，后趋向平稳态势。前期在农村税费改革的背景下，辽宁省土地流转开始由无年租金或低价租金逐步上涨到900元/亩左右。现阶段农业出口途径缩小，农业增收缓慢，由此传递给农地流转收益再增长乏力的现状。

3. 农地流转对象仍以熟人为主。辽宁省农地流转主要仍以亲朋邻里为基础进行熟人之间的流转交易。但是，随着农业合作社和农业示范区的大批建立，流转对象开始扩大到农业大户、涉农企业、农业合作社等新型农业经营主体手里，进行规模化生产经营。但是，这些新型农业经营主体只有依赖于政府的政策扶植才可以取得长足发展。

4. 流转方式以出租和转包为主，二者分别占所有流转方式的53%和21%。抵押、托管、信托、入股等新型流转方式较少被流转主体使用。

（三）辽宁省农地流转存在的现实性问题

1. 农地流转集中有赖于地方政府的干预。辽宁省各地方农地主要依赖于亲朋邻里进行流转交易，因此多呈零散分布状态。整村整组农地集体转租给新型农业主体需要地方政府和村委会牵线与介入，否则很难实现。于是，一些地区片面追求流转率，靠行政命令下指标。

2. 农地抵押在没有国家财政拨款支持的前提下，在辽宁省推广程度不高。农地流

〔1〕《辽宁农村土地流转新政策辽宁土地流转国家补偿标准（一）》，载现代语文网2019年4月18日，http://www.xiandaiyuwen.com/news/gjzc/799317.html。

转集中和农业现代化经营势必有赖于充足资本的投入,然而很多新型农业经营主体在融资方面却面临困境——如果没有抵押物,银行和社会资本是不可能对其进行融资贷款的。而农地抵押可以有效解决新型农业经营主体融资难的问题,但是在农地经营权抵押功能的操作性问题在我国尚未获得明确说法的前提下,银行金融机构难以自愿开展此类抵押贷款业务。经初步统计,辽宁省虽然已在沈阳市于洪区、瓦房店市、海城市、东港市、辽阳县、昌图县、盘山县7个县(市、区)开展了土地经营权抵押贷款试点,但实际办理抵押贷款业务仍然不多,例如,2016年沈阳市于洪区等试点地区的土地承包经营权抵押面积仅为4.13万亩,抵押贷款金额6.75亿元。

3."工商企业下乡"在辽宁省方兴未艾,另外,某些工商企业承包经营农地后(尤其是城郊地区)容易将其"农转非"使用:一些工商企业打着"搞农业生产基地"的名义在城郊地区租赁农地后进行房地产开发,建厂,搞旅游度假村、高尔夫球场、私人会所等非农项目。上述工商企业行为明显有加剧农地流转"非粮化"和"非农化"的倾向。另外,一些地方为了扩大土地流转规模,过于追求流转速度,对工商企业流转农地后经营状况监管不严,造成一些企业在经营农地过程中,由于经营不善,连续亏损,不能及时兑现农地租赁合约,由此损害了签约农户的经济利益。

4.农地流转的流程问题。在农地流转的实际操作中,违反流转程序的问题也比较突出,有的私下交易,有的"整村推进",再加上流转市场不健全、信息不对称或合同签订不规范、纠纷调解不及时等问题的存在,致使农民的合法权益得不到有效保护。

三、农业供给侧改革视野下法律政策规制农地流转行为的正当性

(一)维护农地流转中的社会公共利益

1.农地流转社会公共利益行为的表现

在农业供给侧改革视野下,农地流转中所体现的"社会公共利益"主要表现在以下几个方面:

其一,通过农地流转,使原先分散、零碎的农地资源集中由有种植能力的种田大户或专门的农业经营公司经营,因此可以有效提高农地利用率和农业经济效益,使农地资源实现合理配置。

其二,通过农地流转,形成一定的经营规模,现代化农业生产技术和管理方法才可

以大范围地引进,从而使农业标准化生产,其产品质量得到充分保障和提高。

其三,农业适度规模经营有利于各农业生产要素的节约利用,是发展走资源节约型、环境友好型两型农业的最好方式。因此,农地流转将有利于农业生态的可持续发展、转变农业资源利用方式、完善农业发展成果的社会分享机制。

2. 法律政策维护农地流转行为公共利益的功能

在农地流转行为中,体现着公共利益,而这又为政府通过法律政策维护其公共利益提供了充足的依据:首先,在市场经济环境下,需要政府通过法律政策界定和保护农地产权,提供维护土地流转市场的运行规则,采取措施矫正农地交易市场的扭曲行为等,这体现了政府“维护公共秩序”的职能。其次,在农地流转过程中,还需要政府依据相关法律政策提供必要的公益产品,如农地交易流转信息平台、减少和纠正土地利用的外部不经济效应等,这体现了政府“提供公益产品”的职能。再次,在农地集中经营过程中,为了保护农地资源以实现农业供给侧结构性改革,需要政府积极干预农地的利用,如建立农地用途管制和农地强制整理的法律制度,这体现着政府“管理公共事务”的职能。最后,在农地流转的过程中,会涉及农地转出后失地农民的生活保障问题,因此需要政府采取法律措施建立健全社会保障体系,这体现了政府“实现社会公正”的职能。总之,在公共利益理论的指导下,需要政府利用各种管理职能对农地流转行为进行必要的法律政策规制,促进农地稀缺资源的优化配置,最大限度地增加社会的福祉。

(二)基于不动产权利的社会本位理念

1. 不动产权利的社会本位含义

就不动产权利而言,虽然它从本质上看是一种私有财产权利,由此强调个人对私有财产的神圣不可侵犯,但是不动产的特殊功能决定其需要依据“社会本位”原理进行重新定位:土地的稀缺性与不可再生性决定了人们需要合理利用土地资源,否则会严重制约人类社会的稳定和发展。因此,当土地权利人对土地权利的滥用损害他人、社会的整体利益时(如对土地闲置或进行掠夺性开发),为了维持整个社会的可持续发展,就需要通过法律对其行为进行必要的限制。

2. 法律政策规制农地流转行为中社会本位理念的体现

农地虽属于私人(或集体,如我国)财产,但它在流转过程中也承载着多种“社会功能”,由此体现了“社会的整体利益”,这包括:粮食安全问题的物质保障;农业供给侧结构性改革的需要;促进新型城镇化的实现等。所以说,不动产权利的社会本位理念为法律规制农地流转行为提供了正当性依据。换句话说,为顺利实现农地流转后的适度规模经营,政府依据“社会本位”理念,有权力通过相关法律政策,建立法定面积强制整理制度、农地用途管制制度、农地流转制度等法律制度,从社会公共利益出发,对农地权利从主体、内容到客体,从农地权利的取得到农地权利的行使方式,进行全方位、多角度的规范与约束,以此限制农地所有者或使用者对农地的自由行使,以期达到调和个人利益与社会整体效益的冲突和矛盾,从而有效维护社会的整体效益。

(三)消除农地流转过程中的外部性

1. 农地流转行为中“外部性”的表现

在农地流转行为中,其“外部性”问题也不容忽视。作为一种市场行为,农地流转行为的“外部性”表现在农地流转过程中对我国农业环境、生态与可持续发展可能会带来的某些风险,这些将不利于农业供给侧结构性改革的实现。具体来讲,主要包括以下几个方面。

(1)我国所实施的农地流转是土地经营权的流转,因此流转一般为短期流转。为此,很多租地合作社、龙头企业或种植大户从自身利益出发,没有在土地上进行长期投资的意识,倾向于采取短期化经营方式在土地上快速回收成本,在种植过程中大量使用化肥、农药或对土地进行粗放型、掠夺式开发,最终导致土壤污染、板结,地力下降和农产品农药残余过大的不良后果。[1]

(2)为了实现农业供给侧结构性改革,在推进土地流转过程中,应向家庭农场、农村合作社、工商企业等新型农业经营主体转移,以推动农业产业结构调整和提高农产品的国际竞争力。但在工商企业大规模租赁农地而成为农地经营主体的过程中,其行为已经显露一些经济和社会风险,如农地非农化问题等,由此可能会对农村经济的健康发展带来诸多不利影响。

(3)在农地流转过程中,可能会出现农地的进一步细分或者过度集中的不经济后果,将有损农业生产效益的提高,最终对农村与农业经济的增长产生负面影响,由此这

〔1〕 刘润秋:《利益协调推进农村土地流转》,载《人民论坛》2012年第2期。

也就成为农地在流转中“外部性”的另一种表现。

2. 法律政策消除农地流转外部性的途径

具体来讲,法律制度消除农地流转外部性的途径主要包括以下方面。

(1)针对农地流转中所出现的生态环境恶化的问题,政府可以通过相关法律政策,设置农地用途管制制度、农地整理制度、土壤生态补偿制度、土壤保护预警制度和提高耕地占用税制度等,来增加农地经营者负外部性行为的成本,即以法律的形式强制性规定农地经营者保护耕地的义务,并以相关民事责任、刑法责任和行政责任作为违反义务的不利后果,以此减少农地经营者对“负外部性”活动的选择。

(2)针对工商企业大规模租赁农地给我国经济与社会的稳定所带来的种种风险,辽宁省应该推出相关法律政策,真正实现工商企业租赁与使用农户“家庭承包地”有法可依、违法必究,切实达到维护农民和使用“农户家庭承包地”的工商企业合法权益。[1]

(3)针对农地流转后,可能出现的进一步细分或过度集中的不利后果,政府可以通过相关立法,建立诸如法定面积农地强制整理制度、限制农地流转的细分制度,即以法律政策的形式对农地流转行为进行调控,强制性防止农地细分或过度集中不利后果的出现。

四、辽宁省农地流转相关法律政策的现状

(一)辽宁省相关地方法律政策现状

目前,我国已在国家层面不断推出相关立法,如《民法典》《农村土地承包法》《农村土地承包经营权证管理办法》《农村土地承包经营权流转管理办法》等,这些立法和党的代表大会报告、中央一号文件等政策性文件一起,对农地流转的活动准则与行为予以规范。与此同时,辽宁省政府及时推出相关地方性法律政策,进一步规范本地区的农地流转与规模经营,并根据实践经验提出了某些创新性规定,包括以下方面。

1. 2005 年《辽宁省实施〈中华人民共和国农村土地承包法〉办法》规定了农地流转

[1] 丁关良:《工商企业租赁与使用农户“家庭承包地”的法律对策研究》,载《华中农业大学学报(社会科学版)》2013 年第 5 期。

(转让、出租、入股、抵押等)的行政程序、土地流转中介服务机构的作用、建立各地方农村土地承包经营权流转信息库的要求等加快农地流转的相关内容。

2. 2005 年《辽宁省农村土地承包经营权确权登记颁证工作方案》明确“在 2018 年以前完成全省范围内的农地确权登记工作”。2015 年《辽宁省农村土地承包经营权确权登记颁证工作方案》继续明确 2018 年全面完成土地承包经营权确权登记颁证工作,并明确确权颁证的工作步骤和资金补助标准等内容。

3. 2014 年是辽宁省促进土地流转和规模经营政策扶持力度最大的一年,为此辽宁省政府专门下发了《关于推进农村土地承包经营权流转促进土地集约化经营的意见》,强化政策扶持,推进土地集约化经营发展。在此基础上,辽宁省于 2016 年又推出了《辽宁省关于进一步做好农村土地经营权有序流转促进农业集约发展的意见》,其内容主要涉及“稳定完善农村土地承包关系、推动农村土地经营权有序流转、加快培育新型农业经营主体、构建新型农业社会化服务体系、强化农村土地承包经营纠纷调处机制、加强土地经营权流转市场体系建设、建立健全现代农业发展规划执行监督机制”这七大内容。

4. 同时,在中央要求推进家庭农场发展的背景下,辽宁省又分别于 2014 年和 2016 年出台了《辽宁省农委关于促进家庭农场健康发展的指导意见》及《关于辽宁省省级示范家庭农场评选暂行办法》,将经济奖励家庭农场发展与实施农地规模经营相结合。

5. 另外,为实现辽宁省农业供给侧结构性改革,其所推出的《关于推进农业供给侧结构性改革的实施意见》和《指导意见》也指出应“发挥家庭经营的基础作用,通过引导土地有序流转,促进家庭农场发展……培育新型农业经营主体”等。

6. 为消除农地流转的阻碍因素,辽宁省于 2016 年推出《辽宁省支持农业转移人口市民化若干财政政策的实施意见》,以推出农村劳动力向城镇转移,以此释放手中的农地承包经营权,为其进一步顺利流转铺平道路。

(二)辽宁省关于农地流转的法律政策特征

1. 农地流转多依靠政策性文件进行规制

辽宁省存在缺乏相关专门性地方立法规制农地流转行为的问题。在相关立法不完善的背景下,大量直接规范农地流转的内容还仅停留于政策层面,没有上升为法的形式。相较法律,这些政策文件对于规范农地流转往往起主导作用。但政策较之法律缺乏系统化、明晰化的表述。因而,农地流转行为在具体实施中由于其权利、义务缺乏法律方面的界定与保障,常存在不规范、纠纷多等问题。

2. 农地流转的规范内容尚待细化

相较我国南方各省(自治区、直辖市)所推出的农地流转法律政策,如《德阳市人民政府办公室关于进一步鼓励和支持家庭农场发展的实施意见》《浙江省人民政府办公厅关于引导农村土地经营权有序流转促进农业现代化建设的若干意见》,辽宁省的相关法律政策规范内容语言表述欠缺具体细化内容。以《浙江省人民政府办公厅关于引导农村土地经营权有序流转促进农业现代化建设的若干意见》与《辽宁省人民政府关于进一步做好农村土地经营权有序流转促进农业集约发展的意见》相比较为例,从字数表述上辽宁省为4000多字,而浙江省为5000多字;在具体内容方面:(1)浙江省将指导思想、基本原则含义细化阐述;而辽宁省仅以高度概括的语言表述;(2)浙江省将内容阐述得更明晰、更具体、更具有可操作性;而辽宁省表述过于简洁,仅为泛泛之谈,很多内容有待于细化,可操作性不够(例如,在农地抵押权方面,浙江省给予更细化的操作方案,而辽宁省仅是表述为“支持发展”,具体方案没有提);(3)在配套措施方面,浙江省提出了一系列的配套措施以支持本省农地流转的顺利开展,诸如支持农业基础设施改造、严格流转土地用途管制、落实农业规模经营设施用地政策、加强新型职业农民培养等,辽宁省配套措施同样存在内容方面规定不足、细化不够等问题。

(三)辽宁省农地流转的政策法律不足

辽宁省在推广农地流转时所面临的上述问题,从法律层面看,主要是由于现有地方性法律政策存在诸多缺失与不足,这包括以下方面。

1. 辽宁省法律政策缺乏对农地流转集中程度的指导性规定。如前所述,农地经营规模须有“度”,否则过度集中会带来农地利用效率的下降,产生不“经济”的不良后果。因此,辽宁省应制定相关法律政策,在种植品种、科学技术、资本、劳动力等农业生产要素与农地集中程度上作出相关指导性的规定。

2. 辽宁省在法律政策方面尚未防范农地流转会带来土地利用更加细碎化的风险。一块农地可能会通过流转由几个农业经营主体进行耕作,因此农地流转不一定必然带来集中。为此,需要在法律政策方面设立农地强制整理制度,以实现农地的流转集中。

3. 辽宁省对于工商企业大规模租赁农地这一行为缺乏长效的监管机制。工商企业,如农业产业的龙头企业,可以有效帮助种植农户、合作社与市场对接,有力促进农业供给侧结构性改革的实现。虽然,辽宁省通过《关于加强工商资本租赁农地监管和风险防范的实施意见》等政策对工商企业租赁农地设置事前审查制度(包括分级备案制度、风险保障金制度),但是缺乏事后的动态法律监管机制。

4. 农地抵押问题在辽宁省缺乏系统的相关配套法律和政策。由于农村土地集体所有制和土地承包经营权制度的存在,我国农地抵押无法如资本主义国家那样实现农地所有权的抵押。而这必然会影响抵押权人自身利益的有效维护,因此在缺乏农地经营权抵押的具体法律规定背景下,商业银行和金融机构一般不愿介入开展抵押担保业务。

5. 辽宁省没有构建出一套系统的农村财政金融的扶植法律制度。辽宁省为积极响应国家“农业供给侧结构性改革”的政策号召,陆续出台了一些关于农业的财政金融扶植政策,但由于近年来辽宁省经济增长乏力、财政吃紧,导致扶植落实不到位且力度不足。

五、完善辽宁省农地流转的法律政策建议

(一)明确以“效率兼顾公平”为法律政策制定原则

对于农地流转的法律政策设计,应选择以“效率优先,兼顾公平”为基本原则。原因包括以下方面。

1. 以“效率优先”作为相关法律政策制定原则,会促使农地资源的优化配置,由此实现农地规模经营的目标。由于我国土地承包经营制度选择的是以“公平”作为其价值取向,导致辽宁省农户的承包经营地普遍狭小,农地利用效率损失的后果。为矫正这一问题,需要通过有关的制度安排,对农地经营权进行重新配置,通过规模化经营实现农地资源的优化配置。而在设定农地流转的制度安排时,必然要以“效率优先”作为法律政策原则,充分发挥市场的调节机制,实现农地资源的有效配置。

2. 以“兼顾公平”作为规制制度原则,会使农地流转的有关法律制度在运行中,可以有效维护农民的合法权益,防止土地出现兼并问题,避免出现两极分化现象。另外,在当前社会经济的发展水平下,农地在我国还将长期承载社会保障功能,因此需要一套“兼顾公平”的农地流转法律政策予以调控。

（二）完善辽宁省农地流转的地方法律政策体系

1. 建立农地集中的指导标准制度

如前所述，农地流转的目的是让农地集中经营形成规模化，但农地并不是集中越多越好，应当有“度”，否则根据农业经济学理论，反而会造成农地经营的低效率性。因此，辽宁省应针对不同农地类型，建立不同的农地集中指导标准制度，其具体集中标准应当结合当地农作物品种、机械化程度、农地经营主体类型、农村发展现状、农业技术水平等各种要素得出科学结论。在具体构建时，不能一概而论，机械统一，应当设立几种具有指导意义的评价标准和评价方法，以供各地方根据自身实际情况进行合理选择，例如，土地产出率、劳动生产率等评价标准和统计分析、线性规划等分析方法。此外，辽宁省还应当推出农地集中程度的动态调整机制，以适应不断变化的外部环境。具体来讲，在相关法律政策中要明确启动调整机制的实质要件，包括农业技术水平、农作物品种、机械化程度、农业经营者的生产经营能力和投入能力、组织化程度等要素条件和运行动态调整机制的法律程序，包括调查程序、专家咨询程序、听证程序、公开程序等内容，以此保证调整机制的公正性、科学性与权威性。

2. 建立农地流转强制整理制度

为了进一步促使农地大范围流转形成集中经营，辽宁省还应适时推出农地流转强制整理制度：（1）在法律政策内容上，首先应明确地方政府在该制度中的主体地位与主导作用，使其可以以合法的身份介入土地市场主体间的农地流转交易之中，然后再以对土地利用的调控优势，进行农地的规模化整理。（2）在制度内容上，其一，设置具有官方色彩的农地整理机构。辽宁省可以借鉴法国和日本等国的做法，在全省广泛建立起农地整理机构。其二，有关法律政策的设定，这些农地整理机构可以提供农地流转交易平台，流转的农地也将优先转让给农地整理机构。其三，农地整理机构将零散的农地进行合并整理再选择流转给新型农业经营主体进行统一经营和现代化耕作。（3）辽宁省应对强制整理的农民设立配套性惠农政策，诸如新型农村养老保险、医疗保险等补贴制度、小额贷款担保的政策支持，以减少该法律政策的执行成本。

3. 建立限制农地经营权流转的细分制度

现代农业是一种规模化农业，不应细化和分割。综观发达国家都采取了反对农地细化分割的措施：英国曾实行限定继承和长子继承；美国法律规定，家庭成员可拥有或继承农场土地股份,但不能退股或将股份做抵押,只许内部转让,以保证土地在代际传承中不被细化碎化;日本实行农业者认定制度,在一定程度上排除了非认定者从事农业的可能性,避免农地细化和分割。[1]

辽宁省在具体构建制度时可以采取如下法律政策措施。

(1)建立农户土地家庭承包经营权的单嗣继承制度。土地承包经营权只能由农户中的某一个子女继承,其他子女只能获得与所应继承份额等值的补偿金。

(2)通过法律限定农地的流转面积。为防止农地在流转中的进一步细化,可以通过有关法律政策直接规定,农地权利人在享有、分割、转让农地权利时不得低于依法核定的最低土地面积,[2]一旦违反此规定,则农地流转行为无效。

(3)设定农地的最小经营规模。可以通过法律政策,设定农地经营规模的最小面积,一旦农地低于该面积,则政府有权通过强制的法律规制方式推动农地的流转集中。

(4)对农地经营权的分割流转作出禁止性规定,即农地承包经营权流转不可分割,农地权利人只能将手中的农地承包经营权整体出让,而流转的受让方只能接受整体流转的农地承包经营权。

4. 培育新型的农业经营主体

(1)设置工商企业进入农地流转的准入要件

如前所述,"工商企业下乡"存在"非农化"或"非粮化"的风险,因此应为工商企业经营农地设定一定的实质性要求和程序,以确保它们能竭尽全力经营农地并进行节约化农业生产。首先,实质性要求可以包括:其一,农业耕作经营计划书;其二,具有一定数量配备的涉农技术人员和务农工人;其三,能提供充入的投入资金等。同时,辽宁省还应设置一定的程序要件,即严格的审批制度,这包括:租赁农地前,工商企业应向当地的主管部门提交租赁农地申请审批材料,具体内容包括计划达到的农地经营面积、生产条件、生产形式及农地管理的情况,然后由当地的主管部门对申请者提交的材料进行评价、审批,认为符合条件的,就将其作为"认定农业生产法人",并在土地集中、贷款等方面由政府给予支持,如果认为不符合条件,则申请者将不被允许租赁农地从事

---

〔1〕 郭庆红:《日本扩大农地经营规模政策的演变及对我国的启示》,载《中国农村经济》2003年第8期。

〔2〕 郭洁:《农地使用权流转法律问题研究》,载《中国政法大学学报》1999年第2期。

生产经营活动。[1] 此外,为更为有效地遏制“农地非粮化”,辽宁省应建立对工商企业经营农地状况的持续监管制度,并鼓励工商企业在一定比例限制的前提下入股家庭农场,以带动家庭农场使二者形成一种“联动”发展模式。

(2)积极培育家庭农场作为农地经营主体

经过各国的实践证明,以劳动和资本双重密集型的适度规模经营农户(家庭农场)为农地规模经营的组织形式被认为更有助于提升农业生产效率,更易于制定、执行较为严密的年度农业生产经营计划,也更易于发挥农民的勤劳本色。[2] 为此,辽宁省在推行农地规模经营时,应进一步鼓励和支持家庭农场发展,使之成为经营主体之一。例如,在把握农地规模经营的适度标准时,应建立以支持家庭农场发展为核心的农地适度规模的标准制度,即以家庭农场承包多大规模农地为宜进行农地集中值的计算。同时,辽宁省应建立家庭农场工商注册登记制度;制定完善的示范性家庭农场评定及监测管理制度;以财政补贴等形式鼓励农地经营权向家庭农场流转;强化金融信贷扶植政策和税费减免政策等内容。

(3)培育农业合作社的健康发展

国外农业发展实践证明,农业合作社为农业现代化发展发挥了巨大作用。例如,日本所有农村都设有农协或农业合作社,当地农民也基本都加入农业合作社,这些合作社为农民提供产、供、销全方位服务,也指导全体农民从事农业产业,使之具有抵御市场风险的能力。为此,辽宁省也可以设立一定的法律政策支持本省农业合作社的大力发展,这包括建立农业合作社工商注册登记制度;制定完善的示范性农业合作社评定及检测管理制度;强化金融信贷扶植政策和税费减免政策;鼓励金融机构创新适合合作社发展的金融产品,不断探索开展合作社以自有资产、成员经营权抵押贷款;进一步解决农业合作社建设用地、工商审批、税务管理、人才使用、交通运输、用水用电等配套方面的问题。同时,辽宁省还应该通过相关立法明晰农业合作社产权关系和组织运行制度,以支持农业合作社的健康发展。

---

〔1〕 丁关良:《工商企业租赁与使用农户“家庭承包地”的法律对策研究》,载《华中农业大学学报(社会科学版)》2013年第5期。

〔2〕 黄延延:《家庭农场优势与农地规模化的路径选择》,载《重庆社会科学》2010年第5期。

5. 大力发展多种形式的农地流转制度

(1)建立农地经营权抵押制度

农地抵押一旦实现，将为农村经济发展提供有力的信贷支持，并能够有效解决辽宁省农户、农民专业合作社等高效农业生产经营资金不足、缺乏抵押贷款担保等难题，利用农地的经营权直接向试点银行申请抵押贷款等方式，可以赋予农民更多财产权利，有效盘活农村信贷资源，促进农村土地流转和农业适度规模化经营，加快农地供给侧结构性改革的实现。因此，在确认农地经营权为用益物权的基础上，辽宁省应进一步出台相关法律政策为农地抵押设立风险补偿基金制度，从而弥补商业银行和金融机构的抵押贷款风险。同时，辽宁省应通过法律政策进一步保证农民的基本权益，内容包括：其一，实行严格的土地用途管制制度；其二，为防止因实现抵押出现大规模的土地兼并现象，法律政策应限制因实现抵押权而取得农村经营权的人经营农地的数量；其三，应规定一定比例的农地不得因无力还贷而被强迫拍卖清偿，或者在抵押之初，就必须预留一部分农地不得抵押，以保证农民的基本生活之用；其四，一旦农民不能按期清偿债务，贷款机构可以以土地经营权来实现自己的抵押权，为了保证农民有基本的生活保障，法律应赋予农民向村集体组织申请优先租种的权利；其五，在抵押权实现之前，法律应赋予贷款的农民至少三个月的宽限期，以给其一定的时间来解决无力还贷的问题。[1]

(2)建立农地托管制度

农地托管，是指农民保留自己的承包权，而将土地的经营权转让给农业大户或农村合作社，由其对农地提供一个、多个或全部生产环节的服务，土地的收成依然归农民所有，农民只需支付托管费即可。这种农地流转方式如果在整村、整组大规模推广可以使分散的承包地形成规模化经营，从而促进当地农业机械化、现代化发展。因此，辽宁省有必要通过相关法律政策鼓励当地的农地托管制度建立与发展。事实上，在辽宁省各地的调研中发现，土地托管较其他农地流转方式更易推广，这是因为托管主体与被托管农民均可实现“共赢”：对于被托管农民来说，土地承包权都还属于自己，没有“失地”风险。对于托管主体来说，土地托管成本大大低于其他农地流转的费用（它们

---

〔1〕 黄延延：《制度视野下的农地规模化流转探讨——兼谈促进我国农地规模化流转的对策》，载《云南师范大学学报（哲学社会科学版）》2011 年第 3 期。

往往需要一次性至少支付一年租金),从而使一些资金不足的农业大户或农业合作社有意愿参与进来,填补土地流转覆盖不到的部分,增加适度规模经营的形式。在具体构建农地托管制度时,辽宁省应通过相关法律政策,加快具有官方色彩土地托管机构的建立,建立健全土地托管仲裁机构以有效解决由托管产生的法律纠纷,规范土地托管程序,加强土地托管用途管制以及建立土地托管风险防范机制等内容。除此之外,还应出台配套性法律政策如财政补贴扶持政策、税费减免政策、抵押贷款扶植政策等,全力扶持农地托管企业或农业大户的发展。

(3)建立农地信托制度

农地信托,指的是农民将手里的承包经营权在一定时期内以信托方式交给农业大户或其他经营主体进行经营。受托人取得土地承包经营权后,可以以自己名义对农地进行独立经营管理,取得的收益(除自己的约定报酬和经营费用外)要全部上缴给农民所有。农地信托方式也是一种新型农地流转方式,它可以使不愿耕种或无力耕种农民手里的土地以信托方式由企业或者农业大户进行统一规模化经营,该方式自2013年已先后在北京、四川、山东等地进行项目实践,并积累了很多经验。但该方式目前在辽宁省尚未开展起来,因此辽宁省可以考虑通过法律政策引入该方式,进一步促进农地流转的发展,这包括:规范受托人的资质认定规制,实施严格的受托人职业道德排查制度和强制信托市场退出制度,确保在辽宁省农村征信体系尚未健全的前提下的农村土地信托制度的良性运作;除此之外,还要审慎考虑信托业务中各方当事人,即委托人、受托人、受益人的权责界定,通过设立强制性信托业务登记和信息公开的方式,降低处于弱势地位的农民及善意第三人的正当权益受损风险。

(4)鼓励农地经营权入股设立公司

农地经营权入股,是指农民保留承包权,将土地经营权作价入股,公司对农地进行统一经营规模化管理。农民可以选择成为公司员工,继续参与经营,定期取得工资收入和公司分红,也可以选择不参与经营只按股份取得收益分红即可。农地经营权入股,一方面,可以提升农地流转速度,加快规模化经营;另一方面,可以使农民以“股东”身份获得收益。因此,该流转方式已得到党和国家在法律政策方面的支持与鼓励,如2018年农业农村部、国家发展和改革委员会等联合发布的《关于开展土地经营权入股发展农业产业化经营试点的指导意见》,公开提出允许土地经营权入股发展产业化经营。相应地,辽宁省也应出台相关法律政策,细化农地入股程序和风险防范,包括设定农地入股。农业入股指的是以土地的经营权入股,入股后,农民仍拥有农地承包权。当合作社或公司破产清算时,农民的承包权不会因此丧失,但法律应允许债权人或债权人的委托人耕种农民承包的土地或以其他不违背耕地保护的方式利用土地,并用这部分的收益权偿还债务,直至债务得到全部清偿为止,以及允许农民股东以合理市场价格以货币或其他实物之形式来置换其入股的土地经营权。[1]

(5)对规模流转行为设立相应的财政补贴、金融配套扶持制度

为加快本地流转规模,辽宁省有必要进一步推出财政补贴、金融扶持制度。在具体构建该制度时,可以参考日本的认定农业者制度。日本的认定农业者制度始于1993年,依据日本《农业经营基础强化促进法》而推出,旨在通过培育具有优秀经验能力、高效率且安定的农业经营体来促进农地的高效利用和规模化经营。一旦农业从业者被政府认定为符合该法的农业者,即可享有财政补贴、农地调整、减少农业者年金缴纳份额、优惠贷款、税收减少等多方面的国家财政金融扶植政策。辽宁省政府也可以在推出一套具有倾斜性财政金融扶植措施时,将其与培育和发展新型农地经营主体相挂钩,即凡是被政府认定为具有高效利用农地能力的经营主体(农户或组织)流转农地后,可享有如下财政金融补贴政策:一是可获得低息的优惠贷款以解决农地流转集中或扩大农业生产经营(如购买农业机械)所需的资金问题;二是农产品的价格支持和补贴;三是农业税收的减免;四是优先享有农业保险承保的政策;五是由国家、辽宁省承担一部分农业从业者应当缴纳的社会保险份额等。[2]

(三)完善农地流转的相关配套制度安排

为加快农地流转与规模经营的实现速度,辽宁省还应该推出相关配套制度,以消除一些阻碍因素。

1. 创造农民非农就业的载体和机制

辽宁省政府可以采取如下政策措施为农民非农就业创造机会:其一,应对农村剩余劳动力提供非农产业就业的免费培训机制,使其"失地"后可以顺利融入城镇生活,自谋发展。其二,对农村剩余劳动力发放转移过程中的生活安置补贴。其三,改革户

---

[1] 黄延延:《家庭农场优势与农地规模化的路径选择》,载《重庆社会科学》2010年第5期。

[2] 李东侠、郝磊:《土地承包经营权入股公司问题的法律分析》,载《法学论坛》2009年第4期。

籍管理制度,消减城乡社会福利差异等制度性因素对农村劳动力转移的阻力。

2. 建立完善的农村社会保障制度

为此,辽宁省需要通过法律政策做到如下几点:通过多种路径(如基金信托制度)拓宽农民社会保障基金来源渠道;制定城乡社会保障待遇逐步统一的方案,使进城农民自愿脱离农民身份,融入城市生活。

3. 建立健全的农地流转服务机构和中介

为降低流转双方的交易费用,减少农地流转纠纷的产生,辽宁省应进一步推广农地流转服务机构的在全省各地区的广泛建立,发挥其媒介功能,监督、中介协调和指导功能,使其可以为流转交易当事人提供相关法律和咨询服务及土地资产评估服务。

4. 通过财政支持进一步完善农村基础设施建设

为提高农地流转价格,提升农地流转活跃度,辽宁省应进一步加大财政拨款,对农村道路、基础设施(如灌溉水井)进行铺设与完善。

宅基地“三权分置”相关改革协同

农村土地财产权市场化实现的障碍及其破解*

张志辽** 杨青贵*** 陈 建****

目 次

"土地是财富之母",对土地的开发和利用,始终是人类社会创造财富的主要源泉。但是,土地自身所具有的高度稀缺性,使其既有别于其他的财产类型,又决定了不同的权属制度对土地利用效率的根本性影响。因此,将土地的所有和利用纳入立法,尽可能建立与特定时代和区域相适应的土地财产权制度,是土地管理、土地资源保护和土地资源配置的"不二法则"。党的十八大以来,党和国家又根据中国特色社会主义发展的新要求,适时提出并着力推进多项土地制度改革试点。地方实践探索推动了我国农村土地制度的建立健全,促进了农村土地财产权利体系的完善。2019 年修正的《土地

* 基金项目:2013 年度重庆市社会科学规划培育项目"农村集体经营性建设用地入市交易的法治保障研究"(2013PYFX07)。

** 西南政法大学经济法学院教授,法学博士。

*** 西南政法大学经济法学院副教授,法学博士,博士后。

**** 重庆文理学院马克思主义学院讲师,法学博士。

管理法》将集体经营性建设用地“入市”等内容“入法”，推动了农村土地财产权的市场化实现。在《土地管理法》第三次修正背景下，深入剖析农村土地财产权市场化实现的实践探索，有助于构建农村土地财产权市场化实现的具体规则，促进农村土地财产权市场化实现的制度建设。

一、农村土地财产权边界的再审视

关于农村土地财产权的内涵，学界也有一些探索，基本上都是按照《民法典》关于土地所有权、土地使用权的定性，以物权权能判定农村土地财产权及其内容。[1] 一般而言，财产权是以财产利益为内容，直接体现为财产利益的民事权利。考虑债权形式的不确定性且对农村土地上的成员集体、农村集体经济组织成员（集体成员）而言，其价值和功能远不及作为土地所有权和用益物权，因而将农村土地财产权限定在物权领域，是科学、合理的。关于农村土地财产权的界定亦当围绕土地的集体所有、农村土地财产权主体、农村土地财产权内容及其实现等方面的实践情况，找出区别于其他类型财产权的特殊性。

我国《民法典》“物权编”的“第二分编所有权”和“第三分编用益物权”将农村土地上所有权、土地承包经营权、宅基地使用权、建设用地使用权等物权关系纳入调整，通过这种立法方式直接确认了农村土地财产权的用益物权性质和内容。《土地管理法》也采用了与《民法典》相同的规定。在此基础上，农村土地财产权的属性业已成为共识：其一，农村土地财产权是在公有制框架下由法律设定的财产权利，是以财产利益为主要内容的一类重要民事权利。其二，农村土地财产权的主体主要是成员集体、农村集体经济组织成员（包括成员所在“户”）以及以成员为主的农村经济组织。其三，农村土地财产权是相对独立于国家土地行政部门和农村集体组织的土地资源管理权的财产权利。在此基础上，农村土地财产权可界定为农村集体经济组织成员、成员集体以

[1] 相关文献如王茂辉：《当前农民土地财产权体系重构之探讨——以基本人权为视角》，载《甘肃行政学院学报》2008年第6期；黎桦：《论农民土地财产权的保障》载《湖北经济学院学报》2009年第5期；黄海：《赋予农民土地财产权》，载《湖南经济管理干部学院学报》2004年第1期；杨成：《论农民完整的土地财产权之法治价值》，载《南都学坛（人文社会科学学报）》2014年第2期；张金明：《农民土地财产权的“权衡”与启示》，载《山西农业大学学报（社会科学版）》2014年第1期；刘法威、陈利根：《农民土地财产权演进的法学分析》，载《南京农业大学学报（社会科学版）》2007年第1期。

及符合法律规定的主体依法享有的以农村土地收益为主要内容并直接体现为财产利益的一种特殊民事权利。

按照不同标准,可将农村土地财产权划分为不同类型,但至今尚未形成公认的划分标准。例如,有学者主张将农民土地财产权分为以土地归属为财产利益的权利、以土地利用为财产利益的权利、以土地流转为财产利益的权利和以预期利益为财产利益的权利。[1] 有学者认为,农民土地财产权具体包括土地承包经营权、宅基地使用权和土地集体收益的分配权。[2] 鉴于农村土地财产权的要素价值、财产价值以及保障功能,其类型划分应当坚持以多要素联动、协同推进为基本理念和重要原则。

立足集体土地的不同用途,依据现行宪法及相关法律规定,将农村土地财产权作具体类型划分,契合现行农村土地权利的立法规定,利于清晰地厘定集体土地所有权与集体土地使用(利用)权这两个层级的权利构造。前者为集体所有权,是农村土地财产权的基础类权利,也是集体土地利用权的权源。集体土地使用(利用)权的典型类型包括农村土地承包经营权、土地承包权、农村土地经营权、集体建设用地使用权、宅基地使用权、自留地、自留山经营权、林地承包经营权、草地使用权等。

此外,依据《宪法》《土地管理法》的规定,岸线土地资源由国家或集体拥有所有权,相关个体可依法获得使用权。2010 年 4 月 15 日,安徽省实施了《长江岸线资源开发利用管理办法》;2016 年 9 月,水利部、国土资源部正式印发由长江水利委员会牵头编制完成的《长江岸线保护和开发利用总体规划》;2018 年 4 月 10 日,《南京市长江岸线保护办法》生效。由此表明,集体拥有的岸线土地使用权作为一项具有独特价值的财产性权利,也应当作为一类农村土地财产权。

二、市场化是农村土地财产权实现的优选路径

(一)农村土地财产权实现的市场化取向

农村土地财产权市场化实现是指在中国特色社会主义市场经济中,在明确限制和

---

〔1〕 张金明:《农民土地财产权的"权衡"与启示》,载《山西农业大学学报(社会科学版)》2014 年第 1 期。

〔2〕 杨成:《论农民完整的土地财产权之法治价值》,载《南都学坛(人文社会科学学报)》2014 年第 2 期。

限度的基础上,通过平台构造、规则设计,充分发挥市场机制在农村土地资源配置中的基础性作用,在农村土地的适度市场化利用中有效实现农村土地财产权价值。农村土地财产权的市场化实现是农村土地的财产权的财产价值属性与中国特色社会主义市场机制的特殊功能有机结合的必然选择,两者之间存在内在的一致性。农村土地财产权的市场化实现,是历史与现实、理论与实践的共同选择。

党的十八大以来,党中央高度重视市场与政府在资源配置中的重要作用,加强对产权的保障和权能赋予。事实上,农村土地财产权实现的市场化路径,已经得到中央相关文件的明确。在深化农村体制机制改革和制度创新方面,中央已明确发挥市场机制和政府这“两只手”的重要作用。党的十九大报告明确提出,要“使市场在资源配置中起决定性作用,更好发挥政府作用,推动新型工业化、信息化、城镇化、农业现代化同步发展”。中共中央、国务院《关于实施乡村振兴战略的意见》将“城乡融合发展”作为实施乡村振兴战略的基本原则之一,要求“坚决破除体制机制弊端,使市场在资源配置中起决定性作用,更好发挥政府作用,推动城乡要素自由流动、平等交换,推动新型工业化、信息化、城镇化、农业现代化同步发展,加快形成工农互促、城乡互补、全面融合、共同繁荣的新型工农城乡关系”。足见,农村土地制度改革的实践,实际上就是要处理好市场与政府关系的一项重大探索。市场化是实现农村土地财产权的基本路径。

在《土地管理法》第三次修正后,农村土地财产权制度改革探索仍在持续。尤其从“修法”前的地方实践来看,核心在于充分利用和发挥市场机制作用,在不动摇集体所有制、粮食安全和耕地保护、农民基本土地权益的基础上,实现农村土地资源的有效利用,确认和保护农村土地产权主体的财产权益。实际上,农村土地财产权市场化实现恰好是解决实践问题和农村土地集约节约利用发展的必然要求。农村土地闲置、撂荒、浪费等问题,倒逼农村土地资源的集约节约利用。我国现行农村土地制度主要是以集体成员及其家庭基本生存权保障功能为主形成和发展的,更多体现的是公平性、保障性等因素,经济性、效率性的成分偏低。可以说,农村土地闲置、撂荒、浪费等问题的制度性根源在很大程度上在于农村土地制度的非市场化安排。农村土地资源价值的实现,需要健全农村土地财产权制度并建立适应农村土地财产权制度实现的体制机制和制度。此外,农村土地财产权仍然是广大农民最主要和最基本的财产权益与经济来源,也是农民集体的主要财产权及其收入渠道。农民基本生存权保障和发展权实现、农民集体及相应集体组织职能的实现,都有赖于农民土地财产权的市场化实现。

我国《民法典》等法律明确将集体土地所有权和土地承包经营权、宅基地使用权、集体建设用地使用权乃至“三权分置”下的农村土地权利等农村土地财产权纳入财产权的范畴,分别设定为集体土地所有权或用益物权。既然农村土地财产权已经得到法律确认为物权化的财产权,那么农村土地财产权的实现也应当符合物权的一般原理和基本逻辑。首先,物权化的农村土地财产权具有相对独立和稳定的财产价值。我国各种类型的农村土地财产权都可以通过专业评估机构,依法进行评估定价,确定其市场价值。同时,我国各种类型的农村土地财产权的市场价值往往在一段时间内是相对稳定的,是农村土地资源自身所具备的可开发利用的客观的相对稳定的市场价值。这也就成为农村土地财产权市场化实现的客观需要。其次,物权理论和原理更是市场交往活动中逐渐形成和固定下来的财产权及其基本理论,通过市场途径实现物尽其用,正是物权理论的价值基础和逻辑意蕴。尤其是在中国特色社会主义市场经济持续发展完善的背景下,农村土地财产权的市场化实现,正是农村土地财产权物权化及其物权权益实现的应有之道。

当然,农村土地财产权市场化实现的路径选择和对策构建,必须以协调好市场与政府在农村土地财产权市场化实现中的关系为基本主线。受制于农村土地财产权的所有制属性、集体功能发挥、农民生存权保障、粮食安全等诸多因素制约,农村土地财产权市场化实现必然不会像一般物权的市场化实现那样赋予主体更多的权利内容和自由度。就此而言,农村土地财产权市场化应当是适度的市场化实现。在现代法治社会,这里的“适度”主要体现在两方面:一方面,农村土地财产权负有的“社会义务”应当由法律、行政法规明确规定,尤其是农村土地财产权制度以及农村土地财产权的市场化实现路径、准入与退出条件等。另一方面,需要建立健全相对科学、独立的农村土地监管制度,对农村土地财产权市场化实现开展适度监管。

(二)农村土地财产权市场化实现的路径依赖

农村土地财产权市场化运行是我国农村土地制度改革与发展的基本思路,也是农村市场化发展的重要组成部分。农村土地财产权市场化需要破解既有不利于市场机制发挥作用的相关体制机制,实现农村土地财产权制度创新发展。农村土地财产权市场化相关体制机制改革和制度建设,应当清晰认识和把握好如下基本逻辑和内在要求。

市场机制是促进农村土地财产权价值实现的抓手。农村土地财产权市场化是要有效运用市场机制的优势作用，促进农村土地财产权价值的充分实现。市场化成为农村土地财产权制度改革与完善的主线。农村土地财产权市场化的目标指向在于促进农村土地财产权的直接价值和间接价值的有效实现。这是农村土地财产权市场化相关体制机制改革和制度创新应当把握好的基本内核。这就要求：一是要确认和保护好农村土地财产权，实现农村土地财产权的产权清晰、权能明确。二是全面、系统理清农村土地财产权的价值究竟包括哪些。一般而言，农村土地财产权的价值存在经济价值、政治价值、文化价值、社会价值及其他价值。三是有效识别和破解不利于市场机制在农村土地资源配置中发挥决定性作用的障碍和问题，促进市场机制作用的有效发挥。

多样化是农村土地财产权市场化实现的基本方向。农村土地财产权市场化实现具有经济性、实践性等基本特性。首先，农村土地财产权市场化实现的经济性是由农村土地财产权的财产权性质、农村土地财产权客体的资源价值以及农村土地财产权实现的市场导向等因素共同决定的。受此影响，农村土地财产权市场化实现的方式、模式、目标、路径、内容等均有较强的经济性特征。在此基础上，农村土地财产权的市场化实现具有较强的实践性特征，主要体现为：一是农村土地财产权市场化实现必须引入市场机制并在此基础上真正运用市场机制，开放农村土地财产权交易的空间，由市场主体按照市场法则决定其价值。二是农村土地财产权的交易规则设计，要体现公开、公平、公正和诚实信用的要求，并要与农村土地财产权的本质属性和运行环境相适应。三是要反映和尊重农民对农村土地财产权市场交易的多元性目标和多样性需求。在坚持中国共产党领导和法治统一的前提下，各地有权根据本地实际，制定具有“地方性”特质的交易规范，创新符合当地交易习惯、兼顾制度传承和发展、着力解决地域性问题的制度。

适度性是农村土地财产权市场化实现的边界。农村土地财产权市场化实现可能面临两方面的风险和问题。一方面，农村土地财产权市场化实现需要引入市场机制，并以之为导向改革相关体制机制和制度。这就意味着市场经济固有的盲目性、滞后性、自发性等问题，也可能直接或间接传导至农村土地财产权实现过程中。另一方面，农村土地财产权的确立及其制度建设亦存在一个不断改革与完善的过程，受制于制度惯性、实践影响等因素，不仅其本身存在一些尚待攻克的技术性问题，同时也面临着市场运行可能带来的一些潜在风险。这就意味着，农村土地财产权市场化实现并非一条尽善尽美的路径。相反地，农村土地财产权市场化实现应当坚持以市场化实现为主线，同时还要加强对农村土地财产权市场化问题与风险的识别与防治。这就需要加强两方面的制度建设：一是在推进农村土地财产权市场化实现的时候，尤其是在改革与完善相关体制机制和制度的时候，应当清晰认知农村土地财产权市场化运行的限度。二是不断加强农村土地财产权监管制度建设。通过有效发挥政府这只“有形的手”的作用，提早预防、及时化解农村土地财产权市场化运行的风险和问题。

三、农村土地财产权市场化实现的现实障碍

在国家土地制度改革试点中形成的以地票制度为核心的重庆农村交易所的运行实践、以确权赋能为基础引入市场机制的成都探索、以“集地券”制度创新为依托的义乌实践、以权利市场化实现为导向的广东实践、以财产权为核心的“两换”与“三改”、农村“三变”为抓手的六盘水改革等实践做法，都属于农村土地财产权市场化实现的探索。即使在《土地管理法》第三次修正后，上述地方实践探索所发现的农村土地财产权市场化障碍仍然大量存在，制约着农村土地财产权的市场化实现。

（一）农村土地财产权的价值未得到立法确认

当前，农村土地财产权及其实现相关改革实践探索正在推进中，但农村土地财产权的价值至今仍然面临着难以得到有效实现的问题。究其原因，首当其冲的就是农村土地财产权的价值尚未得到立法明确确认。这主要体现为以下三方面：(1)农村土地财产权的表述方式存在差异且尚未进入立法。尽管中央政策已经提及农村土地财产权，并且《民法典》将集体所有权和土地承包经营权、宅基地使用权等作为所有权和用益物权的重要内容，但农村土地财产权至今仍未在现行立法中明确规定。(2)农村土地财产权的价值和功能尚未得到有效厘清。农村土地财产权是一种类称，离不开对农村土地财产权类型的具体化。立法者在设计《民法典》《土地管理法》《农村土地承包法》等立法时，并未过多考虑农村土地财产权的具体类型以及每种农村土地财产权的差异性，以至于农村土地财产权具体价值和功能并未得到清晰界分。尤其突出的是，立法乃至部分政策甚至将管理属性、社会功能、经济功能等与农村土地财产权本源性

的经济功能高度杂糅在一起，模糊设计。(3)农村土地财产权的价值实现机制尚未法定化。现阶段，我国仍然在推进农村土地“三权分置”、集体经营性建设用地入市、征收制度、宅基地制度等多方面的改革试点探索工作，尚未形成较为成熟、完善的农村土地财产权实现的法律制度和法律机制。

(二)农村土地财产权的制度体系不完善

当前，我国农村土地财产权面临着制度体系不健全，部分制度的内在结构不完善等问题。主要体现为以下方面：(1)农村土地财产权体系结构尚未真正形成。农村土地财产权具有所有——利用两个层面，在具体类型上存在多样性和差异化。这就意味着，农村土地财产权制度设计既要解决所有权的内在权能完善问题，又要解决基于利用而存在的权利种类建构，还要从逻辑上回应所有与利用之间的权源关系。然而，从现行立法看，这些问题都未能切实解决。(2)农村土地财产权作为新型财产权利尚未法定化。《民法典》是物权设立、物权变动、物权消灭的基本法律依据，农村土地财产权作为物权性质的民事权利也应当由其进行规定。我国《民法典》仅规定了农村土地财产权中的集体土地所有权、土地承包经营权、宅基地使用权、建设用地使用权等权利种类，并未将自留地、自留山的经营权、岸线土地使用权等作为独立的权利种类进行立法确认。(3)农村土地财产权主体制度建设滞后。就所有权层面而言，集体土地所有权是农村土地财产权的重要和基本类型，但我国集体土地所有权面临的主体问题是集体土地所有权第一位行使主体——农村集体经济组织存在缺位且立法跟进不够，并且，集体土地利用的主体制度仍然不够完善。尤其是农村集体经济组织立法已在中央一号文件中多次提到，但尚未纳入国家立法规划。(4)农村土地财产权具体权利种类的内容设计模糊不清。比如，关于集体建设用地使用权和宅基地使用权的规定，《民法典》第361条的内容为“集体所有的土地作为建设用地的，应当依照土地管理法等法律规定办理”，第363条的内容为“宅基地使用权的取得、行使和转让，适用土地管理法等法律和国家有关规定”。由此可以发现，虽然《民法典》确认了集体建设用地使用权和宅基地使用权的物权属性，但并未明确具体地对其内容作出规定，由此陷入了有物权之名却无物权之实。尽管此种立法设计有兼顾法律之间协调性的考量，但若从《民法典》物权编本身应有的价值和功能观之，这些物权性权利构造不清的状态，与其所昭示的“为了维护国家基本经济制度，维护社会主义市场经济秩序，明确物的归属，发挥物的效用,保护权利人的物权"这些立法宗旨就相去甚远。

(三)农村土地财产权的部分权利未进行精细化设计

农村土地财产权的法治化是农村土地财产权有效实现的前提和基础。农村土地财产权作为一项重要的民事权利,其有效保障与实现都离不开立法的精细化设计。如何有效保证和实现农村土地财产权是农村土地财产权法治化的目标指向。当前,我国部分农村土地财产权以及某些农村土地财产权中的部分权能并未得到有效落实。究其原因,主要在于决策者对农村土地财产权应有的价值和功能的发挥疑虑较多,以及农村土地财产权实现的法律规则设计不全。具体而言,农村土地财产权的部分权利未得到实现,主要体现为以下方面:(1)我国部分农村土地财产权既缺乏明确的法律依据,也缺乏有效实践的路径和措施,以致部分农村土地财产权的部分权利内容未形成有效的权利实现效果。未得到有效实现的农村土地财产权,主要包括两类:第一类是自留地、自留山使用权。对此,国家既没有制定有关自留山、自留地使用权的相关立法,也没有有力推动自留山、自留地使用权有效利用尤其是市场化实现经济价值的途径、路径。现实生活中,绝大部分地方的自留山、自留地使用权处于一种缺乏监管、监督乃至未得到有效利用的客观状态。第二类是岸线土地使用权。除规划立法可能涉及之外,我国现行农村土地立法尚未针对岸线土地使用权作出相应制度设计,这影响了岸线土地使用权及其所属河道的有效利用和绿色发展。(2)部分农村土地财产权的权利内容结构不清。例如,农村土地实行"三权分置"后,承包土地的经营权的性质、内容、功能等尚未得到明确界定,承包地上集体所有权、承包权、经营权三者关系未得以明确。再如,是否存在"三权分置"后,农户的土地承包经营权流转出经营权后,其手中剩余的权利内容到底有哪些?

(四)农村土地财产权与自然资源监管权的混同

农村土地是物权立法的重要对象,也是中国特色社会主义公有制关注的重要生产资料,涉及国家和地方经济社会的稳定和发展。农村土地首先具有的是经济价值和资源价值。其中,农村土地的经济价值需要依据立法者所设计的农村土地财产权制度,由农村土地财产权主体拥有,这是其农村土地财产权的核心方面和主要内容。当然,农村土地财产权并非绝对的所有权,要受到社会主义公有制影响以及土地资源稀缺性、社会性等因素的制约。换言之,农村土地财产权与监管权必然存在一对难以分解的关系。其中,农村土地财产权是基于农村土地价值实现而作出的综合和深入考量;自然资源监管权则是依据农村土地作为自然资源的宝贵性、稀缺性、易破坏性等因素而建构。由于农村土地上,经济价值与资源稀缺具有相对性,故而,农村土地财产权与自然资源监管权存在不同的正当性依据、价值定位、行为主体、实现进路、实现方式、实施程序、法律责任。正因此,将农村土地财产权与自然资源监管权相对分离是科学与现实权衡后的必然结果。然而,《土地管理法》第三次修正后,在内容上既包括了农村土地财产权,也包括了农村土地资源的监管权。尤其是有关农村土地财产权的部分内容,与《民法典》相关规定存在重复之嫌,同时也存在部分内容未在《民法典》中规定的情况。如何定位《土地管理法》与《民法典》的关系,实质上涉及的是农村土地财产权与自然资源监管权的关系。

(五)利益相关者对农村土地财产权实现的参与性不足

广泛参与是降低信息不对称,化解相关主体负面情绪和压力,增强制度改革活力和可预见性的重要保证。同时,公众广泛参与还是社会主义民主的重要体现。从现有相关地方探索来看,部分地方在农村土地财产权探索中注意了公众尤其是农民参与国家土地制度改革的重要性,但仍然停留在情况调研、意见反馈、社会监督等最基本层面,并未实质参与到相关农村土地财产权改革试点的制度设计进程中。同时,还有些地方在探索中,农村土地财产权实践的民主参与不够。政府主导下农村土地财产权改革试点的参与性不足主要体现为以下方面:(1)在农村土地财产权制度改革设计中,并未普遍吸收农民及其他利益相关者参与。(2)农村土地财产权制度改革涉及农民切身利益的重大事项,没有形成科学、完善的关于农民参与决策的制度、机制和程序。当前依据《村民委员会组织法》所使用的村民会议或村民代表会议、组员会议的形式,存在较大的理论不足和逻辑自洽性。(3)农村土地财产权主体尤其是农民群体表达诉求的渠道少,对改革探索的监督不足,使多维度、全方位评判改革的成果价值大打折扣。

四、农村土地财产权市场化实现的对策思考

(一)确立市场主导的思维和思路

前已述及,农村土地财产权的实现,除要革新农村土地权利本身的构造,尊重权利人的交易自由外,更重要的内容就是交易市场的建立和开放。长期以来,我国关于农

村土地财产权的交易,都是采取政府主导模式。不可否认,在市场机制发育不足、规范交易的正式规则不健全的背景下,选择政府主导模式,是有其社会控制的合理性和风险规避的正当性基础的。通过这种发展模式,推动了农村集体土地的流转,激活了土地的资产属性,实现了土地从资源向资产的转变。但是,也必须看到,这种合理性仅仅是特定时期的制度选择,并不代表长久的方向和趋势。要改变继续维持单纯政府主导,而不推动向市场主导模式转变的土地交易方式的改革的状况,建立一个在法治基础上的公平竞争的土地市场。

从改革价值判断标准来看,首先,当前政府主导的土地交易改革在表面上之所以还能维持一定的效率,就在于其中的政府管理成本和总体上的社会成本并没有完全进行核算,资源配置的低效率导致经济理性的高效性让位于行政管理的有效性。其次,政府主导模式没有将利益上的公平转化为权利上的普遍性与平等性,用基于实质理性的行政公平替代了基于形式理性的法治公平。再次,在政府主导中,有的政府工作人员脱离不了部门主义和个人主义的影响,对于政绩的追求造成土地交易任务化,导致只重视地方利益而忽视整体利益,用个人理性的适当性取代了社会理性的适当性。最后,长官意识和地方本位主义可能进一步促进了土地利益分化,对法律理性的指导下合法性的追求不足。有步骤地推进政府主导模式向市场主导模式的转变应是当前较佳的路径选择。这既可以保证政府控制土地交易改革的节奏,又为推动市场主导的改革留下空间,政府也能为下一步市场主导模式下的改革积累管理经验。但是,农村土地财产权本身的许多现有功能,同时离不开政府作用,应发挥好政府的“有形之手”的功能。

(二)农村土地财产权的精细化设计

目前,与农村土地财产权相关的法律法规较多,除《宪法》以外,主要有《民法典》《土地管理法》《农村土地承包法》《森林法》《草原法》《水法》等法律,还有数量更多的行政法规。但是,由于这些法律法规的制定横跨30多年,每部法律法规制定的时代背景差异较大,立法当时的法治观念、权利意识、立法能力等都发生了实质性改变,难以避免不同法律之间在权利结构设计上发生冲突。为此,需要顺应时代变化,优化和重构农村土地财产权的结构体系。具体而言,需要从以下几方面突破。

1. 在立法中科学设计农村土地财产权

农村土地财产权是诸多土地上物权的总称。按照课题组所采取的分类方式，农村土地财产权可分为八大类。然而，这八大类的农村土地财产权却在立法中存在一个明显现状：作为物权基本法的《民法典》却仅规定了土地的集体所有权、土地承包经营权、宅基地使用权，而林地使用权等权利则规定到了《森林法》《草原法》等其他立法中，甚至自留山使用权、自留地使用权、岸线资源使用权等权利则并未在法律中予以明确。这在很大程度上影响农村土地财产权的确立和保护。为推进农村土地财产权的市场化实现，就必须首先在立法中科学设计农村土地财产权。

建议在《民法典》物权编中明确规定农村土地财产权的具体类型，并在条件成熟时制定土地法细化农村土地财产权类型及其各自的制度体系。既然农村土地财产权属于物权理论和立法中的所有权、用益物权等物权，就应当在《民法典》这一基本立法中予以明确规定。首先，应当将农村土地财产权明确纳入《民法典》中，肯定农村土地财产权的地位。其次，将包括八大类在内的农村土地财产权分别写入《民法典》物权编的所有权分编或用益物权分编，并明确予以保护。再次，在修改《土地管理法》中将涉及土地权利制度及集体所有权制度的规定明确剥离开来，尤其是要去掉与《民法典》规定重复的内容，明确将该法变为土地监管法。最后，还需要在条件成熟时，制定《土地法》，规定农村土地财产权的权利体系。

2. 准确定位不同法律调整农村土地财产关系的功能

宪法的主要功能应当定位于对土地所有制作出规定；土地法应当成为调整土地社会关系的基本法，即从土地的自然资源属性和社会经济属性两方面规定土地的基本权利体系，其他法律应当在此基础上就某一类权利的相关问题作出特别规定，进而构建从根本大法到基本法再到单行法的法律框架。

3. 将调整土地关系的法律明确定位为土地基本法

随着市场经济特别是土地资源市场配置机制改革的迅速推进，我国调整土地社会关系的法律主要存在四大类问题：一是土地权利的法律设计越来越滞后，已不能适应我国市场经济发展对土地利用的迫切需要；二是土地资源的管理与保护，虽付出良多，但保护与管理的绩效正在日益减弱，并且常常受到责难和诟病；三是不同时期、不同机构颁行的调整土地关系的法律法规，相互之间的冲突与矛盾日渐突出；四是缺乏土地污染防治的原则性和基础性规定，造成土地污染防治与水污染防治立法、固体废弃物污染防治立法等法律之间的关系不能有机协调。因此，亟须通过立法来协调和应对这些制度设计的本源性和基础性问题。总体上讲，土地法既是一部土地权利法，又是一部自然资源法；既应当注重对土地权利及其运行的制度设计，又不能将土地权利规范与土地资源保护和管理分别进行立法调整。这不仅是由于土地的财产属性与资源属性同时蕴含于土地客体之中，更是由于将二者统一协调有利于实现法律调整目标，增强法律调整效果，同时还与发挥我国政治体制的优势相关。就此而言，如果将土地管理法修订为土地法，能够使其公法与私法规范兼具，资源与财产属性兼容。

（三）农村土地财产权市场化运行模式

农村土地财产权市场化运行需要建立起良好的运行模式。这一建设尤其需要把握好几个因素：一是把握好农村土地财产权市场化运行的本质要求和目标任务，这是农村土地财产权市场化运行模式选择和实施的关键。二是充分挖掘农村土地财产权市场化的现有运行模式，有效借鉴实践中的良好经验做法，立足实践，开展协同建设。三是要注意农村土地财产权中各种类型权利的内容及其相互之间的差异性，需要充分考虑这一差异性。四是考虑农村土地财产权与农村其他财产权实现的共性与个性差异，尤其是要考虑这两类财产权在主体、价值、目标等方面存在的共性特征。结合上述因素，立足既有农村土地财产权及其他农村产权交易的运行模式来看，重庆农村土地交易的运行模式既符合上述特点要求，又具有较之其他运行模式的突出优势，可以而且应当成为农村土地财产权运行模式的优选。

关于这种农村土地财产权运行模式的设计，主要建议包括：一是参照重庆市做法，将包括农村土地财产权在内的农村产权交易全部纳入交易平台。二是整合农村产权交易与地票交易及其他相关产权交易等平台的功能，建立同一化的农村土地交易所或农村产权交易所。三是针对不同农村土地财产权的特性尤其是法律、行政法规限制，建立统一性与差异性相协调的农村土地财产权交易规则。四是建立和完善监管体系，将农村土地财产权交易平台作为监管体系中的重要一环，完善平台监管与自律监管相结合的监管制度。五是农村土地财产权的市场化实现不应当一蹴而就，而应当逐步试点、逐步推广，协同推进市场化规则建设与风险识别、防控机制构建。从农村土地财产权构成及其各自的特性来看，第一步可将集体建设用地使用权、自留山和自留地经营权、岸线土地使用权纳入；第二步可在试点探索的基础上，将宅基地使用权、农村土地经营权、林地经营权、草地使用权予以纳入。六是坚持禁止通过市场化途径实现集体土地所有权。

（四）适度拓宽农村土地财产权交易途径

从财产权本身的交易途径看，主要包括转让、抵押、出租、入股等形式。不过，由于我国的农村土地制度承载了较为特殊的社会功能，使其在法律上选择交易途径时需要分外慎重和小心。比如，耕地使用权能否抵押，宅基地使用权能否抵押，耕地使用权和宅基地使用权能否出资入股等，不仅在理论界难以达成共识，而且在实务界也顾虑重重。从立法机关发布的关于提请审议《中华人民共和国农村土地承包法修正案（草案）》的说明来看，明确指出："鉴于实践中抵押担保融资的情况复杂，操作方式多样，加之各方面对土地经营权的性质认识分歧较大，草案使用了'融资担保'的概念，包含了抵押和质押等多种情形，既解决农民向金融机构融资缺少有效担保物的问题，又保持了与担保法等法律规定的一致性。"最后通过的《农村土地承包法》第 47 条规定，承包方可以用承包地的土地经营权向金融机构融资担保，并向发包方备案。受让方通过流转取得的土地经营权，经承包方书面同意并向发包方备案，可以向金融机构融资担保。立法机关的态度直接表明了单纯按照传统物权理念和精神设计融资担保制度面临现实困境，故转而选择一个存有较大解释空间的术语进行突围。这种选择是否科学，潜在法律风险是否能有效控制，尚待立法机关进一步审议和决定。可以预期的是，无论立法做怎样的制度安排，都不能抵挡农村土地财产权市场化实现的趋势。为此，建议将转让、抵押、出租、入股均作为农村土地财产权市场化实现形式，并通过相应的限制性规定实现既定立法目标。

（五）完善农村集体经济组织法人治理结构

《民法典》明确将农村集体经济组织、村民委员会纳入特别法人范畴体系，为农村集体经济组织从事集体资产管理和经营奠定了重要制度基础。毫无疑问，此处的农村集体经济组织是以土地的集体所有制为基础，以乡村区域为范围，以管理土地和集体财产、组织本集体成员共同开展大规模的生产经营活动和提供其他社会经济服务的集体性经济组织。2016 年 11 月 4 日，中共中央、国务院出台的《关于完善产权保护制度依法保护产权的意见》中明确提出"将平等保护作为规范财产关系的基本原则"，因此，确立集体经济组织法人资格,正是对这一原则的具体落实,有效解决了农村集体经济组织在民事活动中的法律地位不明问题。但是,必须认识到,法律虽然确认了集体经济组织可以"依法"取得法人资格,但这并不意味着只要存在集体经济组织就当然取得法人资格,更是强调了集体经济组织完善法人治理结构的必要性和重要性,因为只有健全的法人治理结构才能促进农村集体经济组织健康发展,才能胜任经营管理集体资产的能力。

(六)构建农村土地财产权的监管体系

推动政府主导向市场主导模式转轨,并非要否认或弱化政府的作用;相反,是要合理界定政府与市场的不同作用空间和作用方式。单纯就土地的自然资源属性来讲,基于这一属性所产生的法益,就不能被土地的所有权人独享,理所当然应当归属于公共利益的范畴。也正是其公共利益属性决定了政府干预和监管的正当性基础。同时,有必要建立和开放正式的交易市场,并辅之以完善的交易规范控制。从各地的改革实践情况看,重庆建立的农村土地交易所确是市场化实现的一种有益探索。在此框架下,农村土地财产权基于一些特殊性而需要在市场化实现路径基础上,搭建自治、法治、德治互动的监管体系。这些特殊因素主要包括农村土地的集体所有制、耕地保护和粮食安全、农民基本土地权益保护。在此前提下,农村土地财产权监管制度的建设,应当坚持党委领导、政府负责,积极引入社会治理、社会协同、社会共治等治理理念,吸收公众参与,加强法治保障,打造共建共治共享的、集政府监管、社会监督、群众自治的农村土地财产权监管制度。在农村土地财产权监管制度内容的建设方面,应当分别从政府监管、社会监督、群众自治三大方面,从参与主体、职权职责、规范程序、法律责任、协同保障等多方面进行监管制度建设。

三权分置改革的司法因应：如何认定小产权房买卖合同效力

——基于中国裁判文书网300份样本的实证分析

陈一然*

目　次

虽然国家政策明令禁止小产权房[1]的开发与买卖,但小产权房仍然产销两旺并导致了大量民事纠纷的产生。根据中国裁判文书网的数据统计,2011年1月1日至2019年5月31日因小产权房产生的民事纠纷案件总数为11,248件,由其衍生的最常见的合同类纠纷案件数为7842件,占案件总数的70%。且合同类纠纷案件分布于全国30个省、自治区、直辖市,案件数量逐年上升,案件上诉率高达46%,部分案件两审

* 四川省广安市岳池县人民法院法官助理。

〔1〕 本文所讨论的小产权房,指的是在农村集体所有的土地上建设的,未办理相关证件,未缴纳土地出让金等费用,面向社会公开进行销售的房屋,其不能获得国家建设部门颁发的房屋所有权证。

终审后又再审,[1]当事人多次反复诉讼,向更高一级的法院寻求解决之道。在司法实践中,小产权房买卖合同纠纷中首要的难题便是如何认定此类合同的效力,不同的法院裁判结果迥异,成为司法实务中的一大难点。农村宅基地“三权分置”改革以及放活宅基地使用权改革,会对此类案件的裁判产生何种影响?或者说,司法裁判如何应对农村土地制度改革?本文试图通过对中国裁判文书网上300份小产权房买卖合同纠纷民事判决书的样本分析,探究宅基地三权分置改革背景下小产权房买卖合同效力认定的裁判思路,为优化乡村营商环境投石问路。

一、现状检视:小产权房买卖合同效力认定之司法状况

为了更加真实、全面、客观地反映合同效力认定的裁判规则,笔者剔除与本文数据分析关联不大的案例,兼顾不同地区不同审级有针对性地取样了300份民事判决书。[2] 通过对300份样本的梳理发现,264份认定为无效,占所取样本的88%;36份认定为有效,占所取样本的12%(如图1)。由此可见,在小产权房买卖合同效力认定的态度上,法院的主流观点是否定说,但同时也存在肯定说的案例。疑问在于,认定小产权房买卖合同无效或有效的裁判理由及依据是什么?

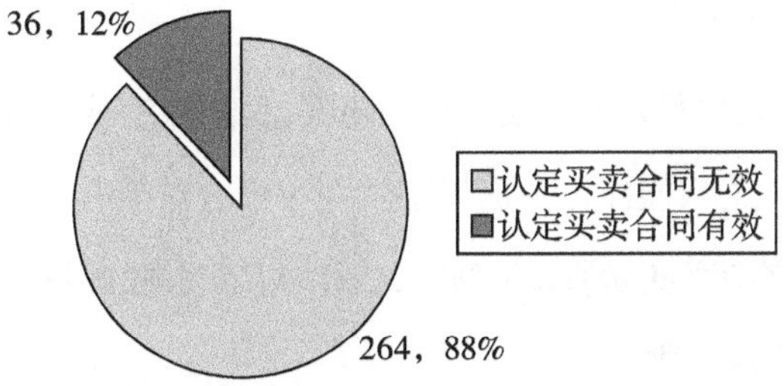

图1　认定小产权房买卖合同无效或有效的比例

(一)认定无效的裁判理由及依据

通过对264份认定小产权房买卖合同无效案件的梳理,笔者将认定无效的理由分为两大类:一是违反法律、行政法规强制性规定;二是损害社会公共利益。各理由占比详见图2。

[1] 数据来源:中国裁判文书网检索关键词:小产权房,案由选择:合同纠纷,一审案件为5177件,二审案件为2379件,当事人申请再审的案件为91件。

[2] 数据来源:在中国裁判文书网检索关键词:小产权房或宅基地,案由选择:合同纠纷。检索期间:2011年1月1日~2019年5月31日。

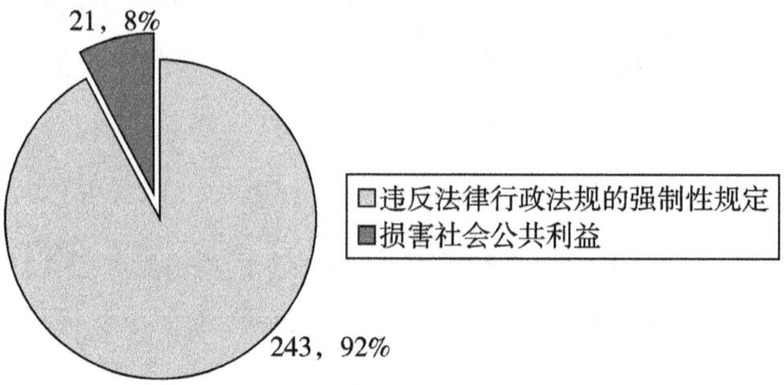

图2 认定无效的各裁判理由比例

以上两大类认定无效的司法案例细化有三个交叉的关键点：

1. 违反房地一体原则

在刘某与随州市文发建材有限公司确认合同无效纠纷案、吴某与黄某农村房屋买卖合同纠纷案、彭某甲与彭某乙房屋买卖合同纠纷案中，判决认为，小产权房屋买卖涉及相应的集体土地使用权是否转让的问题，而农村集体土地使用权不能转让。双方签订的买卖协议因“违反法律、行政法规的强制性规定”或“损害社会公共利益”而无效。[1]

2. 违反一户一宅原则

在陈某甲与陈某乙农村房屋买卖合同纠纷案、程某与王某确认合同无效纠纷案中，判决认为，农村村民一户只能拥有一处宅基地，买方已合法拥有一处宅基地，不能再次进行购买。因此，双方签订的买卖协议因“违反法律、行政法规的强制性规定”而无效。[2]

3. 违反身份性限制原则

在李某与王某甲、宋某、王某乙确认合同无效纠纷案，董某与阎某房屋买卖合同纠纷案、李某与王某丙确认合同无效纠纷案中，判决认为，建在农村集体土地上的房屋不应转移给本集体经济组织以外的其他成员。双方签订的买卖协议因“违反法律、行政法规的强制性规定”或“损害了其所维护的社会公共利益”而无效。[3]

---

〔1〕 湖北省随州市中级人民法院民事判决书，(2018)鄂13民终96号；湖北省恩施市人民法院民事判决书，(2015)鄂恩施民初字第02987号；江西省萍乡市安源区人民法院民事判决书，(2017)赣0302民初168号。

〔2〕 浙江省慈溪市人民法院民事判决书，(2013)甬慈逍民初字第131号；浙江省遂昌县人民法院民事判决书，(2016)浙1123民初2678号。

〔3〕 山东省莱芜市中级人民法院民事判决书，(2017)鲁12民终118号；山东省菏泽市中级人民法院民事判决书，(2015)菏民一终字第317号；山东省莱芜市中级人民法院民事判决书，(2017)鲁12民终118号。

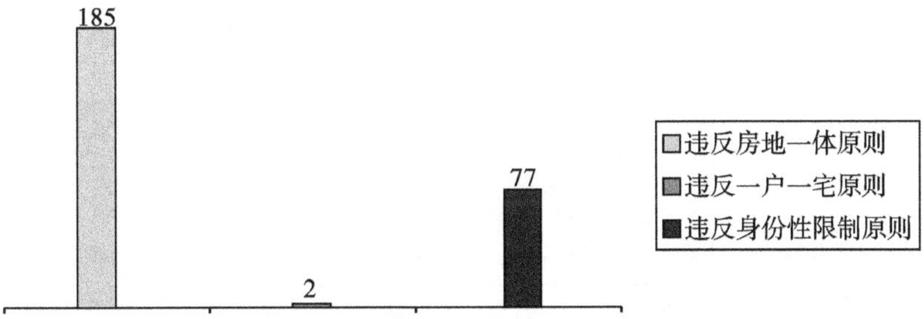

图3　无效裁判理由的交叉点被援引次数

司法裁判在说明违反哪些法律规定时,一般会引用如下法条(详见表1)。

表1　无效认定引用的法律规定

名称	法条依据
原《物权法》	第153条
《土地管理法》(2004年修正)	第43条、第62条、第63条
原《合同法》	第50条第4项、第5项
原《民法通则》	第6条

(二)认定有效的裁判理由及依据

通过对36份认定小产权房买卖合同有效案件的梳理,笔者将其裁判的理由分为以下两大类:一是不违反法律、行政法规禁止性规定;二是未损害社会公共利益。各理由占比详见图4。

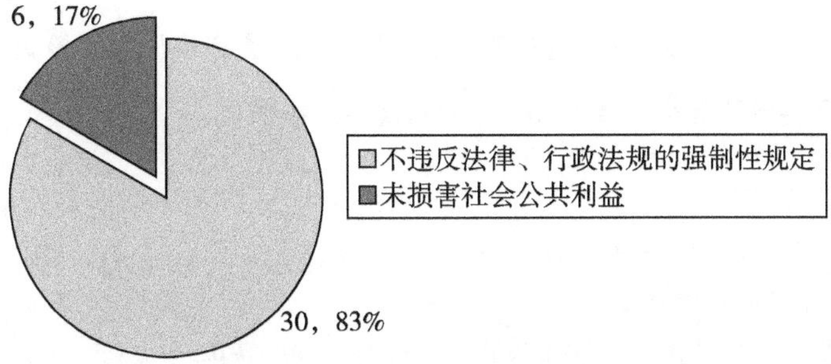

图4　认定有效的各裁判理由比例

以上两大类有效认定的司法案例细化有以下七个交叉点。有效判决理由的交叉点被援引次数详见图5。

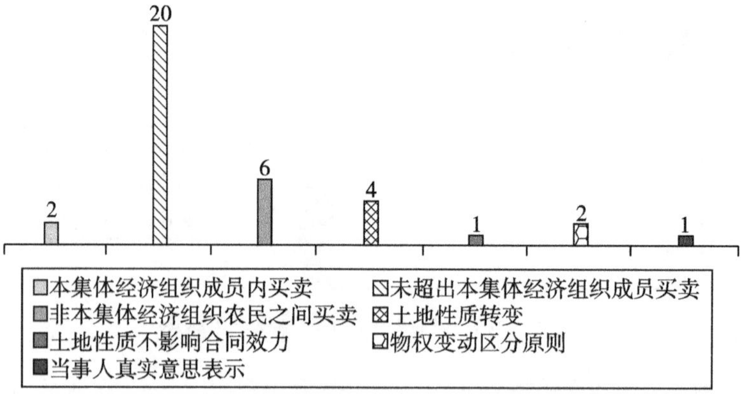

图5　有效裁判理由的交叉点被援引次数

1. 本集体经济组织成员内买卖

在赵某甲与赵某乙房屋买卖合同纠纷案，潘某、陈某与林某确认合同效力纠纷案中，判决认为，买卖双方系同一集体经济组织成员，因此双方签订的房屋买卖协议“不违反法律、行政法规禁止性规定”，应为有效。[1]

2. 未超出本集体经济组织成员买卖

（1）诉争房屋最终受让给本集体经济组织成员

在郭某与郝某、宋某、曲某房屋买卖合同纠纷案，邢某与甄某房屋买卖合同纠纷案，李某等与刘某房屋买卖合同纠纷案中，判决认为，买方购入有争议的房屋后又将其转让给房屋所在地的集体经济组织成员，买卖合同应为有效合同。[2]

（2）买方购房后成为本集体经济组织成员

在郭某与赵某、黄某农村房屋买卖合同纠纷案，李某与刘某农村房屋买卖合同纠纷案，揭某与李某、枝江市仙女镇仙女村民委员会农村房屋买卖合同纠纷案等案中，判决认为，买方户口已迁到涉案房屋所在村，属于该村村民或买方买房后取得该集体经济组织成员身份，或村委会已明确表示接受其为本集体经济组织成员，买卖协议应认定为有效。[3]

---

〔1〕 山东省枣庄市中级人民法院民事判决书，(2018)鲁04民终1号；浙江省台州市中级人民法院民事判决书，(2012)浙台商终字第615号。

〔2〕 北京市第三中级人民法院民事判决书，(2015)三中民终字第02969号；北京市第一中级人民法院民事判决书，(2015)一中民终字第4027号；山东省荣成市人民法院民事判决书，(2014)荣民初字第708号。

〔3〕 苏州市中级人民法院民事判决书，(2014)苏中民终字第04184号；陕西省安康市中级人民法院民事判决书，(2015)安中民二终字第00224号；湖北省宜昌市中级人民法院民事判决书，(2015)鄂宜昌中民二终字第00057号。

(3)买方系本集体经济组织成员且居住于诉争房屋

在王某与赵某房屋买卖合同纠纷案,郑某与吴某确认合同无效纠纷案,乔某、胡某与吴某房屋买卖合同纠纷案中,判决认为,虽然买方现不是本集体经济组织成员或者非农业户口,但最初是本集体经济组织成员,其配偶或儿女仍然是本集体经济组织成员,购买房屋是为家庭成员共同居住使用,该情形并未超出本集体经济组织范围交易,买卖合同"未损害社会公共利益",应认定为有效。[1]

3. 非本集体经济组织农民之间买卖

(1)双方不是本集体经济组织成员

在张某与杨某房屋买卖合同纠纷案中,判决认为,卖方不是涉案房屋所在地集体经济组织成员,其已获得该房屋的所有权,其将该房屋又出售给其他集体经济组织成员,双方均非房屋所在地集体经济组织成员,但系同一城镇农民,双方签订的房屋买卖协议"不违反法律、行政法规的强制性规定",应认定为有效。[2]

(2)买方不是本集体经济组织成员

在李某与傅某等房屋买卖合同纠纷案,莫某与黄某、邓某确认合同无效纠纷案,徐某与梁某、赵某房屋买卖合同纠纷案中,判决认为,买卖双方虽然不是同一集体经济组织成员,但买方仍是农村村民,其目的是自住或者已经征得房屋所在地集体经济组织同意,买卖协议"不违反法律、行政法规的禁止性规定",应认定为有效。[3]

(3)卖方不是本集体经济组织成员

在许某与陈某、戴某房屋买卖合同纠纷案,董某与王某农村房屋买卖合同纠纷案,佟某与李某农村房屋买卖合同纠纷案中,卖方不是本集体经济组织成员,或者卖方现在已经成为非农业户口,不再具有身份属性或者不在该村生产、生活和居住。判决认为,农村集体经济组织成员不得将本集体经济组织成员享有的宅基地使用权转让给非

---

〔1〕 东省泰安市中级人民法院民事判决书,(2015)泰民一终字第580号;河南省洛阳市中级人民法院民事判决书,(2015)洛民终字第1307号;江苏省徐州市中级人民法院民事判决书,(2015)徐民终字第00310号。

〔2〕 新疆维吾尔自治区乌鲁木齐中级人民法院民事判决书,(2015)乌中民四终字第702号民事判决书。

〔3〕 湖南省湘潭市中级人民法院民事判决书,(2011)潭中民一终字第210号;重庆市永川区人民法院民事判决书,(2014)永法民初字第06263号;沈阳市中级人民法院民事判决书,(2015)沈中民六终字第150号。

集体经济组织成员，当事人双方签订的买卖合同并不完全与该项法律规定的情形相符，应认定为有效。[1]

4. 土地性质转变

在肖某与周某房屋买卖合同纠纷案，朱某与宋某房屋买卖合同纠纷案，周某、温某与唐某农村房屋买卖合同纠纷案中，判决认为，诉争房屋的土地性质已“由集体所有转变为国家所有”，不影响交易行为或者合同无效事由已不复存在，应认定买卖合同有效。[2]

5. 土地性质不影响合同效力

在薄某与慕某、宋某房屋买卖合同纠纷案中，判决认为，涉案房屋的土地性质无法确定是集体土地还是国有土地。因此，不宜依据土地性质来确定合同效力。该合同系双方真实意思表示，应认定为有效。[3]

6. 物权变动区分原则

在祁某与樊某农村房屋买卖合同纠纷案、王某与裴某确认合同纠纷案中，判决认为，虽然涉案房屋不能办理转移登记或者房屋产权归属没有明确规定，但是，房屋是否已经办理转移登记或者产权的所有权是否明确，关系不动产物权转让是否发生效力，并不能影响不动产物权转让的债权行为效力。因此，双方签订买卖协议应认定为有效。[4]

7. 当事人真实意思表示

在孙某与方正县方正镇八名村村民委员会房屋买卖合同纠纷案中，判决认为，双方签订的购房协议是买卖双方真实意思表示，且双方签订协议之时已明确房屋办理的

[1] 浙江省宁波市中级人民法院民事判决书，(2014)浙甬民二终字第840号；山东省威海市中级人民法院民事判决书，(2015)威民一终字第116号；北京市第二中级人民法院民事判决书，(2015)二中民终字第02108号。

[2] 湖北省武汉市硚口区人民法院民事判决书，(2017)鄂0104民初2353号；浙江省金华市中级人民法院民事判决书，(2015)浙金民终字第755号；重庆市第五中级人民法院民事判决书，(2014)渝五中法民终字第05731号。

[3] 河南省中牟县人民法院民事判决书，(2018)豫0122民初1981号。

[4] 江苏省丹阳市人民法院民事判决书，(2014)丹导民初字第158号；内蒙古自治区呼和浩特市新城区人民法院民事判决书，(2015)新民五初字第00301号。

是集体土地房屋产权手续,而非卖方按商品房出售,不存在欺诈的问题,应认定合同有效。[1]

二、拨开迷雾:司法现状之原因探析

通过上述类型化分析,在当前司法实践中,对小产权房买卖合同的效力以无效认定为主,有效认定为辅,两者裁判理由与依据各不相同,为什么司法裁判立场不统一?原因为何?

(一)曲解法律、行政法规的强制性规定

黑格尔在《法哲学原理》中说法律规定得愈明确,其条文就愈容易切实地试行。在司法实践中,大多数判决都引用原《合同法》第52条第5项来否认小产权房买卖合同的有效性。然而该条款只是一个引致规范,究竟指向的强制性法律法规为何,其规定是否明确?笔者认为,"小产权房"一词从未出现在我国的法律中,对其没有明确的规定,仅能从其他法律中间接揣测立法者的态度,而现行法律条文不能形成逻辑规则来禁止小产权房的买卖,因此给司法裁判带来了困惑。

本文的第一部分已表明,法院在认定小产权买卖纠纷案件无效的情况时,大多数会引用原《物权法》第153条,《土地管理法》(2004年修正)第43条、第62条、第63条以及原《民法通则》第6条的规定进行裁判论证。但是,《土地管理法》(2004年修正)第43条仅指明村民可以申请使用集体土地建设住宅,并未提及集体土地使用权是否可以转让,且2019年8月修订的《土地管理法》已经删除了第43条关于"任何单位和个人进行建设,需要使用土地,必须使用国有土地"的规定,允许集体经营性建设用地在符合规划、依法登记,并经本集体经济组织2/3以上成员或者村民代表同意的条件下,通过出让、出租等方式交由集体经济组织以外的单位或者个人直接使用。同时,使用者取得集体经营性建设用地使用权后还可以转让、互换或者抵押。《土地管理法》第62条规定农村村民应当通过何种程序初始获得宅基地使用权的规定,没有禁止村民与非本集体经济组织成员买卖房屋;第63条规定的是农村集体土地不得用于非农业建设,对于本来就是用于非农建设的土地使用权能否转让并没有作出规定。因此,《土地

[1] 黑龙江省哈尔滨市中级人民法院民事判决书,(2015)哈民二民终字第584号。

管理法》第43条、第62条和第63条均不符合《合同法》第52条第5项中所述的“违反法律、行政法规的强制性规定”，故不能将其作为认定小产权房买卖合同无效的法律依据。

原《物权法》第153条是一条衔接性规定，本身没有效力性的强制或者禁止性规定。原《民法总则》第10条规定“处理民事纠纷，应当依照法律；法律没有规定的，可以适用习惯……”原《合同法》第7条规定“当事人订立、履行合同应当遵守法律、行政法规，尊重社会公德……”原《合同法》第52条规定合同无效的五种事项中，也不包括“违反国家政策”这一项。因此《民法通则》第6条“民事活动……应当遵守国家政策”的规定早已被取而代之。

（二）过度滑入社会公共利益

在司法实践中，还有部分判决引用原《合同法》第52条第4项的规定来否认小产权房买卖合同的有效性。但是，笔者认为，此款中的“社会公共利益”属于概括性条款，具有开放性的天然属性，属于抽象概念，容易被扩大化解释。因此必须在裁判时对其进行价值判断与补充，才能发挥其规范功能。然而法官在每一个案件的裁量过程中，法官的个体差异都有可能引发自由裁量的差异，对社会公共利益的理解也不尽相同，该条款有可能成为法官恣意否定合同效力的工具，导致裁判立场的不统一。

关于如何适用损害社会公共利益的条款，司法实践中的处理方式有，即在法律、行政法规中没有明确规定，但部委规章、地方性法规中有禁止性规定，如果法院在裁判时欲施行部委规章、地方性法规之规定，通常以“损害社会公共利益”来否认合同效力。[1] 小产权房买卖合同效力的认定，就属于这种情形，过度滑入社会公共利益。小产权房买卖合同究竟如何以及何种程度上损害了社会公共利益，裁判时需要详细的论证，这是适用该规定的前提条件；若欠缺该论证，就与法律适用的规范相悖。换言之，由于小产权房大多数是修建在农村宅基地上的，宅基地使用权流转是否会损害农村集体组织成员对房屋及宅基地的处分权，在司法实践中本来就各执己见，以一个未统一的问题作为损害社会公共利益的逻辑起点，笔者对其妥适性存疑，而在物权与债权区分的原则下，小产权房买卖合同自身不会直接造成物权的变动，以其“损害社会公共利

---

〔1〕 例如，《山东省高级人民法院2008年民事审判工作会议纪要》指出，关于房地产合同效力的认定问题，人民法院只能依据法律和行政法规来认定合同效力，而不能直接援引地方性法规和行政规章作为依据，但可以根据《合同法》第52条第4项的规定，以损害社会公共利益为由确认合同无效。

益”而认定无效明显不妥。

三、客观推力:宅基地三权分置改革呼唤司法回应

(一)社会保障功能弱化

在过去的40年里,农村的经济在结构上产生了质的变化,在耕地禀赋劣势下,城郊农村青壮年大量外出就业,形成了“空心村”现象。在工资性收入居于支配位置、农业发展方式改变等情形下,农民对农村集体土地的依赖性日益降低,宅基地作为保障农民生存、居住基础的功能日渐削弱,逐渐被替代。

(二)经济价值权能凸显

在国家政策禁止性规定与追求宅基地经济价值利用的冲突下,宅基地买卖、以租代卖等现象大量存在,农村宅基地买卖引起的纠纷持续上升,特别是所谓的小产权房纠纷,层出不穷。有数据显示:“有42.9%的村庄存在宅基地使用权买卖的情况,城郊农村更是以高达70%的数据呈现宅基地使用权流转的生命力”。[1] 除此之外,城市商业用地成本高,数量紧张,伴随城镇一体化的发展以及国家乡村振兴战略的实施,企业对农村建设用地的需求量日趋增加,而在国家提倡优化土地资源配置,特别是土地“占补平衡”制度下,唤醒土地“沉睡”资源,开发宅基地的经济发展潜力,变得特别重要。

(三)国家政策提供方向

2013年11月,党的十八届三中全会提供了农村土地改革方向,正式开启了宅基地使用权流转的改革。2015年1月,中共中央办公厅、国务院办公厅印发《关于农村土地征收、集体经营性建设用地入市、宅基地制度改革试点工作的意见》,提出改革和完善农村宅基地制度的若干措施。2015年2月,第十二届全国人大常委会第十三次会议授权在北京市大兴区等33个县(市、区),从2015年2月到2017年年底(后两次延期至2019年年底)开展宅基地改革试点工作。2018年2月,中央一号文件《中共中央　国务院关于实施乡村振兴战略的意见》明确提出,在系统总结宅基地制度改革试点地区工作经验的基础上,逐渐扩大试点地区,探索宅基地三权分置,适度放活宅基地使用权。2019年1月,中央一号文件《中共中央　国务院关于坚持农业农村优先发展做好

---

[1] 王崇敏:《论我国宅基地使用权制度的现代化构造》,载《法商研究》2014年第2期。

“三农”工作的若干意见》继续深化农村宅基地制度变革。以上政策充分表现出国家朝盘活宅基地储量、开发宅基地经济价值、加快推进城乡统一建设用地市场的目标奋进，力争消除宅基地流转的制度困局、重新构建宅基地权利体系、增强宅基地使用权中的经济价值利用，实现乡村振兴。面对这一变化形式，司法裁判不能墨守成规，需科学回应。

四、辨证施治：司法裁判应对改革之路径设计

（一）总体理念：回归初衷，遵循法律原则

如本文第二部分所述，现行法律、行政法规并没有明确禁止转让宅基地使用权，其实明确禁止宅基地流转的是一些规范性文件。[1] 北京市高级人民法院发布的《农村私有房屋买卖纠纷合同效力认定及处理原则研讨会会议纪要》虽然明确禁止宅基地使用权流转，但该纪要并不是司法解释。《第八次全国法院民商事审判工作会议（民事部分）纪要》（2016年11月21日）明确规定，宅基地流转合同是否有效要分类判断，查明其是否属于国家规定的试点地区。在非试点地区，宅基地使用权向本集体经济组织成员之外的他人转让的行为仍为无效，但该纪要仅属于指导性规范意见，不具有法律效力。在司法实务中仅用于指导法官裁判同类案件，统一裁判尺度，没有强制适用性。由此可见，我国司法裁判中认为宅基地使用权仅能在本集体经济组织成员内转让的大众观点，只是司法实践中自发形成的隐性制度决定，并不能构成法律上的正当性。[2]

有学者提出宅基地既保证农民居有定所，也为实现耕地功能服务。一旦认定小产权房买卖合同无效，不但动摇了明令禁止小产权房买卖的国家政策的公信力，还将增加对耕地的消耗。笔者认为，坚守18亿亩耕地红线对中国的粮食安全意义非凡，但应

---

〔1〕 例如，国务院办公厅《关于加强土地转让管理严禁炒卖土地的通知》（国办发〔1999〕39号）第2条规定，加强对农民集体土地的转让管理，严禁非法占用农民集体土地进行房地产开发；农民集体土地使用权不得出让、转让或出租用于非农业建设；农民的住宅不得向城市居民出售，也不得批准城市居民占用农民集体土地建住宅，有关部门不得为违法建造和购买的住宅发放土地使用证和房产证；国务院办公厅《关于严格执行有关农村集体建设用地法律和政策的通知》（国办发〔2007〕71号）规定，农村住宅用地只能分配给本村村民，城镇居民不得到农村购买宅基地、农民住宅或“小产权房”。

〔2〕 杨在会：《宅基地“三权分置”：裁判审视、理论阐释与法权构造》，载《宜宾学院学报》2018年第9期。

该认识到,小产权房大多数是建立在宅基地上的,而非占用耕地的典型。从宅基地使用权流转的内在动因以及宅基地三权分置改革的政策导向看,放宽宅基地使用权的流转已经是大势所趋。既然法律、行政法规没有明确限制宅基地使用权的流转,我们首先应从合同成立的一般要件及法律的基本原则对小产权房买卖合同的效力进行考量。

(二)具体路径:规范有效及无效认定的情形

对于小产权房,我们不必一味否定其存在价值,也不应过度支持其发展,应该辩证地去对待。关于其买卖合同效力的认定,笔者认为司法实践中应适用以下裁判路径。

1. 最大限度地认定小产权买卖合同有效

基于物权变动区分原则以及契约自由原则,从合同有效的一般要件来考察,尊重当事人意思自治,只要小产权房买卖合同的签订系双方当事人真实意思表示且双方具有民事行为能力,即可认定为有效,法官在裁判时也应当维护契约自由,尽量认定该合同有效,不能将债权行为与物权行为混同。

在实践中:本文第一部分类型化分析中举出的祁某与樊某农村房屋买卖合同纠纷案、王某与裴某确认合同纠纷案中,法院在裁判时遵循了当事人的意思自治,将债权行为与物权行为作了区分。

2. 如果小产权房买卖合同损害了社会公共利益,则应当认定为无效。但这里的社会公共利益应当明确,而不是由法官恣意论证。笔者认为,认定为无效的小产权房买卖合同应为下述两种情形。

(1)非法占用农用地修建的小产权房买卖合同。我国的立国之本是农业。对于农用地变为建设用地,法律是严格禁止的,并采取了特殊手段来保护耕地。保护社会公共利益的底线就是不触及 18 亿亩耕地红线。非法占用农用地,不但有损社会公共利益,也会使国家粮食安全遭遇危机。关于这一类非法修建的小产权房,其买卖合同应被认定为无效。

(2)违反土地建设规划修建的小产权房买卖合同。虽然小产权房不是在农用地、非建设用地上修建的,却与土地总体建设规划中的部分内容背离,擅自把乡镇企业和工业建设用地修建成住宅,以便获得更多的经济利益,这一类小产权房买卖合同,应认定为无效。

五、结语

随着宅基地三权分置改革的推进,构建农村宅基地使用权流转制度是大势所趋。作为大多数小产权房之土地使用权基础的宅基地使用权如何转让,其转让的效力如何,司法裁判也应作出因应设计。通过实证分析,笔者认为,为了社会经济的发展,应当在不触碰耕地红线、不影响土地总体建设规划的情形下,认定小产权房买卖合同有效。同时,呼吁结合试点地区的成功经验完善宅基地制度,将宅基地资格权承载社会保障功能,发挥宅基地使用权的财产功能,使企业能够对大量闲置宅基地进行商业利用,盘活农村经济,增加地方收入,最终实现乡村振兴。

土地制度改革背景下集体经营性建设用地入市改革探析

——兼论《土地管理法》第63条*

黄 莹**

目 次

一、背景:改革农村土地制度

土地制度属于国家的基础性制度的重要组成,承载着国家调控国民经济的重要功

---

* 基金项目:2013年度重庆市社会科学规划培育项目"农村集体经营性建设用地入市交易的法治保障研究"(2013PYFX07)、2018年度重庆市社会科学规划培育项目"'僵尸企业'市场退出法律问题研究"(2018PY97)、司法部国家法治与法学理论研究项目"承包地'三权分置'的目标纠偏与实现理路"(18SFB3042)、西南政法大学2020年度毓秀青年学者学术创新团队项目(2020XJTD-01)。

** 西南大学社会政策与法律研究中心助理研究员。

能。《土地管理法》所确立的土地管理基本制度，在维护农民土地权益、保障工业化城镇化的快速发展等方面发挥了重要作用。《土地管理法》从产生时起就符合我国国情，是一部关系整个国家经济社会发展安全的重要法律。自1949年新中国成立以来，我国农村土地制度共经历了三次重大变迁：第一次是新中国成立初期的农民土地所有制转变为过渡时期的集体公社经营的农村土地制度；第二次是自1978年改革开放以后，农村土地经营权从所有权中分离出来，而形成了家庭联产承包责任制并逐渐衍生为家庭农场、土地股份合作社等多种规模经营的模式；第三次是党的十八大以来，农村土地制度实行“三权分置”改革，“三权分置”改革使各层面农民主体的土地权益得到了更加充分的保障和实现。随着改革向纵深发展，现行的农村土地制度与经济社会发展不相适应的问题逐渐凸显，而这些突出问题集中表现在以下几个方面：第一，征地引发的社会矛盾越积越多；第二，农村集体土地权益保障不充分日益凸显，农村集体经营性建设用地不能与国有建设用地处于同等地位；第三，土地增值收益分配机制不健全，兼顾国家、集体、个人之间利益不够等。在上述问题中，特别是在土地制度改革过程中，农村集体经营性建设用地入市的问题是大家关注的焦点问题，是三项土地制度改革之一，也一直是学界研究的热点问题。《土地管理法》(2019年修正)最新修改中的35个修改点，其中就包括涉及农村集体经营性建设用地入市的《土地管理法》(2019年修正)第63条。

二、集体经营性建设用地入市改革在《土地管理法》(2019年修正)第63条中的体现

《土地管理法》是中国改革开放以后土地管理领域的第一部综合性法律，随着市场经济的兴起和土地制度的不断革新，此前该法也经历了三轮重要修改。在改革开放的初始阶段，随着生产力的不断发展，中国出现了一系列的现象，比如因企业迅速发展和城镇迅速扩张，对土地的需求呈现爆发式的增长，但同时带来了一系列的问题，如农用地过快流失、土地资源严重浪费等。到1986年改革开放中期，为了落实“十分珍惜和合理利用每一块土地”的要求，《土地管理法》应运而生，中国的国土资源从此进入了“依法、统一”的管理轨道上。1988年该法第一次修改，这次修改的内容实质上是对当时全国人大通过的《宪法修正案》的具体条款的有效落实，土地有偿使用制度此时正式

确立,该次修法使土地所有权、使用权两权分立,建立使用权交易市场,预示着中国的土地改革向着市场经济发展。10 年后的 1998 年,《土地管理法》进行了第二次修改,而这次的修改力度较大,确立了以耕地保护为核心的土地用途管制制度,修法内容较第一次修法更加全面,开启了土地利用管理方式的重大改革。在“98 房改”[1]后,中国的住房需求迅速得到释放,有力地推动了房地产市场的扩张,全国各地出现了征地的浪潮。因为当时的《土地管理法》在征地补偿制度上对征地补偿作出了明确的倍数限制,所以在实践中引发的社会冲突激增。针对实践中出现的大量问题,《土地管理法》在 2004 年进行了第三次修改。到了 2019 年,全国人大常委会表决通过新一轮《土地管理法》,有关破除农村集体经营性建设用地入市的法律障碍被视为本次修法的最大创新之处。《土地管理法》(2004 年修正)规定,禁止农村集体经济组织以外的单位或个人直接使用集体建设用地(因破产、兼并等情形致使土地使用权依法发生转移的除外),只有将集体建设用地征收为国有土地后,该宗土地才可以出让。[2] 这一规定使农民的土地财产权益受到侵害,导致产生较多的农村土地资源闲置情况,特别是在城市与农村结合的地区,或者城中村、城边村地区,大量的集体建设用地非法进入市场,直接挑战法律权威。《土地管理法》(2019 年修正)将关于“任何单位和个人进行建设,需要使用土地,必须依法申请使用国有土地”[3]的规定删除;同时修改了第 63 条的内容,允许集体经营性建设用地在符合规划、依法登记,并经本集体经济组织 2/3 以上成员或者村民代表同意的条件下,通过出让、出租等方式交由集体经济组织以外的单位或者个人直接使用。而土地使用者取得集体经营性建设用地使用权后,还可以转让、互换、

---

[1] 1998 年《国务院关于进一步深化城镇住房制度改革加快住房建设的通知》规定,稳步推进住房商品化、社会化,逐步建立适应社会主义市场经济体制和我国国情的城镇住房新制度;加快住房建设,促使住宅业成为新的经济增长点,不断满足城镇居民日益增长的住房需求。

[2] 《土地管理法》(2004 年修正)第 63 条规定:“农民集体所有的土地的使用权不得出让、转让或者出租用于非农业建设;但是,符合土地利用总体规划并依法取得建设用地的企业,因破产、兼并等情形致使土地使用权依法发生转移的除外。”

[3] 《土地管理法》(2004 年修正)第 43 条第 1 款规定:“任何单位和个人进行建设,需要使用土地的,必须依法申请使用国有土地;但是,兴办乡镇企业和村民建设住宅经依法批准使用本集体经济组织农民集体所有的土地的,或者乡(镇)村公共设施和公益事业建设经依法批准使用农民集体所有的土地的除外。”

出资、赠与或者抵押。[1] 对《土地管理法》第63条的修改是建立在30多年来三轮重要的修法实践基础之上进行的重大制度突破，这打破了传统的城乡二元结构观念。而且，这一重大创新突破也对将来我国从事土地领域的重大改革具有重要的指导意义，比如，建立房地产的长效调控机制、摆脱土地等自然资源的困境、降低综合用地成本等。2020年1月新法实施后，针对集体经营性建设用地入市的范围、条件、程序和管制规则等问题，国务院出台具体的行政法规予以进一步明确。[2] 因此，农村集体经营性建设用地能够入市，也必须符合法定条件，并非农村所有的土地都可随意入市。

三、我国农村集体经营性建设用地入市现状和困境

（一）入市主体的现状和存在的问题

1. 入市主体呈现多元化趋势

此次改革针对集体经营性建设用地入市主要围绕三个方面，即入市主体、入市的范围以及土地入市增值收益的分配。而农村集体经营性建设用地的入市主体则呈现多元化的趋势。在改革的试点地区吉林省长春市九台区，当地的村委会有权签订土地出让合同。换言之，村委会目前可以作为入市实施主体。而在上海市松江区，当地明文规定集体经济组织可代表村民行使农村集体经营性建设用地的权利。所以，农村集体经济组织有权成为农村集体经营性建设用地入市的主体之一。在四川省郫都区的改革试点中，围绕先委托后代理的机制，成立农村股份经营合作社，确定了新型的农村集体经济组织——农村土地股份经营合作社作为入市的实施主体，但是需要满足具有市场法人资格且是农民集体授权委托的条件。

---

[1] 《土地管理法》(2019年修正)第63条第1款、第2款、第3款规定:“土地利用总体规划、城乡规划确定为工业、商业等经营性用途,并经依法登记的集体经营性建设用地,土地所有权人可以通过出让、出租等方式交由单位或者个人使用,并应当签订书面合同,载明土地界址、面积、动工期限、使用期限、土地用途、规划条件和双方其他权利义务。前款规定的集体经营性建设用地出让、出租等,应当经本集体经济组织成员的村民会议三分之二以上成员或者三分之二以上村民代表的同意。通过出让等方式取得的集体经营性建设用地使用权可以转让、互换、出资、赠与或者抵押,但法律、行政法规另有规定或者土地所有权人、土地使用权人签订的书面合同另有约定的除外。”

[2] 《土地管理法》(2019年修正)第63条第4款规定:“集体经营性建设用地的出租,集体建设用地使用权的出让及其最高年限、转让、互换、出资、赠与、抵押等,参照同类用途的国有建设用地执行。具体办法由国务院制定。”

2. 对入市主体的法律定位含糊不清

各试点地区的实践反映农村集体经营性建设用地的入市主体呈现多元化。究其原因，在于农民集体在现行法律中的定位模糊，而法律法规对农民集体和农村集体经济组织之间的关系也没有具体明确。另外，由于农村集体经营性建设用地的使用权的法律定位不清晰，导致农地资源得不到有效合理的配置，也导致使用权人不清楚该使用权的具体权能以及使用权人该如何合理分配使用权的问题。而在实践中，最常见的是通过官方的正式试点或者通过农民自发的方式，突破农村集体经营性建设用地的流转限制。甚至在个别地方，出现法律法规互不对应、不相统一，导致了农村集体经营性建设用地在使用上混乱的情况。

（二）入市范围的现状和问题

1. 入市范围有所限定

随着我国社会主义市场经济发展的要求，在此次农村集体经营性建设用地入市试点改革进程中，一定程度上，入市的范围仅限定在存量农村集体经营性建设用地上，而增量农村集体经营性建设用地不包括在内。该试点方案将农村集体经营性建设用地的入市范围作出这种限定，主要是因为我国农村存量集体经营性建设用地量大面广，往往就地利用便可释放许多集体经营性建设用地，基本可以满足乡村发展需要。相反，如果允许增量农村建设用地入市，则可能不利于盘活农村闲散低效的用地，甚至有冲击农村土地管理秩序的可能。《土地管理法》（2019 年修正）却未限制农村新增集体经营性建设用地入市，同时在其第 23 条中增加了一款内容，规定土地利用年度计划应当对其第 63 条中所规定的集体经营性建设用地作出合理的安排。

2. 入市范围相对较窄

根据目前国内经济发展的具体要求以及构建城乡一体化的部署，各试点地区限定只有存量农村集体经营性建设用地能够入市。然而，在实践过程中，农村虽有大量的存量集体建设用地，但大部分农村地区仍将其用作宅基地或者公共设施用地。但是，在现行法律框架范围内，这类土地入市流转是不被许可的。因此，农村集体经营性建设用地从入市范围这个角度来讲，存在相对较窄的问题。

（三）土地入市增值收益分配的现状和问题

1. 土地入市的增值收益分配多样化

改革农村集体经营性建设用地入市的主要问题，是农村集体经营性建设用地的收益合理分配的制度完善问题。入市收益分配的根本目标，是解决农民内部之间、农民集体与政府之间的土地收益分配不均衡的问题，同时，也是为了解决农村各地区不同的农村集体之间的土地收益均衡化的问题。在此次改革中，各试点地区虽然已进行了相应的探索，但最后尚未在收益合理分配上达成统一的标准。

而在农民集体与政府之间的外部土地收益分配上，各个农村试点地区因地制宜，在土地调节金的征收比例上有所不同。此外，因为农村试点地区中各个农村集体的集体建设用地存在巨大的资源禀赋差异，所以不同的农民集体之间在内部收益分配方面也极易产生利益不均等、分配不平衡的问题。

2. 入市收益分配存在的问题

目前，入市收益分配主要存在三个方面的问题：调节金收取基数和比例不统一、集体组织与成员之间收益不均衡、监督机制不健全。

现行法律对农村各地提取的土地调节金的基数以及比例并未明确规定，由于农村地区间的实际经济发展水平、地理状况等因素不同，因此，各农村试点地区确定的收取比例也大相径庭。[1] 比如，在重庆大足的农村土地征收比例最高已达到成交价的50%，然而在海南省文昌市最低的征收比例仅为5%。[2]

关于土地增值收益分配原则，学界普遍赞同国家收取一定比例的调节金，其余大部分归农村集体。然而，农村集体经营性建设用地入市后的收益往往容易被农村集体占有，而作为该农村集体成员的农民所得到的收益却很少，甚至往往有的农民被排除在农村土地收益分配之外。虽然土地增值的收益可以用于该农村集体的建设，但是，针对土地改革后所带来的好处，农民却不能享受，发生这样的情况就与土地改革的初衷相背离。

集体经营性建设用地入市成功以后将带来巨大的经济收益，这就需要一个有效的

---

〔1〕 李鹏举：《集体建设用地入市增值收益分配路径》，载《中国土地》2018年第10期。

〔2〕 吴昭军：《集体经营性建设用地土地增值分配：试点总结与制度设计》，载《法学杂志》2019年第4期。

监督体系来保证这笔收益的规划和利用。如果缺少一个健全的监督体系,则会导致一系列不利于乡村振兴的情况出现。

四、我国农村集体经营性建设用地入市的破解路径

(一)明晰市场主体及集体经营性建设用地使用权的法律定位

正是由于农民集体与农村集体组织间的关系未在法律中明确规定,而且农民集体亦未在现行法律中予以明确,加之农村集体经营性建设用地使用权的定位不明确,所以致使农村集体经营性建设用地在使用时出现些许混乱的情形。《民法典》出台以前,笔者就认为,在《民法典》(物权编)中应该对农村集体建设用地的所有权人、使用权人等民事主体作出清楚的定位,明确集体建设用地使用权应当是集体土地的用益物权,同时需增加条文对集体建设用地使用权作出清晰定义。2020 年 5 月 28 日,《民法典》经全国人大表决通过后,已于 2021 年 1 月 1 日起正式施行,其第 344 条已增加具体条文明确建设用地使用权的定义,[1]并且将有关建设用地使用权规定的具体条文(《民法典》第 344 条至第 361 条)编入《民法典》"物权编"之"第三分编"——用益物权中。而《土地管理法》(2019 年修正)也在法条中明确加强了对集体建设用地使用权的行政管制,从而最终形成了较完整的建设用地使用权制度。

(二)农村集体经营性建设用地入市的范围需要适当拓宽

我国农村集体经营性建设用地入市范围存在巨大的争论,其核心问题为入市的范围是否包括增量的农村集体经营性建设用地。据大数据统计,虽然中国许多农村有大量的存量建设用地,但仍有不少农村几乎没有存量的集体经营性建设用地,而且未经县级人民政府和相关土地管理部门审批等现象层出不穷。从现实层面来讲,如果入市范围只局限于存量的农村集体经营性建设用地,则对于发展农村集体经济的效果可能并不明显。因此,我们可以适当拓宽集体经营性建设用地入市的范围。

(三)完善入市收益分配机制

在农村集体经营性建设用地成功入市后,平衡各主体间的利益,进而推动市场改革不断深化,这是土地制度改革面临的重大课题。面对入市收益分配主要存在的三个

[1] 《民法典》第 344 条规定:"建设用地使用权人依法对国家所有的土地享有占有、使用和收益的权利,有权利用该土地建造建筑物、构筑物及其附属设施。"

问题：首先要注重解决调节金收取基础和比例不统一的问题。调节金本质在于促进政府对资源的再分配，实现社会公平正义，其具有税收的某些特性和功能。因此，笔者建议，首先，现行法律体系可将土地调节金纳入其中，明确其法律性质，确定统一的税收标准（但需根据地区间经济差异由国家统一调控，既要统筹构建统一的规则，又要尊重多样性，避免“一刀切”），而剩余的部分应归农民集体所有。其次，为了让农民享受土地改革的红利，调动其积极性，相关法律应当明确规定农民可以参与分配农村集体经营性建设用地入市后增值的收益及其具体比例。最后，我们应该将土地收益分配资金的监管体系建立起来。法律一方面明确规定了农村集体土地所有权的主体，另一方面规定了这个权利的具体行使主体，无论是村委会还是农村集体经济组织，在实际操作中都是活生生的具体的“理性经济人”，自利动机的出现就不可避免。因此，在农村土地收益分配资金的监管方面，应该设立独立于农村集体经济组织和农村自治组织的专门监督机构，派专人监管入市收益，对集体经营性建设用地入市后的收益的具体规划、分配、利用和使用情况实行透明化管理，以便更好地保护农民的土地利益，从而解决好农民之间、农村集体组织与农民之间在农村土地收益的合理分配上的问题，使农村土地增值收益情况得到有效的监督。

五、关于集体经营性建设用地入市规制的反思

集体经营性建设用地的全新改革明确提出了其入市的实体和程序上的规定，打破了传统的城乡二元结构，关于集体经营性建设用地入市的改革集中体现于《土地管理法》（2019 年修正）第 63 条。但关于本条改革内容，笔者有如下几点反思：

第一，针对国有建设用地使用权的出让方式，《民法典》第 347 条规定了工业、商业、旅游、娱乐和商品住宅等经营性用地，但《土地管理法》（2019 年修正）第 63 条规定的政府在这个领域的让利是有限的，仅限于工业、商业用途，排除了旅游、娱乐和商品住宅等方式。这表明《土地管理法》（2019 年修正）第 63 条虽然赋予了农村集体对农村集体经营性建设用地的一定的出让能力，然而相较城市国有建设用地使用权出让而言，其仍没有完全实现“同等入市、同权同价”。

第二，《土地管理法》（2019 年修正）第 63 条第 1 款限定了农村集体经营性建设用地。然而，该法条在“用途”一词前限定了“经营性”，似乎不妥。国有建设用地入市当

然有经营性,但法律未予表述,农村集体建设用地为何要强调“经营性”?

第三,本次修订的关于集体经营性建设用地入市的规定并没有对农村土地金融市场的建立和完善作相应规定,特别是对农村集体土地使用权的价值评估、抵押融资、作价入股等进行的限定。这对涉农金融机构来说,既是机遇也是挑战。笔者认为,一方面,我们应该制定农村集体经营性建设用地抵押贷款的实施细则和流程,通过个人抵押贷款支持农村集体经营性建设用地入市流转;另一方面,我们也应该在信贷、抵押等工作中建立必要的风险防范机制,以便降低违约风险和系统性风险。总之,为了更好地保护农民的权益和深化农业农村的改革,有必要建立并完善金融资金与农村集体经营性建设用地之间的衔接机制。

第四,本次《土地管理法》的修订不仅对农村集体经营性建设用地改革影响巨大,也影响了我国房地产市场。此次修订虽认可农村集体经营性建设用地入市,却仍然未承认小产权房的合法性。由于现行法律没有规定集体经营性建设用地如何入市的具体操作规则,除非将《土地管理法》(2019 年修正)中第 63 条第 1 款规定的“商业用地”进行扩大解释,否则小产权房将不被认可。此外,本村村民以外的市场主体从农民个人手中购买的所谓“小产权房”只有合同上的意义,不能发生物权变动,只可被视为长期的房屋租赁关系。[1]

六、结语

为了解决农村土地制度与市场经济体制不匹配的问题,2019 年《土地管理法》修订中所涉及的农村集体经营性建设用地入市的改革是本轮修法的亮点之一。但我国集体经营性建设用地入市主体存在多元化的问题;就入市范围而言,现行法律只包括存量集体经营性建设用地,而不含增量集体经营性建设用地,入市范围较窄;就土地入市增值收益而言,不仅存在土地调节金收取基数和比例不统一、集体组织与成员之间收益的不均衡的问题,对土地入市收益增值进行监督的机制也存在问题。针对农村集体经营性建设用地入市的现状及存在的问题,我们应当明晰入市主体的法律定位,适当拓宽入市范围,并且完善收益分配体制。《土地管理法》已经于 2020 年 1 月 1 日起施

〔1〕 陈小君:《〈土地管理法〉修法与新一轮土地改革》,载《中国法律评论》2019 年第 5 期。

行,扫除了我国农村集体经营性建设用地入市的法律障碍,期望能改变传统的城乡二元观念,有利于城乡统一建设用地市场和房地产市场的长效调控机制的建立,但条文中仍有一些问题值得反思。本文通过对土地制度改革背景下农村集体经营性建设用地入市的探讨,以及对《土地管理法》第63条的解读,以期能有效解决农村土地闲置和城镇建设用地不足的问题,真正实现国有土地与集体土地同权同价、同等入市的改革初衷,这也将有助于中国经济社会持续健康发展与和谐稳定。

会议综述

宅基地"三权分置"改革研究

——第十一届中国农村法治论坛会议综述

何俊玲*

目　　次

为回应宅基地"三权分置"改革探索,助推乡村振兴战略顺利实施,"第十一届中国农村法治论坛暨新时代宅基地制度改革研究研讨会"于2020年1月4日在重庆隆重举行。本次论坛由西南政法大学经济法学院、经济法学科和中国农村经济法制创新研究中心共同主办。来自中国人民大学、吉林大学、河北大学、广东外语外贸大学、西北政法大学、重庆大学、山东政法学院、中国农业大学、中国社会科学院大学、内蒙古大学、南京师范大学、贵州省社会科学院等全国30余家高校、科研院所及实务部门的近百名专家学者出席会议,论坛还收到论文72篇。现将参会论文及会议研讨的主要内容综述如下,以飨读者。

一、宅基地"三权分置"的法理阐释

2018年"中央一号文件"中共中央、国务院《关于实施乡村振兴战略的意见》提

* 西南政法大学中国农村经济法制创新研究中心助理研究员。

出:“完善农民闲置宅基地和闲置农房政策,探索宅基地所有权、资格权、使用权‘三权分置’,落实宅基地集体所有权,保障宅基地农户资格权和农民房屋财产权,适度放活宅基地和农民房屋使用权。”由此,宅基地“三权分置”正式在中央文件中确立,成为乡村振兴战略的有机组成部分。在我国宅基地制度从“两权分离”向“三权分置”转变的改革关键期,对宅基地新“三权”进行法理阐释,明晰其具体内涵,是宅基地工作开展的前提。

(一)宅基地“三权分置”的总体法理阐释

宅基地“三权分置”主要是对宅基地制度进行市场化改革,兼顾宅基地的财产属性与社会保障属性。张志辽专门探讨了宅基地市场化改革已具备的五个基本条件:一是制度准备,即保障市场化改革的制度集群基本成型;二是观念准备,即市场化改革的共识度日益提高;三是情感准备,即宅基地市场化供应改革的信号悄然来临;四是防险准备,即乡村治理体系逐渐完善;五是实践准备,即重大社会建设工程的实施为此积累了丰富的经验。在此基础上,张志辽对市场化改革措施进行了三点初步构想:一是宅基地集中供应,与城市群的发展对接;二是在保证农民优先权的基础上,适度放开宅基地使用权取得资格;三是宅基地使用权有偿取得与无偿取得并行。

肖鹏和王朝霞主要从制度演进、政策背景、权利构造和核心争议等方面对宅基地“三权分置”进行剖析。其指出中国宅基地权利结构经历了从单一的宅基地集体所有权到宅基地“两权分置”再到宅基地“三权分置”的发展阶段。宅基地“三权分置”的提出,与现行宅基地使用权制度存在问题、宅基地使用权流转普遍存在、宅基地制度改革力度不足等息息相关,同时还受到承包地“三权分置”的影响。在权利构造方面,学界仍然存在较大争议,在坚持宅基地集体所有权的前提下,如何分置宅基地资格权和宅基地使用权,主要存在“成员权＋用益物权”、“用益物权＋用益物权”和“用益物权＋债权”三类模式。而宅基地“三权分置”的核心争议集中于宅基地资格权和宅基地使用权的分置基础、宅基地资格权法律表达的选择以及宅基地使用权流转制度的构建三个方面。[1]

刘恒科根据宅基地放活主体、流转形式和流转后权利形态的不同,将宅基地“三权

---

〔1〕 参见肖鹏、王朝霞:《宅基地“三权分置”的制度演进、政策背景与权利构造》,载《第十一届中国农村法治论坛论文集》(会议交流用),2020年1月4日。

分置”类型化为农户自决型和集体主导型两类实践路径。前者是农户以出租、对外转让、抵押、入股、合作开发等形式流转宅基地,形成“宅基地使用权—宅基地租赁权或经营权”之双重权利结构;后者则是集体以闲置宅基地或者经闲置宅基地整理结余的建设用地调整入市或合作经营,形成“成员权—集体经营性建设用地使用权”之权利结构。[1]

房建恩通过对目前政策文件与学术文献进行梳理,将宅基地“三权分置”的功能目标归纳为促进闲置宅基地利用、增加农民财产性收入、推动城乡统一建设用地市场建设三方面。其同时指出,宅基地“三权分置”政策只是提供了一种针对宅基地的可能的权利安排,作为理性主体的农民集体、农民和社会主体是否选择这种安排,需要成本—收益的精心计算:首先,要计算宅基地“三权分置”产生的总体红利;其次,要分析宅基地“三权分置”的交易成本;最后,地方政府不可能承担宅基地“三权分置”的交易成本,一方面,在于谋求土地财政的地方政府缺乏制度改进的激励,另一方面,在于政府干预农户具有私权性质的宅基地使用权也缺乏正当性依据。[2]

董新辉以经济法理念为视角,对宅基地“三权分置”改革合理性进行证成。其认为“三权分置”改革保障了农民的财产权利,维护了农民对宅基地保障属性的要求,促进了农民的生存和发展权益,符合人本主义理念;宅基地资格权制度将成为农民居住保障的基础,“流民”风险可控,“三权分置”改革符合社会本位理念;宅基地使用权的自由流转是市场在资源配置中起决定性作用的表现,顺应城乡生产要素流动的新要求,“三权分置”改革符合调制绩效理念。[3]

张明玖对宅基地“三权分置”后的增值收益分配进行了专门研究。其指出,宅基地“三权分置”开辟的相关权利共享路径推进了农村宅基地资源配置中封闭性与开放性的平衡,需要在遵循公平与效率原则的基础上,构建兼顾农村集体经济组织、农户和第三方的土地增值收益分配机制。主要应做好分配机制、产权资本化改革、税收调节机

---

〔1〕 参见刘恒科:《宅基地“三权分置”的权利结构与制度构造》,载《第十一届中国农村法治论坛论文集》(会议交流用),2020 年 1 月 4 日。

〔2〕 参见房建恩:《乡村振兴背景下宅基地“三权分置”的功能检视与实现路径》,载《第十一届中国农村法治论坛论文集》(会议交流用),2020 年 1 月 4 日。

〔3〕 参见董新辉:《宅基地“三权分置”改革合理性的证成——以三个经济法理念为视角》,载《第十一届中国农村法治论坛论文集》(会议交流用),2020 年 1 月 4 日。

制和法律监督机制的系统化构建。[1]

高海围绕宅基地"三权分置"进行了如下四点思考：一是需要厘清"三权分置"的适用范围，其主要是为了解决宅基地改革试点地区新增加的宅基地转让的流转方式，在研究权利结构时应将出租剔除在外；二是宅基地是生活资料，承包地是生产资料，二者性质不同，同时引发宅基地"三权分置"的事实主要是转让，引发承包地"三权分置"的事实主要是出租，因此权利结构可以存在差异；三是注意收集和梳理地方政府与宅基地改革相关的规范性文件，从文件中寻找"三权分置"规则，由此可以增强学界研究对实践的解释作用；四是学界在讨论宅基地资格权与使用权时应在"三权分置"的整体框架中讨论，由此能够起到检视自身观点是否妥当的作用。

王洪平主要对土地的市场化改革进行了反思。其认为在我国，无论是国有土地还是集体土地，土地都完全是计划式供给，这集中体现在对用地指标的控制上。因此目前的土地制度改革根本不是市场化改革，一个非市场的供给体制无法产生后续的二级市场。与此同时，宅基地"三权分置"能否顺利推进仍然存疑。从在湖南的调研情况看，宅基地"三权分置"改革工作分配时没有人愿意接手，试点地区无法形成典型，无法为后续改革提供可资借鉴的经验。

李玉虎主要提出如下两点见解：一是"三权分置"实际是对权利进行碎片化处理，其中所有权是出发点，使用权是归宿，而资格权比较难以甄别。资格权是不是一种权利？到底是民法上的权利还是政治上的权利？由于资格权无法独立存在且无法流转，所以"三权分置"真正得到实现的前景不容乐观；二是对宅基地进行类似于承包地的"三权分置"改革提法，更多是语言表达问题，而非严格的法律构造。农村集体经济组织制度建设的落后，导致难以在其上构建真正对农民利好的权利。

邵海指出，目前学界对"三权分置"的研究成果繁多，但应注意在政策文件与法律文本、政治口号与法律制度实践、对策研究与理论研究间进行有效区分。同时对于农村土地制度改革的研究应慢慢实现研究对象、研究所用理论以及研究所用方法上的回归，在提倡学科交叉的同时，需要有明显的学科身份。

曹泮天认为，宅基地"三权分置"改革的前提是宅基地存在闲置，但我们需要考虑

---

〔1〕 参见张明玖：《共享发展理念下宅基地增值收益分配研究》，载《第十一届中国农村法治论坛论文集》(会议交流用)，2020年1月4日。

宅基地到底是永久性闲置还是短期性闲置。经济欠发达地区宅基地往往只是短期闲置，宅基地的保障功能不会弱化，因此农民宅基地流转需求并不迫切。

(二)宅基地“三权分置”的具体法理阐释

1. 宅基地所有权的法理阐释

吴迪强调了坚持社会主义土地公有制不动摇的重要性，无论是土地承包经营权的改革还是宅基地使用权的改革，土地的集体所有权不会因“三权分置”而改变，宅基地所有权改革应主要侧重于“强权赋能”和加强管理。[1] 吴胜利强调，在谈宅基地“三权分置”改革时，落实宅基地集体所有权尤为重要，在具体如何落实方面还需作出更多努力和探索。

丁关良对宅基地“三权分置”改革进行了政策目标上的解读。其认为中央之所以强调落实宅基地集体所有权，一是更好发挥农民集体为成员提供宅基地的优势，为农户实现“户有所居”创造良好条件；二是为提升农民集体凝聚力打下扎实基础；三是更好发挥宅基地所有权人分配、调换、退出、收回宅基地和监管宅基地使用的功能。[2] 房建恩认为，在宅基地“三权分置”中，新的宅基地所有权获得了权能扩展的机会，使其能够更充分地体现自物权特征，宅基地“三权分置”功能的实现应着眼于农民集体对宅基地所有权的落实和行使。主要可以通过明确集体所有权的行使主体、丰富农民集体宅基地所有权的权能、扩展农民集体对宅基地的开发权三方面予以实现。[3]

冯乐坤对宅基地所有权主体进行了理论层面的探讨。其认为集体所有权是徒有虚名，对外集体以所有权主体身份出现，对内则形成了所有成员的共有，农民成为集体所有财产的间接所有者。同时农民集体分为乡农民集体、村农民集体、村民小组农民集体三种类型，宅基地所有权的主体非同一性是宅基地使用权无法自由流转的根本障碍。鉴于目前立法还未修改，为便于宅基地使用权自由流转，可先不考虑所有权主体

〔1〕 参见吴迪：《宅基地“三权分置”的法权构造——以土地承包经营权的比较法为视角》，载《第十一届中国农村法治论坛论文集》(会议交流用)，2020 年 1 月 4 日。

〔2〕 参见丁关良：《宅基地“三权分置”政策下各种流转方式之运行的尴尬剖析和思考》，载《第十一届中国农村法治论坛论文集》(会议交流用)，2020 年 1 月 4 日。

〔3〕 参见房建恩：《乡村振兴背景下宅基地“三权分置”的功能检视与实现路径》，载《第十一届中国农村法治论坛论文集》(会议交流用)，2020 年 1 月 4 日。

的不同性，直接赋予各宅基地使用权权属应具有相同性质。[1] 管洪彦认为，宅基地所有权虽然是现行法中的成熟概念，但其具有我国集体土地所有权所共有的缺陷，如权利主体不明、集体内部民主决策机制不健全等。[2]

2. 宅基地资格权的法理阐释

管洪彦认为，农户资格权本质上属于成员权范畴，但仅仅是集体成员在分配宅基地时所享有的成员权类型之一，不能将二者完全等同。宅基地资格权的典型权能包括宅基地分配请求权、政府征收补偿权、退出权以及退出补偿权，因其具有明显的身份性，所以应明确禁止宅基地资格权的转让。同时农户资格权不应该进入宅基地“三权分置”的权利体系，应该继续保留现行法中宅基地使用权的概念，而且其用益物权性质不变，在此基础上进一步延伸出债权性质的宅基地使用权。[3] 刘恒科也认为，宅基地资格权的法律性质应当为宅基地使用权，只不过是派生出社会主体宅基地权利后的宅基地使用权。[4]

吴迪认为，宅基地资格权是一项兼具身份性和财产性的复合型权利，主要包括宅基地资格权和宅基地利用权两方面内容，是对“两权分离”下宅基地使用权的继承和发展。对其进行研究时应与集体成员权统筹考虑，充分考量集体成员资格认定的难点和特殊性。在涉及“户”的成员认定时，将宅基地资格权固化为股权更具操作可能性，无论农户中的个体如何变化，作为户的股权不会变化，符合我国特别法人的治理机构，符合农业大生产的发展趋势。[5]

申建平指出，关于宅基地资格权的权利性质，学界主要观点有承包权说、财产权说、宅基地使用权说、复合性权利说、剩余权说五种，虽具有一定合理性，但都不能成

---

[1] 参见冯乐坤：《论宅基地使用权流转本质问题及应对之策》，载《第十一届中国农村法治论坛论文集》（会议交流用），2020 年 1 月 4 日。

[2] 参见管洪彦：《宅基地“三权分置”的权利结构与法律表达》，载《第十一届中国农村法治论坛论文集》（会议交流用），2020 年 1 月 4 日。

[3] 参见管洪彦：《宅基地“三权分置”的权利结构与法律表达》，载《第十一届中国农村法治论坛论文集》（会议交流用），2020 年 1 月 4 日。

[4] 参见刘恒科：《宅基地“三权分置”的权利结构与制度构造》，载《第十一届中国农村法治论坛论文集》（会议交流用），2020 年 1 月 4 日。

[5] 参见吴迪：《宅基地“三权分置”的法权构造——以土地承包经营权的比较法为视角》，载《第十一届中国农村法治论坛论文集》（会议交流用），2020 年 1 月 4 日。

立,反映当前法学界对于宅基地"三权分置"政策的研究存在路径依赖。从资格权的文义、内容和目的来看,仅指向一种取得权利的身份资格,并非一项民事权利,无法承载当前宅基地改革的使命。[1] 祝之舟认为宅基地资格权是连接宅基地所有权和宅基地使用权的中介性权利,是宅基地集体所有权功能实现的法律路径,是农户取得宅基地使用权的前提条件和权利来源,具有集体福利或住房保障性质,本身并不具有独立意义,不是实体财产权利。[2]

3.宅基地使用权的法理阐释

冯乐坤指出,现行法中的宅基地使用权和"三权分置"政策表述中的宅基地使用权不同。前者属于比较成熟的用益物权类型,具有广泛的理论和实践基础,保持其内涵和外延不变,能够降低制度变迁成本;后者的权利主体已经溢出本集体经济组织成员的范畴,泛指使用宅基地的权利,本质上属于债权性质的权利。改革目的是想进一步放活现行法中的宅基地使用权,这既顺应了部分农民想流转宅基地使用权的意愿,也为下乡人员创新创业提供了使用土地的机会。[3]

姜红利从"户"的角度对宅基地使用权主体进行了分析。其认为"户"只是宅基地初始分配所用的一个单位度量衡,主要是基于效率考量而选取的弹性标准,内涵与外延都具有模糊性。一户一宅规则并不能将"户"提升为宅基地使用权主体,主体仍然是单个的集体成员,如此有利于将成员权落到实处。但由于一户一宅的分配规则,仍然会对宅基地使用权的具体落实产生一定法律上的影响,主要是如何定性户内单个成员间对于宅基地使用权的关系。姜红利倾向于将其定性为共同共有关系,而非家长负责制或互助代表制。户内的无民事行为能力人或限制民事行为能力人可能无法行使该权利,但权利享有和权利行使是两个不同层面的问题。

宋宗宇认为,宅基地使用权如何入市很大程度上不是法律问题,而是政策选择,不能因为政策上提"三权分置"就一定认为有"三权"。同时,宅基地使用权改革可以纳入

---

〔1〕 参见申建平:《宅基地"资格权"的法理反思》,载《第十一届中国农村法治论坛论文集》(会议交流用),2020年1月4日。

〔2〕 参见祝之舟:《论农村宅基地资格权的制度意义与规范要点》,载《第十一届中国农村法治论坛论文集》(会议交流用),2020年1月4日。

〔3〕 参见管洪彦:《宅基地"三权分置"的权利结构与法律表达》,载《第十一届中国农村法治论坛论文集》(会议交流用),2020年1月4日。

集体经营性建设用地使用权改革中去,独立进行制度构造成本太高。

二、宅基地"三权分置"的实践探索

(一)规范层面建设

管洪彦对论述宅基地"三权分置"的多个政策文件进行了梳理,展现出宅基地"三权分置"的政策演变过程。涉及的相关文件主要有:2018年中央一号文件中共中央、国务院《关于实施乡村振兴战略的意见》;中共中央、国务院于2018年9月16日印发的《乡村振兴战略规划(2018—2022年)》;2019年中央一号文件中共中央、国务院《关于坚持农业农村优先发展做好"三农"工作的若干意见》;中共中央、国务院于2019年4月15日印发的《关于建立健全城乡融合发展体制机制和政策体系的意见》;中央农村工作领导小组办公室、农业农村部于2019年9月20日印发的《关于进一步加强农村宅基地管理的通知》。[1]

吴迪对支持宅基地使用权流转的立法和政策性文件进行了归纳,主要有:2014年12月31日中共中央办公厅、国务院办公厅印发的《关于农村土地征收、集体经营性建设用地入市、宅基地制度改革试点工作的意见》;2016年9月国土资源部等部门联合印发的《关于建立城镇建设用地增加规模同吸纳农业转移人口落户数量挂钩机制的实施意见》;2018年中央一号文件中共中央、国务院《关于实施乡村振兴战略的意见》;2019年新修订的《土地管理法》第62条。[2]

孟庆瑜指出,宅基地使用权抵押对农民融资贷款及拓宽增收渠道具有重要价值。近年来出台的相关政策在一定程度上为宅基地使用权抵押开了方便之门。例如,2010年《关于全面推进农村金融产品和服务方式创新的指导意见》提出探索开展宅基地使用权抵押贷款业务;2013年《关于金融支持经济结构调整和转型升级的指导意见》指出开展宅基地使用权抵押贷款试点;2015年《关于开展农村承包土地的经营权和农民住房财产权抵押贷款试点的指导意见》指出农民抵押住房时,须将相应的宅基地使用权

---

〔1〕 参见管洪彦:《宅基地"三权分置"的权利结构与法律表达》,载《第十一届中国农村法治论坛论文集》(会议交流用),2020年1月4日。

〔2〕 参见吴迪:《宅基地使用权流转模式的梳理与创新》,载《第十一届中国农村法治论坛论文集》(会议交流用),2020年1月4日。

一并抵押;2015 年全国人民代表大会常务委员会《关于授权国务院在北京市大兴区等 232 个试点县(市、区)、天津市蓟县等 59 个试点县(市、区)行政区域分别暂时调整实施有关法律规定的决定》指出,在试点地区暂时调整实施我国《物权法》关于宅基地使用权不得抵押的规定。[1]

(二)地方层面探索

杨皋伶重点介绍了重庆地票改革实践。为了解决城乡建设用地双增长问题,同时增加农村财产性收入,重庆于 2008 年推行地票交易制度。地票是建设用地增减挂钩指标的俗称,具体是指土地权利人自愿将建设用地按规定复垦为符合规定的耕地等农用地,经土地管理部门验收合格后发放等量面积的建设用地指标凭证,该凭证可以拿到重庆农村土地交易所进行交易。重庆地票制度是基于土地用途管制与增减挂钩进行设计,本质上就为增减挂钩。该制度的核心在于自愿复垦、公开交易、收益归农、价款直拨、依规使用。重庆通过地票交易,取得了诸多改革成果:一是助推农民脱贫致富;二是促进了耕地保护;三是统筹空间利用与区域融合发展;四是带动金融资本下乡;五是强化了农民关于宅基地具有资产属性的意识。但地票究竟属于什么权利、在宅基地“三权分置”中如何定位、卖出后是否不得再无偿申请宅基地,上述问题还需要学界提供更多学理支撑。

吴迪对宅基地“三权分置”试点地区的经验进行了总结,梳理出宅基地改革试点的几种代表模式:一是宅基地所有权规范管理型模式,以原余江县(现鹰潭市余江区)为代表。其对“一户多宅”、面积超标、宅基地闲置等问题进行处理时,并未“一刀切”或采用行政指令方式,而是从实际出发,更多地反映农民利益。二是宅基地成员权保障型模式,以金寨模式和瑞安宅基地有偿调剂模式为代表。金寨县作为国家级贫困县,宅基地改革与扶贫同步进行。对于自愿退出宅基地的给予各种优惠政策,尤其是贫困户,可以无偿住进规划的新房,同时会保留农户资格权。瑞安模式的宅基地有偿使用制度只限于农村集体经济组织内部,通过村集体经济合作社社员代表大会制定《农村宅基地有偿调剂使用暂行办法》的方式,明确规定宅基地有偿使用费的收费标准及使用费用途,转移登记程序如何办理,有偿使用费的分区域、分类、分档标准等内容。三

---

[1] 参见孟庆瑜、张思茵:《宅基地使用权抵押问题的审视与厘正》,载《第十一届中国农村法治论坛论文集》(会议交流用),2020 年 1 月 4 日。

是宅基地使用权市场主导型模式，以义乌宅基地抵押模式、安徽省旌德县三溪镇路西村"股份+合作"模式、蓟州小穿芳峪村旅游公司集中宅基地经营权模式为代表。[1]

冯乐坤指出，自2015年全国人大在部分地区调整实施相关宅基地法律规定后，遂授权国务院在浙江义乌、云南大理等15个地区重点进行宅基地制度改革试点工作。但受经济发展水平差异的影响，各地做法迥然不同，经济欠发达地区并没有允许宅基地流转，如江西余江、云南大理。相反，经济发达地区开始试点宅基地流转，如浙江义乌、象山、丽水等地。浙江义乌市允许"在本市行政区域范围内，经过相关程序后，允许宅基地使用权跨集体经济组织转让"。[2]

阎其华和吴迪对辽宁省农地流转基本情况与存在的现实问题进行了介绍。辽宁省境内农地流转面积占全省家庭承包总面积的1/4左右，参与土地流转农户达90万户。主要呈现以下特征：一是农地流转在数量与规模方面都逐年递增；二是土地流转收益增速放缓；三是土地流转对象仍以熟人之间为主；四是流转方式以出租和转包为主，抵押、托管、信托、入股等新型流转方式较少。存在的现实问题主要有：一是农地集中流转有赖于地方政府的强制干预；二是农地抵押在没有国家财政拨款支持下，推广程度低；三是某些工商企业承包经营农地后（尤其是城郊地区）容易将其"农转非"使用；四是农地流转实际操作中，违反流转程序的问题比较突出。[3]

祁全明、王天雁以休闲农业和互联网农业为例，介绍了农村闲置宅基地开发利用的新途径。休闲农业主要发展模式如下：一是整体开发模式，以北京市怀柔区雁栖镇官地村、安徽省颍上县谢桥镇张庄村、浙江省联众休闲产业集团有限公司为代表；二是"农家乐"模式，以成都郫都区友爱镇农科村、北京市通州区大营村、福建省闽侯县荆溪镇为代表；三是特色产业发展模式，以北京市密云区巨各庄镇蔡家洼村的特色种植业、福清市沙浦镇和岐村的特色渔业为代表。互联网农业模式主要如下：一是在生产领域的智慧农业模式；二是在流通领域的互联网深入营销电商模式；三是互联网与农业深

[1] 参见吴迪：《宅基地使用权流转模式的梳理与创新》，载《第十一届中国农村法治论坛论文集》（会议交流用），2020年1月4日。

[2] 参见冯乐坤：《论宅基地使用权流转本质问题及应对之策》，载《第十一届中国农村法治论坛论文集》（会议交流用），2020年1月4日。

[3] 参见阎其华、吴迪：《农业供给侧改革视野下的辽宁农地流转法律问题研究》，载《第十一届中国农村法治论坛论文集》（会议交流用），2020年1月4日。

度融合的产业链模式。这三种模式的发展都需要土地，尤其是农村的宅基地作为重要的基础资源，布局开展相关的物流、技术支持等服务。[1]

田静婷对陕西省高陵区宅基地有偿退出情况进行了实证分析。高陵区国土局对试点地区的宅基地利用情况进行调研发现，4 个行政村 3211 户农户中，闲置宅基地有 278 宗，约占总户数的 8.7%，不经常居住的有 180 户，约占总户数的 5.6%。经走访了解，有意愿退出的有 370 户，占基本具备退出条件的农户的 80.9%。在宅基地退出对象上，高陵区主要确定为三类：第一类是有条件的农户；第二类是以继承方式取得宅基地使用权的非本集体经济组织成员；第三类是因历史原因形成的“一户多宅”的宅基地使用权人。针对不同村落，高陵区采取了不同的退出模式。截至 2018 年 5 月，有 67% 的农户自愿退出宅基地，腾退土地 500 余亩。[2]

《土地管理法》第三次修正对进城落户农民有偿退出宅基地正式予以法律上的确认。杨青贵重点对有关地方的改革实践进行了分析和判断。在参与主体方面，多数试点地区的市、县国土资源主管部门负责指导工作，由乡镇政府牵头，农村集体经济组织或村民自治组织具体实施改革方案。在适用范围方面：一是依法享有宅基地使用权的宅基地；二是可以由集体依法收回但尚未收回的宅基地；三是基于扶贫、避险、生态绿化等特定情形需要退出的宅基地。在运行程序方面，大致为有关农民提出申请并按规定提交申请材料——农民集体接受申请并予以审查——提交乡（镇）人民政府进行审查——提交县级人民政府主管部门进行审查——审核通过后注销宅基地使用权权属证书，按规定予以补偿。在补偿方式方面：货币补偿与住房等多元置换方式并存；在补偿标准方面，影响因素主要包括国家或上级标准要求、征地补偿标准、当地经济社会发展水平等。在配套支持方面，许多地方都围绕进城落户农民有偿退出宅基地改革出台了大量配套性文件，例如，成都市出台的《成都市农户宅基地使用权退出改革试验专项方案》及义乌市围绕《义乌市农村宅基地制度改革试点实施方案》出台的“一意见”“七

---

〔1〕 参见祁全明、王天雁：《农村闲置宅基地开发利用的新途径——以休闲农业与互联网农业为例》，载《第十一届中国农村法治论坛论文集》（会议交流用），2020 年 1 月 4 日。

〔2〕 参见田静婷：《我国农村宅基地有偿退出机制的法律问题探析》，载《第十一届中国农村法治论坛论文集》（会议交流用），2020 年 1 月 4 日。

办法”。[1]

三、宅基地“三权分置”面临的障碍

（一）宅基地“三权分置”面临的学理障碍

董新辉指出，政策主导是新中国70年宅基地制度构建与改革的重要特征，具有一定的探索试错属性，是法律的重要补充。但政策主导存在边际收益递减问题严重，制定程序相对简单，存在较大不稳定性及规范性与强制力相对较弱等问题。改革没有系统性地构建宅基地权利制度体系，没有在改革中统筹政策与法律间的关系，是造成当今宅基地“三权分置”改革乃至近几十年来改革困境的根本原因所在。[2]

冯乐坤认为，宅基地所有权主体的非同一性（农民集体分为乡农民集体、村农民集体、村民小组农民集体）是宅基地使用权无法流转的根本障碍。浙江义乌等经济较为发达地区允许宅基地使用权在一定农村地域范围内可以跨农民集体自由流转。此举从理论层面而言，就是将各宅基地所有权主体视为同一主体。但在立法规定没有修改的情况下，为便于宅基地使用权的自由流转，可不考虑所有权主体的差异性，直接赋予各宅基地使用权权属具有相同性质。[3]

丁关良结合法律逻辑与实践操作，对宅基地“三权分置”政策下转让、互换、出租、赠与、入股、抵押六种主要方式存在的问题进行了深入剖析。以转让为例，主要存在如下尴尬状况。一是权利转移内涵不符合常态，更不符合物权变动法则，通常情形下用益物权转让的性质应属于一次性权利“买断”。二是占有问题凸显，“三权分置”政策下的转让是否意味着宅基地使用权人享有直接占有，而宅基地资格权人享有间接占有？三是人为造成法律关系错综复杂。四是转让创设的新的两项权利其权利性质不清，不符合物权法定要求。五是当转让方一次性收取转让收益时，保留宅基地资格权已无实际经济价值。六是当转让方分期分批收取转让收益时，农户宅基地资格权很难或无法

---

[1] 参见杨青贵：《进城落户农民有偿退出宅基地改革的实践困境与制度规范》，载《第十一届中国农村法治论坛论文集》（会议交流用），2020年1月4日。

[2] 参见董新辉：《新中国70年宅基地改革中政策与法律关系的反思：从“政策主导”到“法律主治”》，载《第十一届中国农村法治论坛论文集》（会议交流用），2020年1月4日。

[3] 参见冯乐坤：《论宅基地使用权流转本质问题及应对之策》，载《第十一届中国农村法治论坛论文集》（会议交流用），2020年1月4日。

得到保障。七是宅基地资格权在宅基地使用权是独立权利的情形下更无经济价值。[1]

高飞重点对《土地管理法》中宅基地管理制度存在的缺陷进行了探讨:一是农村土地所有权属于农民集体,但第 62 条第 2 款将户有所居的保障主体规定为县级人民政府,具有管理色彩;二是新法第 62 条第 3 款没有落实农村集体经济组织责任;三是允许自愿有偿退出宅基地缺乏可操作性,退出后是否仍享有“三权分置”中的资格权涉及村民的居住权保障问题;四是闲置宅基地转变为建设用地后,将来能否再转变成宅基地?

傅智文指出,我国宅基地制度的目的主要在于保障农户的居住。在此前提下,研究农村宅基地制度应基于农村的现实需求,而非基于民法甚至个体权利,否则许多农村问题或家庭问题都无法得到解释。同时我国农民对于宅基地的权利一直被政策引导,处于不稳定状态。

(二)宅基地“三权分置”面临的实践障碍

龚暄杰以加强集体资产管理为视角,认为集体资产管理弱化是宅基地资本化的现实障碍之一。具体而言:一是农村集体经济组织建设不完善,集体资产管理体系不规范,不能适应市场经济下的城乡发展;二是宅基地管理混乱,产权界限不清,难以实现资源的统一合理配置;三是资产价值评估不准确,集体资产的财务审计制度不健全;四是交易管理制度不健全,加大集体资产管理的难度。[2]

宅基地收回制度可以夯实农民集体作为农村土地所有权主体的基础性地位,但李苑玉认为,中央与地方立法中的有关规定均存在问题:一是 2019 年修订的《土地管理法》第 66 条规定了三种收回情形,但在 1998 年和 2004 年修订的《土地管理法》中早已规定,无法适应当下实践发展需要;二是《土地管理法》中规定农村集体经济组织为宅基地使用权收回主体,但其在实践中已不相符;三是收回程序和收回补偿的相关规定缺失;四是收回职责不明,导致收回主体的收回动力不足。[3]

---

[1] 参见丁关良:《宅基地“三权分置”政策下各种流转方式之运行的尴尬剖析和思考》,载《第十一届中国农村法治论坛论文集》(会议交流用),2020 年 1 月 4 日。

[2] 参见龚暄杰、李玲:《论宅基地资本化的现实障碍与可能路径——以加强集体资产管理为视角》,载《第十一届中国农村法治论坛论文集》(会议交流用),2020 年 1 月 4 日。

[3] 参见李苑玉:《乡村振兴背景下宅基地收回制度的重塑》,载《第十一届中国农村法治论坛论文集》(会议交流用),2020 年 1 月 4 日。

杨青贵对进城落户农民有偿退出宅基地改革面临的困境进行了详细阐述：一是权利制度的部分内容缺失；二是主体关系模糊；三是适用范围不清；四是实施方式局限；五是补偿标准差异大；六是补偿的可持续性偏弱；七是监管制度缺失；八是配套制度协同性弱。[1]

田静婷通过对陕西省高陵区宅基地有偿退出情况进行调研后发现，宅基地退出的主要形式为宅基地换房和宅基地回收，全国其他试点地区的宅基地退出方式还有宅基地交易、征地拆迁、宅基地置换等。但由于宅基地改革仍在试点阶段，农民在宅基地退出方面还面临着政策法律不健全、补偿标准不明确、补偿措施不健全、保障机制不完善等障碍。[2]

唐烈英、钟三宇指出，宅基地资格权与使用权的“捆绑”，使既有的农村村民住宅抵押改革试点陷入困境。主要表现如下：一是以宅基地的身份性限制宅基地使用权的流转；二是抵押权实现的高风险性降低了金融机构的参与积极性；三是裁判依据的缺失使抵押权的实现缺乏司法保障；四是政府兜底性的风险分担机制纵容了农民违约可能性。[3]

农民集体成员资格认定是宅基地“三权分置”的关键问题，但法律尚付阙如。向勇从司法裁判角度出发，指出释法逻辑存在如下瑕疵：一是作为实质要件的“替代性社会保障标准”难以产生规则的稳定性预期，享有全民社会保障不应成为农民集体成员丧失成员资格的法定情形；二是多元综合标准致使外嫁女可根据农民集体利益分配的实际情况，自主选择归属于娘家集体成员抑或夫家集体成员，造成司法裁判的随意与不公；三是自然人的户籍、替代性社会保障、生产生活状况、履行集体义务行为等诸多个体要素与农民集体成员身份之间并无法律上的关联关系，背离了团体人格及其成员制度的基本法理。与农民集体成员私法身份的产生、变更和消灭有关联的私法要素是农

---

〔1〕 参见杨青贵：《进城落户农民有偿退出宅基地改革的实践困境与制度规范》，载《第十一届中国农村法治论坛论文集》（会议交流用），2020 年 1 月 4 日。

〔2〕 参见田静婷：《我国农村宅基地有偿退出机制的法律问题探析》，载《第十一届中国农村法治论坛论文集》（会议交流用），2020 年 1 月 4 日。

〔3〕 参见唐烈英、钟三宇：《论宅基地资格权使用权分离与农村村民住宅抵押》，载《第十一届中国农村法治论坛论文集》（会议交流用），2020 年 1 月 4 日。

村土地权利，不宜用户籍、社会保障等公法要素予以替代。[1]

宋宗宇对重庆的地票制度改革实践提出疑惑。其认为山区宅基地复垦为耕地后也很难进行耕种，地票制度在促进耕地保护与维护粮食安全方面还有待进一步探索。

程锦主要关注军人的集体成员权保护问题。提出，农家子弟在进入部队后原户口会被注销，相关集体成员权益无法得到有效保障，同时会面临军属与子女的户口迁入难题。

四、宅基地“三权分置”的改革进路

（一）宅基地“三权分置”的总体改革进路

丁关良认为，必须尽快消除理论界与实务界对宅基地使用权具有双重属性的不合理认知。人为打上宅基地使用权的“身份性”烙印必然使简单问题复杂化甚至无解，应该正确、科学地树立宅基地使用权乃用益物权的唯一性认知，恢复宅基地使用权的财产性本来面目，如此方能构建好宅基地使用权流转之良法制度。[2]

董新辉建议，须全面清理现有法律法规和政策文件，废除修改相抵触、不合理的文件和内容，建立从权利属性界定到权利内容，从初始取得到自由流转的法律框架，完善从申请审批到权属登记的一整套管理制度，建立以《宪法》为根本，以《民法典》“物权编”为基础，以《土地管理法》为一般，以国家政策和地方政策文件为补充和细化的流转规范体系。此外，通过最高人民法院出台相关司法解释，对宅基地使用权的初始取得资格、农房买卖合同的效力等问题予以明确，以化解司法机关在审理案件中所遇到难题，维护司法的公正权威。真正实现从“政策主导”到“法律主治”的历史性转变。[3]

房建恩指出，宅基地“三权分置”作为乡村振兴战略政策体系中的具体政策安排之一，其核心是要充分落实农民集体对宅基地的所有权，通过主体强化、权能扩展等制度完善措施实现农村闲置宅基地的充分利用。与此同时，应妥善处理农民宅基地资格

[1] 参见向勇：《农民集体成员资格的规则竞争：在司法裁判与村规民约之间》，载《第十一届中国农村法治论坛论文集》（会议交流用），2020年1月4日。

[2] 参见丁关良：《宅基地“三权分置”政策下各种流转方式之运行的尴尬剖析和思考》，载《第十一届中国农村法治论坛论文集》（会议交流用），2020年1月4日。

[3] 参见董新辉：《新中国70年宅基地改革中政策与法律关系的反思：从“政策主导”到“法律主治”》，载《第十一届中国农村法治论坛论文集》（会议交流用），2020年1月4日。

权、社会主体宅基地使用权与集体宅基地所有权之间的关系,既要防止因集体的强势推进造成的农民权利受损,也要消除集体和农民宅基地权利对社会主体宅基地使用权取得和行使的忧虑。〔1〕

管洪彦认为,虽然政策文件已经明确提出了宅基地“三权分置”,地方实践中也已经对宅基地“三权分置”进行了地方探索,但相较于承包地“三权分置”改革,宅基地“三权分置”更加复杂,涉及的利益关系主体更多,无论是政策设计、法理基础还是实践探索都不尽成熟。因此,宅基地“三权分置”改革更应该遵循渐进式路线。〔2〕

刘恒科认为,宅基地“三权分置”政策的法制化,必将引发现行宅基地权利制度的体系性重塑。应从主体构造和权能充实两方面落实集体土地所有权,从登记、流转、退出层面充实宅基地使用权权能,并通过确立宅基地经营权,扩张解释《土地管理法》之集体经营性建设用地使用权规则,类型化塑造社会主体权利。〔3〕

刘先辉提示,在注重宅基地使用权客体——土地资源的经济利益的同时,不能忽视生态利益等其他非经济利益,否则无法实现生态宜居的目的。为此,应当将环境保护的观念贯穿到民法的基本原则与具体制度中去,实现宅基地使用权制度的“生态化”。〔4〕

吴迪指出,宅基地使用权作为用益物权,设立的初衷就是要进入市场。在中国经济进入新时代的大背景下,宅基地放开流转已是大势所趋。当下研究宅基地“三权分置”的核心在于,对宅基地所有权进行强权赋能与加强管理,对宅基地资格权进行准确定性,对宅基地使用权的具体流转方式予以详细探讨。〔5〕

许明月指出,宅基地制度改革,首先要遵循市场化的基本要求,使其更好地服务于乡村振兴战略;其次必须考虑消费者利益,如果购房者或实际使用人的利益无法得到

---

〔1〕 参见房建恩:《乡村振兴背景下宅基地“三权分置”的功能检视与实现路径》,载《第十一届中国农村法治论坛论文集》(会议交流用),2020年1月4日。

〔2〕 参见管洪彦:《宅基地“三权分置”的权利结构与法律表达》,载《第十一届中国农村法治论坛论文集》(会议交流用),2020年1月4日。

〔3〕 参见刘恒科:《宅基地“三权分置”的权利结构与制度构造》,载《第十一届中国农村法治论坛论文集》(会议交流用),2020年1月4日。

〔4〕 参见刘先辉:《论乡村振兴战略下生态宜居的政策演进及其法治实施》,载《第十一届中国农村法治论坛论文集》(会议交流用),2020年1月4日。

〔5〕 参见吴迪:《宅基地“三权分置”的法权构造——以土地承包经营权的比较法为视角》,载《第十一届中国农村法治论坛论文集》(会议交流用),2020年1月4日。

有效保障,改革前景不容乐观。

赵学刚指出,我国宅基地制度应在改革与保守间求得平衡,为农民乃至全国人民坚守住最后的家园。改革需要盘活闲置资源,但步伐不宜过大,防止出现制度的背离。此次《土地管理法》修改在宅基地制度方面未作大幅改动,强调进城落户农民自愿有偿退出宅基地,自愿是决不能借改革名义剥夺农民利益,有偿是强调双方达成合意,构筑了改革的底线。李嵩誉也认为,宅基地制度改革的底线为农民利益不受损,适度的政府干预能确保守住底线。

肖顺武指出,中国宅基地制度改革须注意如下两个方面。一是中国宅基地市场化改革离不开政府的推动,此乃中国国情所必需;二是中国各地地方差异过大,宅基地制度改革不需要制定统一规则,而是根据各地情况因地制宜。

高飞也认为,宅基地的重要定位在于保障生活需求,在权利制度设计上不能完全市场化。即便在浙江义乌、浙江德清等市场化程度较高的地方,没有政府的财政支持,也很难实现市场化。

谭贵华指出,宅基地制度改革的核心在于解决宅基地闲置问题,因此需认真设计收回制度,构筑好土地流转一级市场。具体而言,需考虑收回的性质以及收回后宅基地上他项权利的处置问题。

王洪平认为,应当针对我国土地公有制这一特殊的土地模型来制定符合中国实际的土地法典,通过土地法典解决土地的物权问题。

刘云生认为,土地制度改革应该落实到农民的真实诉求,这才是解决实际问题的办法。

(二)宅基地“三权分置”的具体改革进路

龚暄杰从加强集体资产管理角度出发,提出了化解宅基地资本化障碍的可能路径:一是完善科学的农村集体经济组织法人制度;二是健全集体资产的产权管理制度,探索宅基地的多种管理方式;三是严格评估资产价值,完善农村集体资产管理的财务审计监督制度,建立统一的集体资产信息化管理平台;四是健全集体资产交易管理制度,稳定宅基地利用的秩序。[1]

---

〔1〕 参见龚暄杰、李玲:《论宅基地资本化的现实障碍与可能路径——以加强集体资产管理为视角》,载《第十一届中国农村法治论坛论文集》(会议交流用),2020年1月4日。

李苑玉认为，对于宅基地使用权的认识须适时更新理念，目光不能仅停留于推动平等主体间宅基地使用权的自由流转，还应重视农民集体所有权对宅基地使用权的规范作用。在收回条件方面，收回类型必须法定化，具体分成应当收回和可以收回两种。在收回主体方面，应赋予宅基地所有权主体实质收回权，避免政府过度干预。考虑农村集体经济组织在部分地区尚未建成，可暂由村委会代行收回权，待时机成熟后再将收回权全部收归。在收回程序方面，一是收回决定由政府审批改为政府审核；二是畅通被收回者的表达渠道；三是在“应当收回类型”中引入宽恕期机制；四是在“可以收回类型”中引入集体决策机制。在收回补偿方面，应完善补偿情形、补偿主体、补偿客体、补偿标准四大方面的规定。[1]

在进城落户农民有偿退出宅基地改革的制度规范方面，杨青贵提出了如下改革方向：一是身份淡化与功能主体化是宅基地制度改革和完善的方向；二是构建进城落户农民宅基地使用权的制度规则；三是建立农村集体经济组织成员资格认定的法律规则；四是增强进城落户农民有偿退出宅基地的补偿激励；五是探索进城落户农民有偿退出宅基地的监管制度；六是将创新社会治理有效融入有偿退出宅基地改革。[2]

孟庆瑜指出，宅基地使用权抵押的实际操作需要在规则的指导和约束下进行，力争在宅基地的保障性、福利性与宅基地使用权抵押的市场流转性之间寻求兼顾。一是明确宅基地使用权抵押的主体。因继承或买卖等合法原因成为房屋所有权人的，相应期限的宅基地实际使用权一并作价抵押，并在抵押登记时予以载明。抵押权人不能局限于银行业金融机构，应扩展至其他市场主体。二是界定宅基地使用权的担保价值。可以借鉴我国各地对住房担保价值的评估方式，通过所处位置、供求、其上建筑物质量、其上房屋的合理使用年限等指标进行估算。三是宅基地使用权抵押中农民的基本生活保障。如抵押登记时应出具另有其他基本生活居所的书面证明，设计宅基地使用权回复规则。四是宅基地使用权抵押权的实现。受让人范围应不作限制，但赋予同等条件下本村集体经济组织及其成员优先受让权。当债务人无法履行的债务数额较少

〔1〕 参见李苑玉：《乡村振兴背景下宅基地收回制度的重塑》，载《第十一届中国农村法治论坛论文集》（会议交流用），2020年1月4日。

〔2〕 参见杨青贵：《进城落户农民有偿退出宅基地改革的实践困境与制度规范》，载《第十一届中国农村法治论坛论文集》（会议交流用），2020年1月4日。

时,可行的办法是强制管理,即在一定期限内将抵押标的交由管理人使用管理,其间获得的收益用于偿付抵押权人的债权。〔1〕

唐烈英指出,农村村民住宅抵押制度的构造应从如下五个方面进行:一是农村村民住宅抵押须立法跟进;二是禁止宅基地使用权单独抵押;三是扩大抵押权人的范围;四是缴纳宅基地使用权租赁费;五是建立市场化的“专项风险补偿基金”。〔2〕

目前对于农村闲置宅基地的开发利用已经形成巨大的产业规模,取得了较好的经济效果与社会效果,这些探索与尝试对农村闲置宅基地的治理带来了如下启示:一是政府通过税收等优惠措施吸引资金进行开发利用;二是严格规划,挖掘农村特色进行开发利用;三是充分利用互联网等技术开发利用闲置宅基地;四是建立合理的利益分配与共享机制。〔3〕

在构建农村宅基地有偿退出的有效路径方面,田静婷指出,应从构建农村宅基地有偿退出的法律法规、强化农村宅基地退出中的土地规划作用、建立科学合理的宅基地退出补偿标准、完善农村宅基地退出的保障体系五大方面入手。〔4〕

吴迪提出,可以引入宅基地典权和宅基地信托两种较为新颖的流转方式,为宅基地使用权放活流转提供新思路。宅基地典权的权利构造为“所有权—宅基地成员权—宅基地使用权(宅基地典权)”。实践中,其接近于罗马法的地上权,同时,类似不动产质押的典权能够弥补我国当前不动产质权的法律空白。在宅基地使用权信托的法律构造中,由于我国实行土地公有制,所以应从中国的土地实际情况出发,信托机构形式上获得宅基地的“所有权”外观,但实质上宅基地作为信托财产所有权仍属于农村集体经济组织,宅基地使用权仍属于农户。〔5〕

---

〔1〕 参见孟庆瑜、张思茵:《宅基地使用权抵押问题的审视与厘正》,载《第十一届中国农村法治论坛论文集》(会议交流用),2020 年 1 月 4 日。

〔2〕 参见唐烈英、钟三宇:《论宅基地资格权使用权分离与农村村民住宅抵押》,载《第十一届中国农村法治论坛论文集》(会议交流用),2020 年 1 月 4 日。

〔3〕 参见祁全明、王天雁:《农村闲置宅基地开发利用的新途径——以休闲农业与互联网农业为例》,载《第十一届中国农村法治论坛论文集》(会议交流用),2020 年 1 月 4 日。

〔4〕 参见田静婷:《我国农村宅基地有偿退出机制的法律问题探析》,载《第十一届中国农村法治论坛论文集》(会议交流用),2020 年 1 月 4 日。

〔5〕 参见吴迪:《宅基地使用权流转模式的梳理与创新》,载《第十一届中国农村法治论坛论文集》(会议交流用),2020 年 1 月 4 日。

向勇指出,农民集体对于法院有关集体成员资格认定裁判的抵制,不仅表现出对非集体成员分食集体利益的不满,而且也隐含着对行政权力、司法权力控制、支配、决定农民集体成员资格的不配合。集体成员资格立法规则的生成,应剥离依附于农民集体制度中的权力因素,尊重其生长过程中的私法因素和权利因素,以维护集体成员资格规则的正当性并实现成员资格规则与成员权利规则的相互协调。农民集体成员资格的立法规则,应扎根于民众的家庭观念、农民集体的共同意志。〔1〕

在宅基地增值收益分配上,张明玖指出,应立足现阶段我国人民日益增长的美好生活需要和不平衡不充分的发展之间的矛盾,政策导向应注重补齐发展短板、促进社会公平正义,保证群众在共建共享发展中有更多获得感。因此,不仅要强化顶层设计,还要在实践中合理干预、控制。从当前宅基地“三权分置”的情况来看,宅基地增值收益的公平合理分配,主要依靠构建合理的分配机制,推进土地产权资本化改革,完善收入平衡调节机制,完善法律监督机制。〔2〕

祝之舟主要对宅基地资格权的规范要点进行了阐述。在规范路径方面,宅基地资格权的法律化应当坚持宪法确认的先导功能,并以此为基础,将具体规范落实于《民法典》“物权编”的宅基地使用权部分,作为行政法的《土地管理法》不宜直接规范和调整宅基地资格权问题。在主体界定方面,农户是一个内涵和成员都不确定的生活概念,不具备作为宅基地资格权人的主体资格,作为个体农民的集体成员才是宅基地资格权的适格主体,同时应注意区分宅基地资格权的取得和宅基地资格权的实现。在实现程序方面,宅基地资格权可因分配请求权或优先受让权的行使而获得实现,并进而取得具有福利保障性质的宅基地使用权。〔3〕

---

〔1〕 参见向勇:《农民集体成员资格的规则竞争:在司法裁判与村规民约之间》,载《第十一届中国农村法治论坛论文集》(会议交流用),2020年1月4日。

〔2〕 参见张明玖:《共享发展理念下宅基地增值收益分配研究》,载《第十一届中国农村法治论坛论文集》(会议交流用),2020年1月4日。

〔3〕 参见祝之舟:《论农村宅基地资格权的制度意义与规范要点》,载《第十一届中国农村法治论坛论文集》(会议交流用),2020年1月4日。

中国土地法制与乡村振兴战略会议联盟第六届学术研讨会“农村要素市场化配置改革的法治保障学术研讨会”暨第十二届中国农村法治论坛综述

何俊玲*

目　次

2020年10月31日，中国土地法制与乡村振兴战略会议联盟第六届学术研讨会“农村要素市场化配置改革的法治保障学术研讨会”暨第十二届中国农村法治论坛在重庆市顺利召开。本次会议由中国土地法制与乡村振兴战略会议联盟主办，西南政法大学经济法学院、经济法学科、中国农村经济法制创新研究中心承办，《法学家》杂志

* 西南政法大学中国农村经济法制创新研究中心助理研究员。

重要说明：本综述已被《土地法制科学》收录刊用。鉴于本会议综述所对应的中国土地法制与乡村振兴战略会议联盟第六届学术研讨会“农村要素市场化配置改革的法治保障学术研讨会”暨第十二届中国农村法治论坛属于中国农村法治论坛系列会议，故本卷予以收录。

社、《土地法制科学》编辑部、《经济法论坛》编辑部协办。来自中国人民大学、吉林大学、南开大学、浙江大学、广东外语外贸大学、西南政法大学、华东政法大学、西北民族大学、重庆大学、烟台大学、天津大学、嘉兴学院、南京师范大学、北京市社会科学院、太原师范学院等全国20余家单位的近百名专家学者出席了本次会议。本次研讨会共分五个单元进行主题研讨，现根据专家的现场发言，将会议研讨的主要内容综述如下，以飨读者。

一、农村要素市场化配置改革的理论回应

（一）农村要素市场化配置改革相关理论探索

广州大学法学院刘云生教授指出，农村土地经营权担保目前还存在两点问题：一是《民法典》与《农村土地承包法》相关条文之间衔接不当。《农村土地承包法》第47条规定的是土地经营权担保，而《民法典》第342条规定的是土地经营权抵押，同时，第399条删除了《物权法》第184条有关耕地不得抵押的规定；二是《民法典》与《农村土地承包法》对土地经营权抵押的范围与对象都作出了相应限制，封闭性、内部性较为明显。要想真正实现农村土地要素配置的市场化改革，不同法条之间应该统一规定为担保，除土地抵押外，土地确权登记后还可以进行权利质押，这在历史上有可供借鉴的经验。

《广东社会科学》杂志社周联合研究员认为，农村要素市场化配置改革的首要问题在于，要善于将源于经济生活要求的产权结构法治化。这需要运用历史考察与比较研究方法，对已经建立起来的物权、债权等制度进行与时俱进的检视与改革，破解以往制度对农村土地市场化配置方面的限制，使之符合农村产权要素市场化配置的现实需要。

烟台大学法学院王洪平教授认为，农村要素市场化配置改革相关理论探索应明确如下两个问题：一是对“农村要素市场”这一概念进行准确界定。农村要素既涉及文化等软要素，同时又涉及资源、产业等硬要素，进行相应改革时应该有所甄别，针对可交易性要素展开。二是农村改革不能完全套用城镇市场化改革经验，一方面，在于城乡生活状态的异质化客观存在于每个时代；另一方面，在于我国在城镇化建设过程中出现了诸多遗留问题，农村要素市场化配置改革应避免冒进，同时注重人文关怀。

华东政法大学高富平教授同样认为需要准确界定“农村要素市场”概念，传统古典经济学中生产要素包括土地、资本、劳动、企业家的才能，多数土地法学者更加关注土地要素，忽视了企业家的风险承担能力、创新能力与资源整合能力。

中国政法大学地方财政金融与农村法治研究中心李蕊教授指出，农村要素除可以划分为软要素与硬要素之外，还可划分为有形要素与无形要素。有形要素涉及人、地、钱三方面，农村改革的核心就是要统筹解决人在哪儿、地给谁用、钱从哪儿来三个问题，避免单独割裂进行。在价值层面，进行要素市场化配置改革时绝不能唯市场论，需要统筹考虑效率、公平、安全的统一。其中安全是最基本的底线，涉及粮食安全、生态安全、社会安全。改革须注重公共利益与私人利益间的平衡。

西南政法大学经济法学院杨惠教授在价值层面着重强调了公平的重要性。其指出，在调研过程中诸多地方都非常关注第二轮土地承包到期后再延长 30 年的公平分配问题。

西南政法大学经济法学院张志辽教授强调，由于我国农村各项改革始终面临着公有制、耕地红线、规划控制以及用途管制四方面的限制，市场化配置的空间非常有限。因此，农村要素市场化配置改革不仅涉及土地问题，还涉及基于土地利用保护所形成的生态产品的可交易性问题。对此，必须从价值的存在基础、价值的发现、价值的确认以及价值的维护四个方面予以考量。近年来，重庆市在“地票”制度上进一步发展出的生态“地票”制度是这方面的有益探索。

广东外语外贸大学土地法制研究院张淞纶副教授提出，在公有制背景下进行市场化改革存在市场悖论。如果采用计划手段，管理成本会大幅增加。而由于成员的无限性，采用市场手段又会导致交易成本的上升。因此，产权的界定十分重要。但传统民法的产权界定逻辑都是建立在严格的私有制上，与我国农村实际情况不符，需要对其进行扬弃，例如承包地“三权分置”下的承包权本质上可能既非成员权也非身份权，而是所有权，是集体所有权的私法版本。

嘉兴学院浙江省法学会合作社与农民权益保障研究中心向勇教授指出，法学界对农村要素市场化配置改革已经做了长时间的理论探索，形成了一些成果，但缺乏理论的传承。此外，未能厘清集体所有权这一改革前置性问题的具体内涵。

（二）农村要素市场化利用的障碍及其破解

广州大学法学院刘云生教授聚焦于土地要素抵押担保，指出我国农地在进行市场化配置时存在三方面障碍：一是《民法典》第399条将土地权益抵押范围限定于土地经营权；二是根据《农村土地承包法》第47条的规定，受让方以土地经营权融资担保时具有经承包方书面同意并向发包方备案的前置性义务，人为增设了融资担保的障碍；三是根据《农村土地承包法》第44条的规定，“承包方流转土地经营权的，其与发包方的承包关系不变”，这导致受让人抵押土地经营权时，抵押权人与承包权人、发包人之间的法权关系模糊。要想破除上述障碍，需要民法学界与经济法学界进行进一步对话。

《广东社会科学》杂志社周联合研究员同样认为，农村要素市场化配置问题主要是土地问题，其中又以产权问题为重。一旦产权设计出现问题，耕地红线、规划控制等制度的实施都容易遭遇阻碍。因此，在进行制度构建时，一方面，需要将该坚持的原则坚持好；另一方面，必须重视产权制度设计，实现农村要素的可交易性，最终达到市场化配置目标。

烟台大学法学院王洪平教授首先强调，公有制并不是我国农村要素市场化配置改革的障碍，而是基础与前提，关键在于如何理解。我国公有制有“大公”与“小公”之分，大公即国家（全民）所有，小公即集体所有，应注意二者的区别。以此为基础，我国存在几百万个农民集体，可以针对各自不同的资源禀赋进行不同的市场化设计，形成“一村一市场”的局面。同时，村与村之间也可以进行联合，共同推进市场化变革。此外，目前改革仍面临如下障碍：一是如何与生态环境保护进行协调，过分注重环境可能会使农村要素市场化改革难以取得实质性进展；二是我国农村频繁调整土地等破坏产权稳定的行为多发，致使改革丧失了稳定的前提。

中国政法大学地方财政金融与农村法治研究中心李蕊教授认为，农村要素市场化配置改革的核心障碍在于城乡二元结构。人、地、钱三类要素在城乡之间、发达与不发达地区之间存在不均衡状态，在此种情况下如果没有相应的制度设计，农村市场化改革会使城市对农村、发达地区对不发达地区的“虹吸效应”越发明显，公平、效率、安全的价值追求也会落空。破解之道在于注重城乡融合发展，城市反哺农村。政府可以运用财政、税收、金融等具体措施予以支持。

西南政法大学经济法学院张志辽教授认为，农村要素市场化配置改革已经成为顶层设计的趋势和方向，在观念上不存在障碍，但缺乏落地工具。

广东外语外贸大学土地法制研究院张淞纶副教授认为，农村要素市场化利用的障碍正是在于观念,但在整个行政管理与法律制度的理念中,农民实际上是走在管理者与立法者前面的,他们通过实践智慧能够敏锐地发现保障性制度中的财产价值。

嘉兴学院浙江省法学会合作社与农民权益保障研究中心向勇教授认为,农村要素市场化障碍不在于普遍认为的土地要素市场化,而在于主体的市场化。农村集体经济组织法人是不是真正的市场主体?其能否自由流转自己的土地?能否拥有破产能力?所有这些都会形成法律障碍。

华东政法大学高富平教授提出,农村要素市场化配置改革的一大障碍在于农民集体所有的内涵难以厘清;另一障碍在于人为地将要素市场划分为城市和农村。真正的市场是统一的,如此才能使各类要素的效用最大化发挥。农村要素市场化改革应该去政治化、去行政化。

华中师范大学法学院丁文教授认为,交易平台或流转市场的缺失是农村要素市场化利用的最大障碍,农民观念已经开放。

西南政法大学经济法学院孟甜老师结合自身调研情况指出,农村要素市场化利用并非没有交易平台,而是缺乏需求。因为土地要素受区位影响极大,导致流通大为受限,在此情况下要想建立起完善的沟通与交易机制十分困难。

(三)农村要素市场化配置中市场与政府关系的法律调整

广州大学法学院刘云生教授强调,农民的实践智慧远超过立法者或法学家,政府在进行管制时应该充分尊重农民智慧,除了土地利用总体规划与用途管制,剩下的交给农民自己探索。管制过多会使改革效果大打折扣。

《广东社会科学》杂志社周联合研究员认为,政府应该顺应市场规律,建立起符合市场需要的产权规范与交易规则。但同时,政府也要适当运用税收、规划等公法手段进行调控,保障公有制,避免贫富两极分化,保障党和政府政治目标的实现。此外,“一村一市场”是否为真正的市场值得商榷,因为真正的市场一定要是大市场。

烟台大学法学院王洪平教授将市场与政府的基本关系形象地比喻为“有形的脚与无形的手”,二者关系的调整应以解决“三农”问题,实现乡村振兴为出发点。政府对于农村市场的建成和运转更多应当采取无为而治的态度,无为就是有为。具体而言:一是政府应当依法施政,农村要素市场的不稳定与农村基层施政的不稳定有直接关系;二是乡村振兴应当是依法振兴;三是政府对市场的干预应当持谨慎态度;四是要做实农村自治，实现乡村治理的去行政化；五是引导社会资本、工商资本“从良”，承担相应的社会责任；六是改革应该保留底线，农村要素依然具有很强的保障功能与稳定功能。

中国政法大学地方财政金融与农村法治研究中心李蕊教授从三个层面探讨了农村要素市场化配置中政府与市场的关系。一是要处理好赋权与管制的关系。对粮食安全、生态安全、社会安全底线的坚守的确离不开政府对土地用途、劳动力市场、资金市场的管制，但关键在于如何实现政府管制的有序、有度和有效，避免“一放就乱，一管就死”的尴尬境地。二是市场本身存在竞争失序等失灵现象，需要更好地发挥政府的作用。三是政府需要扮演好市场规则制定者，市场体系建设者、引导者、激励者，市场秩序维护者，市场秩序监管者，市场安全托底者五个角色。此外，社会组织、公民的协同作用不容忽视。

在如何解决政府有为与市场有效的关系上，西南政法大学经济法学院张志辽教授提出了以下看法。一是运用系统性思维，不能单纯为了土地市场化配置而忽视“三线一单”（生态保护红线、环境质量底线、资源利用上线与生态环境准入清单）制度；二是注重回归，将政府和市场各自作用的发挥落到实处。具体实现路径上，首先，应从法律上明确设定市场主体的义务底线；其次，应明确界定政府在农村要素市场化配置改革中的职能职责；最后，应处理好对外开放与对内改革的关系。

广东外语外贸大学土地法制研究院张淞纶副教授认为，将市场与政府对立起来是传统自由主义的理论预设，农村要素市场化改革不是简单的市场与政府的关系问题。政府本身从中央到地方存在多个层级，面向的问题与利益考量都有所不同，中央政府运动化式地推动某一政策，基层政府却被裹挟在政绩考核与普通农民的实际利益需求间叫苦不迭。因此，本质上还是应该解决不同层级政府作为决策制定者与执行者之间深刻的内部矛盾，将一同治理与有效治理协同起来。

华中师范大学法学院丁文教授指出，由于农村要素市场的不成熟，还无法离开政府的各项支持。当下政府应该更多注重市场培育。

（四）农村要素市场化配置的制度保障

广州大学法学院刘云生教授在制度保障层面依然聚焦于土地经营权的担保问题，主张借鉴传统民间智慧，实现土地经营权的抵押以及权利质押。具体到法律条文，其认为通过《民法典》第399条与《农村土地承包法》第47条的对接，土地经营权抵押可以实现；同时，通过对《民法典》第440条第7款进行扩张性解释，将土地经营权视作一种财产性权利，以土地经营权证书进行权利质押也可以实现。此外，土地经营权入股后以股权设定质押也不存在障碍。

《广东社会科学》杂志社周联合研究员认为，如果政府总是在产权规则与交易规则上设置例外条款或限制性规定，真正的市场化配置就很难实现，应该更多运用税法等公法手段进行调控。同时，要想切实解决农村问题，应尽快将农村土地的社保功能剥离开，建立起比较现实、健全的农村社保制度。

烟台大学法学院王洪平教授认为，社保制度是一把“双刃剑”，它造就了社会中的懒人状态，并没有保障社会的健康发展。回到制度保障的探讨上，在法治层面，其认为农村要素市场化配置的制度建设包括主体制度、产权制度、交易制度、纠纷解决制度、监督监管制度的建设；在德治层面，道德的滑坡与农村家庭的“原子化”现状可能有碍和谐的市场体系的形成；在自治层面，如今农村一定程度上还存在专制现象。此外，存在了几千年的农村集市是否对农村要素市场的建设具有启发性？

深圳大学法学院侯玲玲教授首先提出了小产权房是否可以合法化的问题；其次，社会保险是对失地农民的最后一道保障；最后，农村劳动力与城市劳动力都是人才要素，二者没有本质区别，不应割裂看待。

中国政法大学地方财政金融与农村法治研究中心李蕊教授认为，农村要素市场化配置的制度保障，核心仍是公权与私权的权责边界以及公权主体与私权主体的权责配置问题。这涉及对私权的保障以及对公权的约束。因此，应将正在进行的农村集体经济组织法和乡村振兴促进法[1]等立法做实，避免虚化的表达引发新的制度障碍。否则，既有的现实困境再叠加制度障碍，改革只会难上加难。

西南政法大学经济法学院张志辽教授认为，农村要素市场化配置的制度保障是一个庞大的制度群，其中有四个基础性制度需要予以完善。一是市场交易制度，主要解决交易对象、场所、主体等问题；二是投资人权益保障制度，激发投资人的交易意愿以及使其获得公平交易机会；三是风险控制制度，避免社会公共利益受损；四是政府绩效考核评价制度，避免制度运行的低效化。

---

〔1〕《乡村振兴促进法》已于2021年4月29日通过，自2021年6月1日起施行。

广东外语外贸大学土地法制研究院张淞纶副教授认为，农村要素市场化配置的制度保障更多涉及公法问题，交易规则、交易客体等私法层面的规则，农民可能更富创见。同时，我国农村的复杂局面与以绝对排他的所有权为核心建立起来的传统民法制度体系存在一定冲突。所以，在农村要素市场化配置改革中，可以考虑相应的私法配套制度不受《民法典》相关制度的硬约束，给予充分的制度阐释空间。此外，要想真正实现农村交易市场的现代化，需要借助物联网、大数据等现代工具。

二、土地要素市场化配置改革的法治保障

（一）《民法典》与农村土地要素市场化配置改革

浙江大学中国农村发展研究院丁关良教授围绕该议题主要谈了四个观点：一是农村土地要素市场化配置改革仍然缺失基本法的全面支撑。《民法典》仍规定集体建设用地使用权与宅基地使用权转致性地适用具有公法性质的《土地管理法》。二是集体土地所有权主体虽然在法律上规定为乡（镇）、村、村民小组农民集体，但其仍然不属于真正的民事主体，实践中多由农村集体经济组织或村民委员会代行集体土地所有权。三是土地经营权的生成缺乏新的法理支撑，承包地"三权分置"虽然被规定于新修订的《农村土地承包法》中，但理论界与实务界对其仍然存在不同理解。四是抵押是改革的重头戏，但土地经营权到底如何抵押，《民法典》并未具体提及。

南开大学法学院陈耀东教授认为，农村土地要素市场化配置改革主要解决的是土地能否以商品形式在市场上进行流通配置，从而形成各种各样的土地方面的生产要素市场。就目前而言，我国农村土地制度改革主要经历了确权、盘活、流动三大阶段。但在既有制度框架下，农村土地集体所有权变动的法律形式只能是征收，因此无法实现市场化配置；农村承包地"三权分置"也是为协调制度约束与市场化配置的现实矛盾而进行的一项改革，但分置出的土地经营权虽然已经被纳入《民法典》，能否真正实现市场化依然有待讨论；集体经营性建设用地使用权流转的展开也依旧是一项艰巨的工作。

广东外语外贸大学土地法制研究院张保红教授着重探讨了《民法典》第339条。《民法典》第339条规定"土地承包经营权人可以自主决定依法采取出租、入股或者其他方式向他人流转土地经营权"，但通常来讲，出租后承租人获得的是租赁权。同时，

入股客体到底是土地承包经营权还是土地经营权，如果是后者，土地承包经营权人是否应先为自己设定土地经营权，然后再入股？《民法典》是统一的整体，如果在总则与分则中存在不同理解，有损《民法典》的严谨性。

华中师范大学法学院丁文教授指出，《民法典》与农村要素市场化配置改革存在密切勾连，其主要是通过物权确认来强化相关主体的产权保护。具体表现在如下几个方面：一是物权编中对集体所有权的客体、行使与保护都进行了规定；二是对农地“三权分置”进行了立法表达；三是在“建设用地使用权”一章中通过第361条这一转致性条款的设置，实现了建设用地使用权与《土地管理法》的有效衔接。但总体来看《民法典》较保守：一是集体所有权民事权利属性不明显；二是土地经营权定性不明；三是宅基地“三权分置”改革未能在立法中体现。

西南政法大学民商法学院黄忠教授主要谈了三点看法：一是理念上如何看待政策入法的问题，《民法典》第363条将国家有关规定直接纳入宅基地使用权立法中；二是体系上如果将土地经营权人作为独立的征收补偿主体看待，如何与土地所有权人、用益物权人的补偿地位进行体系化衔接；三是工具上《民法典》地役权制度一定程度上可以用来解释土地指标交易，居住权制度可以用来解释宅基地“三权分置”。

广东外语外贸大学土地法制研究院于凤瑞副教授认为，《民法典》第363条规定政策入法的意义在于，可以为未来制定具有行政法规性质的农村宅基地使用条例及地方性法规提供适用空间。此外，“房地一体”背景下宅基地制度改革应注意如下两点：一是宅基地使用权开进过程中要有底线思维，应明确禁止宅基地使用权单独转让或抵押，保证户有所居，维护社会稳定；二是对宅基地法定租赁权制度进行进一步细化，解决农房买卖过程中“房地一体”但所有权分属两个不同主体的困境。

西南政法大学经济法学院龚暄杰老师指出，将农村土地要素的市场化配置改革完全寄托于《民法典》不太现实，其更多的是对前期政策探索的法律确认，因此仍然比较中规中矩。交易市场的培育、交易链条的完善以及对地方个性的尊重还有待继续探索。

（二）《土地管理法》与农村土地要素市场化配置改革

浙江大学中国农村发展研究院丁关良教授指出，《土地管理法》第63条规定的集体经营性建设用地入市制度是此次修法的最大亮点，但乡镇企业用地与集体经营性建设用地被分别规定于第60条和第63条,造成法律规定的体系化不够。此外,宅基地制度改革虽然部分入法,但不符合实际。比如,县级人民政府实际没办法承担《土地管理法》第62条规定的实现"户有所居"的任务。

南开大学法学院陈耀东教授认为,《土地管理法》总体来讲属于公法定位,既不是权利法也不是交易法,很难通过该法实现土地产权清晰、财产流动目标。下一步,有关配套规定需要强化集体经营性建设用地使用权的市场化配置问题以及主体的市场化问题,在维护和肯定公共秩序与公共利益的前提下,充分尊重农民在使用权流转环节的意思自治。

华中师范大学法学院丁文教授同样指出,《土地管理法》的定位在于公法或行政管理法,单纯依靠该法支撑农村土地要素市场化配置改革不太现实,因此细化相关规则尤显重要。但是,其依然作出了如下贡献:一是允许农村集体经营性建设用地入市流转;二是"户有所居"与宅基地退出等农村宅基地制度的完善为宅基地市场化改革做了制度铺垫;三是适应"放管服"改革要求,扩大了地方审批权限,符合市场化改革的效益原则。

广东外语外贸大学土地法制研究院张保红教授重点围绕《土地管理法》第63条进行了探讨。第63条第1款规定土地利用总体规划、城乡规划确定为工业、商业等经营性用途并经依法登记的集体经营性建设用地可以进行市场化流转。但《宪法》第10条规定城市的土地属于国家所有,因此如果其涉及城市规划区内的土地时应该如何处理?可能的解决办法是当集体土地被纳入城市规划区以后,实际上就自动国有化,但是仍由集体代行国家权利,个体权利人依旧享有土地永久的使用权,依旧可以交易。

西南政法大学民商法学院黄忠教授强调,农村土地市场化不能简单理解为将土地放到市场交易,还须考虑如下两个方面:一是公共产品的供给问题。土地的价值更多在于其附带的公共产品或基础设施,农村土地市场化改革过程中到底是集体还是政府进行基础设施建设投入?二是土地收益的均衡化问题。土地价值受区位影响明显,目前的做法是通过土地增值收益调节金或者土地增值税予以调节,但如果运用税收手段,税率、税基以及公共产品成本与收益的确定都较复杂。在公有制背景下,收益归属问题也需要做进一步思考。

广东外语外贸大学土地法制研究院于凤瑞副教授以《土地管理法》第62条第6款

为切入点提出了如下三个问题：一是自愿有偿退出宅基地的具体操作规则如何立法？《民法典》“物权编”依然将具有私权属性的宅基地的得丧变更交由土地管理的法律和国家有关规定进行调整。二是宅基地退出对象被限定为进城落户农民，对于没有进城落户但拥有多处宅基地的农民，其想退出多余宅基地应该如何处理？三是自愿有偿退出宅基地的村民是否还享有宅基地“三权分置”中的资格权？该问题涉及对村民居住权的保障。此外，其认为退出后的宅基地应以复垦为主，确保集体土地与农村人口间的生态平衡，同时兼顾产业用地需求。

西南政法大学经济法学院龚暄杰老师指出，农村土地制度改革之所以面临困境，其主要原因是“规范在中央”，创新在地方，即中央的制度约束力与地方想突破制度框架进行创新之间的矛盾。因此，《土地管理法》未来应在设定制度底线和尊重地方创新之间进行适当平衡。

中国人民大学法学院高圣平教授提出如下问题：一是在当前的财政体系下，如何平衡集体经营性建设用地入市和征收制度间的关系；二是在城乡统一的建设用地市场下，如何看待建设用地指标在省域内或者跨省域交易的问题；三是在农村土地一级市场与二级市场交易规则的构建方面，《土地管理法实施条例》是否可以借鉴《民法典》中有关国有建设用地使用权的某些交易规则。

（三）要素市场化配置下的农地权利体系

浙江大学中国农村发展研究院丁关良教授围绕该议题指出，现行农地权利在立法上存在诸多问题：一是基本民事权利未能体系化、规范化；二是众多农地权利的生成既无传统法理作为依据，又无创新法理支撑；三是众多农地权利性质不明，甚至产生矛盾与冲突；四是农地权利的法律救济制度缺失。

南开大学法学院陈耀东教授对农地权利体系做了如下四个层次的构建：一是农村土地的所有权。二是农村土地的他物权，包括用益物权与担保物权。用益物权主要包括建设用地使用权、土地承包经营权、宅基地使用权、地役权、流转期限五年以上的土地经营权、土地典权、海域使用权、林地草地等自然资源使用权、探矿权、采矿权、取水权、水域滩涂养殖权等。担保物权主要包括集体经营性建设用地使用权的抵押权，土地经营权的融资担保，不动产让与担保权。三是土地债权，主要包括土地发展权以及流转期限五年以下的土地经营权。四是土地继承权，包括农地承包经营权继承以及地随房走的宅基地使用权继承等。

广东外语外贸大学土地法制研究院张保红教授以《农村土地承包法》第5条为出发点，探讨了其对农地“三权分置”下土地承包权的理解。多数人认为《农村土地承包法》第5条规定的是土地承包权，但按照中央文件的规定，土地承包权指的是对土地直接现实支配的权利，本质上就是土地承包经营权。而《农村土地承包法》第5条规定的只是期待性权利，客体没有特定。如果将对土地承包的现实权利与期待权利混为一谈，将有损农民利益。此外，“一户一宅”也应被视作一种期待性权利。

华中师范大学法学院丁文教授认为，农地权利的体系化与类型化是勾连在一起的，依据或角度不同，构造就不一样。就承包地而言，其权利体系可以概括为集体土地所有权、土地承包经营权、土地经营权。对于建设用地而言，其权利体系可以概括为集体土地所有权、集体建设用地使用权、宅基地使用权。但以下问题值得探讨：一是就承包地而言，体系到底是三权还是四权，《农村土地承包法》第5条与第9条可否理解为两个独立的权利类型？二是集体经营性建设用地入市制度的提出是否给土地发展权这一权利类型留下了空间？

西南政法大学民商法学院黄忠教授指出，农村要素市场化配置改革中存在如下问题：在所有权层面，政府试图通过推动农村要素市场化改革解决过去先征后用制度中存在的问题，但集体土地所有权制度与国家土地所有权制度一样，同样面临着土地的粗放利用甚至浪费问题，也必然会带来农民的市民化，更不能直接杜绝腐败；在他物权层面，《民法典》或民事理论提出的他物权类型不充分，用益物权中典权问题值得继续探讨，担保物权中需要进一步研究不动产质权与不动产抵押权的实质区别。

广东外语外贸大学土地法制研究院于凤瑞副教授从权利救济角度探讨了农地权利体系相关问题。司法实践中对于如何认定集体决议行为侵害了集体成员权益争议很大，还未形成规则体系。但实质上决议是形成集体内部意思，调整集体内部法律关系的过程和机制，不应该忽视决议行为在塑造农民集体主体地位中的积极建构功能。目前正在研究起草的农村集体经济组织法本质属性为团体法，该法应在明确集体成员资格及内部治理结构的同时，对农民集体决议的召集，表决规则，效力体系及效力瑕疵等作出系统规定，通过静态组织架构和动态治理机制的结合，让农民集体有效运转起来。

西南政法大学经济法学院龚暄杰老师同样从所有权与他物权两个层面探讨了农地权利体系相关问题。在所有权层面应作好兜底性安排,通过基础性权利的保障来做实集体所有权;在他物权层面应做好发展性安排,按照主体功能区要求,对不同地区的土地作出差异化规定。同时应尽量实现农地权利的类型化、法治化,否则由于权利体系过于复杂,市场化改革会面临阻碍。

中国人民大学法学院高圣平教授指出,在土地所有权不能从事交易的背景下,土地要素市场化配置中需要对土地利用权利的构建予以更多关注。但土地利用权利并非一定要建构成物权,因为从《民法典》来看,只有稳定的、需要长期保护的土地利用关系才会被建构成物权,而在农地要素市场化配置改革中,规则设计本身有很多活跃度,尤其是二级市场方面。

(四)集体土地征收制度改革

浙江大学中国农村发展研究院丁关良教授认为,集体土地征收制度改革存在如下亮点:一是征收范围被缩小;二是征收程序更加规范。但以下问题仍须深入探讨:一是土地成片开发征收的规范化与法治化。二是集体土地被征收后,除土地所有权以外的他物权或者债权应该如何进行补偿?承包地征收与涉及住宅时的宅基地征收补偿标准过于悬殊。三是征收制度是否与集体经营性建设用地入市制度产生冲突?

南开大学法学院陈耀东教授指出,土地征收制度主要是解决三大问题:一是征收目的是否符合公共利益。对此,成片开发的争议较大。二是征收程序是否公开、公平、公正、透明。三是征收补偿是否充分、及时、合理。对于完全补偿原则的贯彻有待进一步落实。此外,居住权以及土地经营权如何补偿也需要作更加周密细致的规定。

广东外语外贸大学土地法制研究院张保红教授认为,集体土地征收应该做到三个“回归”:一是回归公益。存在经济建设与需求不足都须依靠政府来解决的观念误区。二是回归市场。巨额补偿款对政府来说是巨大的财政负担,坚持公益征收,征地范围被大幅缩小,地方财政负担会相应减轻。三是回归权利。征收更多只将集体作为被征收人,但土地承包权人、土地经营权人等权利主体不能被忽视。

华中师范大学法学院丁文教授认为,集体土地征收制度改革在缩小征地范围,规范征地程序,完善对被征地农民合理、规范、多元保障机制方面取得了长足进步。但仍然面临以下问题:一是如何对成片开发征收作进一步规范;二是如何与集体经营性建设用地入市制度进行衔接；三是对基于公共利益征收土地而言，“公共利益”的认定比界定更为重要，如果任由政府（征收人）进行认定，即使《土地管理法》第45条界定得再清楚，制度目的也会落空。

西南政法大学民商法学院黄忠教授重点探讨了《土地管理法》第45条规定的成片开发征收制度与第63条规定的集体经营性建设用地入市制度间的关系。从比较法角度来看，将土地成片开发列为公共利益需要并非中国独有，越南、印度也存在此制度，这可能是发展中国家基于发展经济的考量。如果要在逻辑上对第45条与第63条进行平衡，是否可以通过溢价购买或征购制度，优先适用第63条？但将成片开发的征收制度变成入市制度，实质是将征收加补偿变成了入市加征税，两者之间是否有实质差别？如果有，这种差别公平是否合理？如果没有，为什么认为入市加征税就一定比单纯的征收加补偿更合理？这些都值得在理论与实践层面作进一步分析。

广东外语外贸大学土地法制研究院于凤瑞副教授认为，《土地征收“成片开发”标准（试行）》（征求意见稿）仍须在以下四个方面作出改进：一是为了保证公益目的的真正实现，需要健全事中的实施以及事后的监督规则；二是土地征收“成片开发”范围内基础设施、公共服务设施以及其他公益性用地比例不低于40%的标准过低，无法体现其公益性；三是没有涉及征地补偿规则以及土地增值收益分享机制；四是成片开发征收仅具有权宜性，等城乡统一的土地要素市场逐渐建立健全时，成片开发征收应当退出公益征收的用地类型。

西南政法大学经济法学院龚暄杰老师认为，我国各地发展差异过大，在经济发展阶段完全不同的地方适用同样的土地征收制度不太合适。强制性规则需要在法律层面进行统一规范，但任意性规则以及其他需要注重地方个性的方面，应该进一步放权。

三、盘活利用存量集体建设用地相关机制制度改革

（一）盘活利用存量集体用地的多元方式

吉林大学法学院李国强教授指出，首先需要明确存量集体建设用地的范围，主要包括乡（镇）村企业用地，乡村公共设施、公益事业用地，宅基地以及新创设的集体经营性建设用地。实际上存量用地应该指向的是前三种，并且每一种又根据地区情况的不同有很多差异。但以增减挂钩为基础的建设用地指标交易其实是唯一方式，“地票”等

制度都是以此为基础设计的。而且在私法层面貌似创新利用的方式,在公法层面都不外乎涉及土地规划性质的变化。所以,不存在所谓的多元利用方式,更多是正当程序或者公权力如何行使的问题。

北京市社会科学院法学所罗瑞芳副研究员同样认为,公权力的行使与配置是一个非常重要的因素。但盘活利用的多元方式不仅涉及城乡建设用地增减挂钩指标,还涉及不同性质的存量集体建设用地内部相互转化的问题。同时,在多元化利用过程中,社会资本的进入,土地制度与农村产权制度的融合都是必须考虑的问题。

太原师范学院法律系刘恒科副教授以宅基地盘活利用为出发点指出,其主要包括农户自主、集体主导、政府主导三种类型。在农户自主方面,主要包括出租、抵押、转让、入股、合作开发、退出等方式;在集体主导方面,主要包括农民集体利用农户退出或者集体收回的宅基地,参与宅基地使用权指标交易、跨集体经济组织配置、集体自行开发使用、合作经营等方式;在政府主导方面,主要包括易地扶贫搬迁、土地整理、指标交易、调整入市等方式。

肇庆学院政法学院许英副教授指出,根据《土地管理法》第59条的规定,盘活利用存量集体建设用地的前提是坚持土地用途不改变。但从实践探索来看,一些方式坚持了该前提,另一些方式改变了该前提,如何在改变与不改变土地用途间进行协调,需要作进一步思考。

中国人民大学法学院夏沁老师指出,集体用地盘活利用的多元方式可以分为物权性流转与债权性流转,增减挂钩指标交易虽然与传统流转方式不太一样,但本质上还是属于物权性流转。

广东外语外贸大学土地法制研究院孙聪聪助理研究员指出,多元盘活利用方式的本质是土地用途转变以及由此带来的土地增值收益分配问题。根据调研情况,盘活利用的方式有存量建设用地相互之间的转化、复垦以及综合整治三种,涉及的本质问题是村庄规划的修改。但村庄规划作为国土空间规划体系中的详细规划,修改应遵循目的正当性,非因公共利益不得进行修改。此外,在复垦中涉及土地增值收益分配时,首先要明确复垦主体,其次要考虑土地所有权人和使用权人的利益。

广东外语外贸大学土地法制研究院曹益凤助理研究员也集中探讨了宅基地制度改革中的盘活利用方式,主要有两种:一种是集体主导的宅基地盘活利用。广东佛山南海借助其作为利用集体建设用地建设租赁住房试点的契机，通过整理闲置宅基地，使之成为建设租赁住房的补充用地。另一种是村民主导的宅基地盘活利用。比如农房及其宅基地转让、租赁等。主要问题在于，宅基地的流转方式、范围、期限等在实践中没有形成统一的制度经验。在法理上也没有达成共识，立法留有空白，有待日后完善。

嘉兴学院浙江省法学会合作社与农民权益保障研究中心向勇教授指出，农村土地盘活利用的多元方式忽略了一个很重要的问题，即为什么农民集体与农户不能自用，政策一开始就定位成他用（他物权）。在讨论这一问题时，思路应该更加开阔，给予农民集体和农户适当的发展空间进行创造，效果可能更好。

（二）宅基地制度改革

吉林大学法学院李国强教授指出，在宅基地制度改革中如果允许农民集体或农户自用，可能有一定益处，但另一方面也会造成新的土地食利阶层的出现。集体是利益主体，但并不是一个合格的私权主体、市场主体。因此宅基地制度改革中虽然涉及私权，但更多是如何通过程序设计，促使国家通过公权力适度干预土地用途转化或建设用地增减挂钩指标交易等，避免“合村并居”等改革中侵犯农民利益的情况再次出现。

北京市社会科学院法学所罗瑞芳副研究员指出，进行宅基地制度改革研究时很容易陷入一个怪圈，即到底是在现有法律规定的基础上谈改革，还是完全打破现有规则体系谈改革。对宅基地制度改革的探讨最终还是会回到宅基地使用权主体是谁，身份如何得来以及为什么其天然享有该权利等基础性问题上。但宅基地制度改革将重点放在继受取得上，对于宅基地初始取得这一基础性环节没有理顺，造成了改革的阶段性、片面性。从长远的制度设计来看，应该回归初次取得层面进行根本性改革。

太原师范学院法律系刘恒科副教授认为，宅基地“三权分置”的政策目标是盘活闲置农房和闲置宅基地，使农户在农房（宅基地）流转的同时，不会失去宅基地保障。因此，应将宅基地使用权作为纯粹的用益物权加以塑造。在此制度框架下，宜确立初始取得的宅基地使用权“固定期限＋自动续期（以户内仍有本集体成员为前提）”，受让人使用宅基地不超过宅基地使用权剩余期限的规则。农户宅基地使用权期满以后应该回归至集体所有权，农户凭借自己的成员身份再向集体申请确认其宅基地使用权，实现宅基地使用权的自动续期。

肇庆学院政法学院许英副教授强调，宅基地制度改革中集体土地所有权的行使不容忽视，因为宅基地使用权的保障性本质上来源于集体土地所有权。宅基地初始分配制度的保障性功能应该予以坚持，如果涉及非本集体成员通过出卖、继承、赠与等方式占有或使用宅基地的，可以构建成“住宅建设用地使用权”。

中国人民大学法学院夏沁老师认为，成员权或资格权是集体所有权制度下必然会衍生的问题，这是传统个人主义立法向团体主义立法的转变。同时，宅基地作为集体建设用地的一种，其初始取得是否可以参照国有建设用地使用权进行相应规则设计值得思考。

广东外语外贸大学土地法制研究院孙聪聪助理研究员认为，宅基地制度改革的本质问题在于宅基地居住保障功能和财产功能间矛盾的显现。宅基地无偿取得、面积法定、无期限使用等都是根源于其居住保障功能，但当下宅基地的财产价值日益凸显，尤其是在一些经济发达地区。因此，首先要明晰改革方向，到底是强化其居住保障功能，还是显化其财产功能。

广东外语外贸大学土地法制研究院曹益凤助理研究员指出，宅基地使用权初始取得能否参照国有建设用地使用权规则需要考虑一个前提，即农民的社会保障是否能够剥离农村土地而存在。同时宅基地使用权初始取得能否参照国有土地出让需厘清如下问题：一是宅基地使用权能否有偿取得？二是取得宅基地使用权的主体能否像国有建设用地使用权受让人一样放开身份限制？在广东部分地区以及建设用地供应紧张地区，已经存在有偿取得宅基地的方式。一些宅基地制度改革试点中也已经存在有偿使用的部分经验，但并没有完善配套的法律规则，这是今后探讨宅基地制度改革的一个重要方向。

中国政法大学地方财政金融与农村法治研究中心李蕊教授在宅基地的居住保障属性与财产属性之外强调，宅基地本身作为土地，资源属性也不容忽视。整个宅基地制度改革还是要考虑如何集约节约利用土地，以保证粮食安全、生态安全、社会安全为前提。目前宅基地制度改革之所以面临“瓶颈”主要是存在两个方面的矛盾：一是城乡二元的住宅建设用地市场到底能不能破以及如何破；二是宅基地作为土地要素与其居住保障功能间的张力如何解决。

西南政法大学经济法学院刘俊教授指出，宅基地制度改革如果是为了实现其财产价值,可能最后的结果是城市周边等经济发达地区的农民受益,边远地区的农民无法真正受益。因此核心还是在于有偿使用,通过经济手段控制乱占土地现象。

重庆大学法学院宋宗宇教授认为,在农村之所以要通过宅基地使用权无偿取得的方式对农民进行居住保障,追本溯源还是在于农村宅基地、农村承包地等集体财产最初源于私有制。

华东政法大学高富平教授认为,众多学者仍然是站在传统公有制视角下来探讨要素市场化配置改革。如果要真正实现要素市场化配置,应该转换思路。强调按身份取得财产是对计划经济的维护,这与我国目前深化改革的大方向是背道而驰的。

(三)集体经营性建设用地入市的制度设计

吉林大学法学院李国强教授认为,相比于宅基地制度改革,集体经营性建设用地入市才真正进入私权领域。其制度设计可从如下四个方面考虑:一是客体,要坚持用途管制与存量盘活。二是主体,涉及流转主体与利益主体。由于集体本质上是利益主体,因此应更多依靠国家以行使公权力的方式代替集体进行市场化流转。三是方式,对此《土地管理法》第63条已经予以明确。四是收益分配,国家与集体都应纳入考虑范围,二者分别代表了公共利益与小范围农民成员的利益。

北京市社会科学院法学所罗瑞芳副研究员重点探讨了入市主体问题。集体作为农村土地所有权主体,更多还是在宪法意义层面进行的表达,不是纯粹民法意义上的规范权利主体表述。主体问题背后牵涉农民个体权利以及利益调整问题,因此,亟须理顺改革中何者能够成为市场化主体以具体实施入市行为的问题。

太原师范学院法律系刘恒科副教授主要分享了集体经营性建设用地入市制度出台前,太原市进行城中村改造的有关做法,即列入整村拆除计划的城中村,市国土局按程序将改造用地范围内的集体土地确定为国有土地,确权给改制后的集体经济组织。同时对城中村改造用地之外的土地进行储备征收。改造用地全部以公开出(转)让方式供地。村集体或开发单位按市政府批准的土地备案价缴纳土地出让金。在当前入市配套规则或成型做法还未出台前,可以将此种集体经营性建设用地借道国有划拨土地间接实现入市的方式作为一种变通做法。

肇庆学院政法学院许英副教授认为,《土地管理法》第63条增设集体经营性建设用地入市制度,实现了同地同权,但同价方面并未过多涉及。同价事关入市后增值收益的分配问题,本质上更是涉及集体土地所有权的完善问题。此外,在入市途径上除了就地入市,还包括整治入市与调整入市,需要与其他集体建设用地使用权制度进行衔接。以上问题都需留待行政法规或部门规章予以细化明确。

中国人民大学法学院夏沁老师主要探讨了集体经营性建设用地应该作为何种权利来入市的问题。一些学者依据《物权法》第151条的转致性规定将其作为用益物权,此种看法突破了物权法定的限制,有待商榷。集体经营性建设用地属于集体所有土地作为建设用地的情形之一,是其下位概念,可以参照适用《物权法》对于建设用地使用权的相关规定。

广东外语外贸大学土地法制研究院孙聪聪助理研究员认为,集体经营性建设用地入市制度设计并未做到与国有建设用地同权,因为其入市用途受到限制。在市场经济占主导地位的情况下,限制其用途或坚持集体土地所有权的正当性依据何在?可能在一定程度上有利于维护粮食安全、生态安全,但从实现农民生存发展权益的角度而言,用途限制缺乏正当性依据。

广东外语外贸大学土地法制研究院曹益凤助理研究员同样重点探讨了入市主体问题:一是《民法典》虽赋予农村集体经济组织特别法人地位,但未明确其集体土地所有权主体地位,容易使人在农民集体与农村集体经济组织间的关系上产生疑问。二是在没有成立农村集体经济组织的农村,谁来行使入市权利?在集体土地属于村一级农民集体所有时,可以由村民委员会依法代行集体土地所有权。在集体土地属于村民小组农民集体所有时,由于村民小组没有独立民事主体地位,部分改革试点地区的做法是由村民小组委托上一级代为入市。三是可否聘请或委托有专业能力和相应资质的第三方代为设立集体经营性建设用地入市行为?

(四)乡村公共设施、公益事业用地制度改革

吉林大学法学院李国强教授指出,乡村公共设施、公益事业用地体现出公益性,可以在坚持土地用途管制与符合土地总体规划的前提下,类比国有土地划拨使用来重构其制度。同时,在城市化与老龄化的时代背景下,该类用地改革的重点在于对存量用地进行盘活利用,而不在于增加增量用地。盘活方式可以考虑资本下乡发展乡村旅游,复垦可能难以达到耕地所要求的质量。

太原师范学院法律系刘恒科副教授认为,如果公益性用地转变为集体经营性建设

用地进行入市，考虑到原有的公益性，所得收益应尽量用作公益用途。

肇庆学院政法学院许英副教授指出，学校、医院等存量乡村公共设施、公益事业用地基本处于闲置状态，可以通过转化为集体经营性建设用地提高土地利用效率，或者由国家进行征收。如果农村有新增公益性用地需求，可以通过划拨手段予以解决。

在没有法律明确规定的情况下，中国人民大学法学院夏沁老师对乡村公共设施、公益事业用地能否采用划拨方式存疑。此外，对土地进行公益性与经营性概念的划分在逻辑上并非完全周延，对二者关系的界定还需作进一步思考。

广东外语外贸大学土地法制研究院孙聪聪助理研究员主要探讨了如下方面：其一，按照《土地管理法》第 61 条的规定，乡村公共设施、公益事业使用土地的程序非常烦琐和严格。其二，划拨在现有法律制度体系下是国有建设用地使用权无偿使用的方式，集体土地如果采用划拨方式供乡村公共设施、公益事业用地使用，是否需要先经过征收程序再划拨？其三，集体公益事业用地在使用存量建设用地时，主要涉及土地收回和对土地使用权人的财产权益补偿。涉及新增建设用地指标时，如果需要将现有耕地转变为建设用地，需要经过有关部门审批。其四，能否把实现“户有所居”的用地认定为公益事业用地？

广东外语外贸大学土地法制研究院曹益凤助理研究员提出，集体公益性建设用地通过转为经营性建设用地进行盘活利用时，应该设置哪些前提条件？根据《土地管理法》第 66 条的规定，在需要将集体经营性建设用地转为公益性建设用地时，农村集体经济组织收回土地使用权须报经原批准用地的人民政府批准，可否借鉴该规则？

烟台大学法学院王洪平教授强调，乡村公共设施、公益事业用地制度改革不可忽略城中村。很多地方进行城中村改造时都运用《土地管理法》第 66 条相关规定，通过收回土地拆除棚户区后变成净地，后续政府再跟进征收，这与《土地管理法》第 45 条规定的成片开发征收制度是相违背的。城中村改造应该适用成片征收开发制度，而非滥用农村公共设施、公益事业用地制度。

华东政法大学高富平教授认为，改革一定要将农村与城市的界限打破，按照市场经济基本要求将所有制度打通。因此，公共产品应统一由国家供给，还农民集体以私权利。

四、深化农村集体产权制度改革

(一)农村集体产权制度改革的实践探索与实现路径

嘉兴学院文法学院欧阳仁根教授围绕议题谈了以下四点看法:一是要区分农村集体资产的类型,针对资源性、公益性与经营性资产的不同特征,采取不同改革路径;二是实践中农村集体产权制度改革主要采用的是股份合作制,比较典型的有社区性股份合作社和土地股份合作社;三是产权制度改革的目标是多重的,不仅限于增加农民财产性收益,还涉及实现集体增收、扶贫脱困以及“善治”等多个目标;四是进行相应制度设计时要注重不同主体间的联动。

华东政法大学刘竞元副教授指出,无论是产权的具体分配,还是成员资格界定,上海市松江区的产权制度改革实践都比较成熟。在产权分配方面,一是涉及清产核资,主要针对的是没有量化的集体经营性资产,这项工作在上海已经开展多年;二是涉及资产归属问题,2018 年正式实施的《上海市农村集体资产监督管理条例》将农村经济合作社、农村经济联合社定位成农民集体。在成员资格界定方面,《上海市农村集体资产监督管理条例》第 9 条规定,“自农村高级农业生产合作社成立以来,在乡镇、村、组集体生产生活的人员,经农村集体经济组织民主程序确认,成为该集体经济组织成员”。

重庆大学法学院董正爱副教授认为,农村集体产权制度改革主要涉及如下两方面:一是如何促进农村集体经济发展,实现乡村振兴。2019 年全国村集体经营收益超过 5 万元的只占全部比例的 48.2%,基本没有达到预期目标。二是如何对产权改革提供制度性供给。在成员权(资格权)的认定上,各地以户籍审查加村社审查加特殊处理方式为主,对如何认定入赘婿、出嫁女、改嫁女等特殊主体的成员资格进行了规定;在股权设置上,应该注意静态管理与半动态管理、动态管理的结合。

西北民族大学法学院王天雁副教授指出,从目前实践看,农村集体产权制度改革的主要途径是股份合作制改革,但其存在如下特点:一是股份并不是社员出资的证明,而是集体经济组织配股的结果;二是股份实行封闭管理,限制流转,不具有投资的性质;三是股份与表决权无关,在股份合作社中依然实行民主管理,按人投票;四是股份是农民参与集体收益分配的依据,而不能作为剩余财产分割请求权的依据。据此,此种股份合作制改革既不是纯粹的股份制,也不是纯粹的合作制,量化集体经营性资产的意义何在？发展趋势如何？最终农民是否有权按股对集体的最终资产进行分割？

南京师范大学法学院姜红利老师认为，改革实践存在一定的狭隘性：一方面，在于清产核资主要针对承包地这一资源性资产，对经营性资产与非经营性资产的量化相对较为忽视；另一方面，在于资产股份合作制改革仅限定于经营性资产。此外，探索农村集体产权制度改革的具体路径需要对基本性概念予以明确。首先，是产权改革的主体，需要区分产权改革的主体与产权主体（集体资产所有权主体）；其次，是产权改革的客体，对其进行资源性、经营性以及非经营性的区分很有必要。

广东外语外贸大学土地法制研究院吴昊助理研究员以集体产权制度改革中农村集体经济组织法人治理结构与市场化设计为切入点谈起。其指出我国相应立法与实践存在未满足市场化特别主体地位要求以及具体治理规则与机制缺失的情况。作为特别法人的农村集体经济组织仍需借鉴营利法人的组织形式搭建组织框架，参考企业形式，确立股份化的治理模式。在此基础上分别设置集体股与非集体股，为防止集体资产被侵占，可以借助股份公司中的“持股平台”机制，通过将股权与控制权进行分离予以应对。

（二）农村集体资源性资产产权制度改革

嘉兴学院文法学院欧阳仁根教授指出，农村集体资源性资产改革包括土地与非土地部分。前者主要指“三块地”改革，与土地发展权密切相关；后者可以包括景观、地形地貌、气候条件等。但上述资源性资产不论如何改革，一定要与乡村振兴中的产业振兴结合起来。因此，改革除了市场化运作，还要与政策性支持相结合才能更加有利于乡村振兴，例如垄断的豁免。

华东政法大学刘竞元副教授指出，“三块地”改革中宅基地制度改革裹足不前，存在诸多问题。首先，在如何实现《土地管理法》规定的“户有所居”方面，目前做法是集体通过建农村住宅小区让农民上楼，能否通过规划让农民在原有宅基地房屋上自行增高楼层值得探讨；其次，《土地管理法》规定进城落户农民可以依法自愿有偿退出宅基地，但补偿的资金来源更多还是得依靠国家财政；最后，宅基地使用权申请经审批通过后，如果未及时建房可否予以收回？

重庆大学法学院董正爱副教授认为，在进行农村产权制度改革时不能一味主张通过创新机制来分配集体资产，更多应该考虑集体的可持续发展，保障集体成员权利。

同时发达地区与欠发达地区资源性资产的分布不平衡,价值性的显现也不同,应从各地资源禀赋和发展程度出发,坚持差异化的发展模式。

西北民族大学法学院王天雁副教授认为,不管是资源性资产还是非资源性资产,改革必须明确一个前提问题,即集体成员、农民集体、集体经济组织之间的财产权关系问题。关于后两者之间的关系,目前存在“代表说”“投资关系说”“信托关系说”“同一体说”等学说,但其认为二者更类似国家与全民所有制企业之间的关系,企业在授权经营范围内自主经营,独立承担责任。因此改革应坚持集体所有制这一基本底线。

西南政法大学经济法学院刘俊教授指出,资源性资产产权制度改革需要考虑如下问题:一是资源性资产是否适合进行股份合作制改革,一直改革下去会面临哪些后果,会对现行制度产生何种影响?二是资源性资产除传统的土地资源外,地质资源、生态资源、旅游资源等需要给予关注。

南京师范大学法学院姜红利老师针对资源性资产是否适合进行股份合作制改革指出,里面暗含着如何实现平衡的问题,即一方面,希望通过市场化路径激活资产;另一方面,又希望资源性资产发挥保障耕地安全与农民权益的作用。各种政策性改革已经表明市场化不是问题,问题在于怎样进行市场化。其认为资源性资产产权改革应该强调土地承包经营权、宅基地使用权等为农民本身享有的私权,逐渐解除身份性捆绑,进行充分的市场化,同时完善流转机制。

广东外语外贸大学土地法制研究院吴昊助理研究员认为,集体资源性资产市场化的核心在于不应该造成集体资产流失,集体须牢牢掌握资产的控制权。因此农村集体经济组织法人作为入市主体时须同时满足以下条件:其一,集体不丧失对集体经济组织法人的控制权以防止集体资产的不当流失;其二,集体经济组织法人成员有效分享经营性收益,其中包括保障性的固定收益,同时允许获得个人投资性收益;其三,明确区分集体资产、集体经济组织法人资产以及成员个人资产,防止互相不当侵蚀。

(三)农村集体非资源性资产产权制度改革

嘉兴学院文法学院欧阳仁根教授从资源性资产与非资源性资产改革目标的差异性出发指出,前者改革必须重视对集体成员权的保障,后者可以借助市场机制将所有权与其他权能作进一步分离,同时通过补偿的方式鼓励成员退出。但非资源性经营性资产仍未完全按照市场机制运行,如此既会对收益增长造成制约,也会对按照市场机制平等承担相应风险的公平性价值实现形成制约。

华东政法大学刘竞元副教授指出,可以将地形地貌等资源性资产与闲置宅基地结合起来发展乡村旅游,如此有利于实现产业兴旺。非资源性资产产权改革主要是解决经营管理的规范问题以及收益分配问题,最终会涉及成员资格的认定。

重庆大学法学院董正爱副教授指出,非资源性资产也涉及经营性与非经营性的区分。前者改革需要注意如下问题:一是健全产权制度;二是厘清农村集体经济组织和村党支部委员会、村民委员会之间的权责关系;三是基于市场化利用方式重构集体经营性资产法律制度时,需要考虑公平性及稳定性问题;四是进行收益分配时为避免资产流失应该采取具体措施进行信息公开,完善监督制度。后者主要涉及科教文卫体等提供公共服务类的资产,此类资产在产权改革过程中是否应该纳入集体经济组织资产范围,由其进行统一管理与支配值得探讨。

西北民族大学法学院王天雁副教授认为,对非资源性资产进行经营性与非经营性区分意义不大,因为股份合作制改革不是对资产本身进行分割或股份化,没有涉及最终层次的产权改革。集体产权制度改革中涉及的最重要内容应当是各村设立了股份合作社这一集体经营组织,其通过对农民集体市场化代表主体的确认,使各类资产拥有了市场化可能。

南京师范大学法学院姜红利老师认为,有必要对集体资产进行细分,因为集体资产改革本身非常复杂,细分有利于明确各类产权改革的具体路径。非资源性中的非经营性资产也可以称作公益性资产,主要指科教文卫体一类,对此集体成员没有直接使用的权利,应该限制集体成员的收益分配权。

嘉兴学院浙江省法学会合作社与农民权益保障研究中心向勇教授同样认为,有必要对资源性资产与非资源性资产进行区分。因为将农村集体经济组织定性为特别法人进行集体资产经营管理时,大部分投入产出仍旧依靠资源性资产,非资源性资产可以引入社会资本,占有一定股份。但利润分配时,农民可以从两类资产中获得收益,社会主体仅能从非资源性资产中获取收益。产权制度改革不是纯粹的所有权变更,而是通过将资产证券化,使其走向市场并获取利润。

华东政法大学高富平教授认为,区分资源性资产与非资源性资产的意义在于市场化程度不同。前者必须保留在农民集体手中,以维护集体所有制,只能进行使用权的市场化;后者可以进行所有权的市场化,取消身份限制,价高者得。

广东外语外贸大学土地法制研究院吴昊助理研究员指出,由于资本具有逐利天性,会导致非资源性资产难以被有效管理,因此需要集体对集体经济组织法人及其次级法人进行控制,避免出现“内部人控制”问题。在法人间关系方面,集体经济组织法人(以下简称原始法人)的初始设立原则上对应一个农村集体,相互之间不存在重叠,允许原始法人出资设置次级集体经济组织法人,亦允许原始法人投资另一新设法人(后两者统称次级法人),又允许其他市场主体投资入股原始法人或其次级法人,但不允许原始法人对其自身或用于投资的集体资产失去适当的控制而导致集体资产非必要的流失。

(四)农村集体经济组织立法

嘉兴学院文法学院欧阳仁根教授指出,社区股份合作社是农村集体经济组织比较理想的企业形态,兼顾了股份制与合作制的优势。设立社区股份经济合作联合社也有利于抱团发展,共同应对市场风险。立法存在以下重点:一是农村集体经济组织成员资格的界定以及股权的配置规则;二是针对不同类型的股权设置不同的流转机制与利益分配机制;三是在股权市场化流转中探索适应农民市场化要求的股权转让、赠与、继承、退出等内部流转的程序规则及救济机制;四是适当考虑股份合作社在后续发展过程中对外募集股权或融资时的规则设计。

在农民集体与农村集体经济组织的关系上,华东政法大学刘竞元副教授比较认可上海的实践,即农村集体经济组织就是农民集体或农村集体资产的所有权人,负责集体资产的经营管理。此外,由于集体经济组织本身是农民带着土地入市而形成的,因此需要还原农民在集体中的资产份额,还原其主体地位,保障其最终收益分配权。为了避免农民利益受损,集体资产经营管理应以保本为前提。

重庆大学法学院董正爱副教授认为,其一,农村集体经济组织立法需要回应《民法典》对其的特别法人定位,进一步明确其设立条件与程序,以及与“村两委”和成员集体间的关系;其二,集体经济组织任务是促进集体经济发展,在股权设定以及成员身份认定上需要将静态管理与半动态管理、动态管理结合起来;其三,农村集体经济组织立法需要与原有农民专业合作社相关立法进行协调。

西北民族大学法学院王天雁副教授主要谈了以下观点:一是农村集体经济组织法

的调整对象应当是新型集体经济组织，传统经济组织是计划经济时代的产物；二是不应将农村集体经济组织与农民集体作为同一体看待，不仅缺乏实证法基础，二者成员身份的取得也面临天然性（固定性）与法定性的矛盾；三是未来农村集体经济组织法应当对农村集体经济组织法人组织形式采取有限开放，积极引导的原则，仅规定股份经济合作社与经济合作社两种类型；四是可以参照自然人破产制度赋予农村集体经济组织法人一定的破产能力。

西南政法大学经济法学院刘俊教授指出，在探讨集体经济组织立法时需要厘清如下前置性问题：集体经济组织最初产生的背景与产生的目的为何？当如今社会背景发生变化后，需要集体经济组织采取何种组织形式以符合现实需要？此外，近年来集体经济组织功能被不断弱化，尤其是地权方面不断强调个人权利，这实际上破坏了集体经济组织价值功能发挥作用的基础。

南京师范大学法学院姜红利老师认为，制度功能的确并非一成不变，需要在动态中予以把握。具体到集体成员制度，在城乡二元格局下，其被视作对农民集体成员的保障，但在当前城乡一体化改革背景下，农民更加关注其背后涉及的增值利益，例如拆迁补偿款的领取。

广东外语外贸大学土地法制研究院吴昊助理研究员从决议机制的规则设计为切入点谈起。为了防止农民集体对集体资产失去控制权，应当赋予农民集体亦即集体股持股主体对于集体经济组织法人“股东会”决议的一票否决权，即特定股东同意权。此外，集体股具有身份性特点，应该坚持有限流转原则，通过有形的手发挥资源配置优势。而普通股能够依托市场进行有效配置与再配置，因此集体经济组织法人的资产空间不受原始集体资产价值的限制，而是具有无限扩张的可能。

嘉兴学院浙江省法学会合作社与农民权益保障研究中心向勇教授认为，农村集体经济组织法人的特别性在于两个方面：一是其为公益性事业单位法人，主要体现在粮食生产方面；二是其可以将利润分配给成员，带有营利法人的独特性质。上述两类特点结合起来使其成为具有中国特色的特别法人。

重庆大学法学院宋宗宇教授认为，《民法典》在将法人划分为营利法人与非营利法人已经周延的情况下，再规定一个特别法人容易使人产生疑惑。此外，从现有法律依据出发，农民集体就是农村土地的所有权主体，农村集体经济组织与村委会为代表主体，但前者主要是营利性组织，后者主要是公益性组织。

浙江大学中国农村发展研究院丁关良教授认为，农村集体经济组织立法需要明确该组织创办人是谁，创办人能否当然成为该组织一分子的问题。就社区股份经济合作社而言，其是由集体成员牵头设立的，但本身并非由集体成员构成，而是由股东构成，而且随着股份经济合作社的发展，股东构成会越来越复杂。总之，农民集体成员只能是农民集体成员，而不能当然成为农村集体经济组织成员。依据在于在股份合作制改革之前，全国只有45%的地区才有农村集体经济组织，而剩下的55%是不存在的，但这些地方依然存在集体成员，存在成员权。

五、适应农村要素市场化的支持与管理制度建设

（一）新时代乡村治理的法治化

嘉兴学院浙江省法学会合作社与农民权益保障研究中心向勇教授认为，新时代乡村治理法治化最大的难点在于农村集体成员资格认定始终没有步入法治轨道。例如，外嫁女等到法院起诉集体经济组织或农民集体侵害其集体成员权益，由于会牵涉集体成员资格认定这一前置性问题，而法律又缺乏明确认定规则，法院通常会以保护妇女权益为由认定其集体成员身份。但集体成员资格认定属于自治范畴，应该尊重村规民约，将农户作为成员，而不是把农民个人作为成员。

西南政法大学经济法学院肖顺武教授指出，乡村治理的法治化是一个非常宏大的命题，必须找到具体的切入点。例如，扶贫工作中一些地方利用中国人的“面子文化”，对不同农户给予勤劳节俭、好逸恶劳等不同评价，通过给农民造成心理压力的方式提高其脱贫干劲，这不失为推进乡村治理的一大路径，但此种个人信用评价方式是否会侵犯公民的人格尊严权？

西南政法大学经济法学院万江教授认为，乡村治理包括自治、法治与德治，单纯谈法治一定程度上是法律中心主义的体现。通过诉讼方式解决争议成本较高，可以基于传统乡村自治体系，以低成本的方式在内部化解纠纷。

重庆大学法学院谢潇副教授指出，乡村治理法治化的实现除要送法下乡，做好普法工作外，更重要的是要让法律具有实效性，这体现在农村地区有多少与人口数量相匹配的基层派出所与基层派出法庭等基础设施，因此需要重视资金的投入或财政的保

障。此外,随着农村城镇化进程的推进,也许未来可以在农村地区进行私权体系构造,并引入适当的国家干预,在此基础上实现比较明晰的公私分离。

天津大学法学院杨雅婷副教授对“新时代乡村治理的法治化”进行了破题:一是“新时代”指乡村振兴战略实施这一大背景;二是“乡村治理的法治化”可以分为村规民约的法治化、政策的法治化以及如何协调党内法规与国家法律的关系,同时限制政府对涉农事项的过度干预。

浙江大学中国农村发展研究院丁关良教授认为,法治化仅是乡村治理的一个方面,许多法律与民间风俗习惯存在冲突,农村治理不能仅仅依靠法治,需要协调治理成本与效益间的关系。如今在“三治”基础上已经出现了“四治”“五治”的提法。同时,随着改革的深入推进,村内社区性集体组织呈现多元化趋势。

(二)农村要素市场化的法律支持

嘉兴学院浙江省法学会合作社与农民权益保障研究中心向勇教授以宅基地市场化的法律支持为切入点谈起。其认为,在进行宅基地“三权分置”构造时可以把原有的宅基地使用权升级为宅基地农户资格权,现实依据在于农民宅基地是集居住、生产、生活于一体的,具有复合用途的多功能土地。具体制度设计上,可以设置成两类两权结构:第一类两权结构即在《土地管理法》中规定集体所有权和农户资格权,农户资格权包括收益权,维持其身份性,做成一个真正的公法权利;第二类两权结构即在《民法典》“物权编”中规定的集体所有权和宅基地使用权是纯粹的没有身份属性的用益物权。如此可以实现宅基地使用权身份属性和财产属性的剥离,通过赋予农民更多权利,激励其节约使用存量宅基地,多余的宅基地用来推向市场。

西南政法大学经济法学院肖顺武教授指出,土地是农村最重要的要素,而要素市场化的本质是运用法律对其进行权利识别,通过明晰权属以达到市场化交易目的。而中国农村土地的一大特点在于权利的整体化(只有国家所有与集体所有两种形式)与使用的碎片化,在此前提下,农村要素市场化的重点在于通过制度设计解决流转方式与流转范围问题。

西南政法大学经济法学院万江教授围绕议题谈了三个观点:一是如今对农村土地的产权界定实质是在不愿调整改变大的法律框架的基础上,不断进行权利的细化,产权的明晰界定在一定程度上有利于提高流转效率,但相应也会带来协调成本的上升;

二是谈农村治理的法治化不是要加强管制，整个改革开放都是不断放权的过程；三是法治化意味着稳定的预期，但如今大量农村要素市场化的制度支撑来自政策，而不是法律。

重庆大学法学院谢潇副教授围绕该议题主要谈了两个观点：一是要想实现农村要素市场化，在法律上最重要的是培育私权，运用"权利束"思维，使农村各类要素成为市场经济意义上可供交易的客体；二是私权的培育同时也意味着农村土地社会保障功能的剥离，要从其他方面考虑为农村居民提供必要的生活保障。

天津大学法学院杨雅婷副教授重点探讨了集体经营性建设用地入市的法律支持问题。其一，明确入市主体是首要任务，正在制定中的农村集体经济组织法能够提供基础性法律支撑；其二，市场运行规则方面，传统经济学认为市场运行机制应该包括供求机制、价格机制和竞争机制，可以参考借鉴以上三个机制进行规则构建；其三，市场配套制度方面，交易平台的搭建，信息公开，不正当竞争监管等都须引起重视。

（三）农产品质量与粮食安全法治保障

嘉兴学院浙江省法学会合作社与农民权益保障研究中心向勇教授指出，大农替代小农是一个不可阻挡的发展趋势：一是因为农产品质量问题本质上是土壤治理问题，但这已经超出了小农家庭的治理能力；二是因为"农三代"基本已经非农化，不再从事传统小农生产，只有通过大农运作方式，培育新的农业工人才可能保障粮食安全。

西南政法大学经济法学院肖顺武教授重点探讨了粮食安全问题。其指出粮食安全极为复杂，是一个涉及政治、经济、社会多方面的综合性问题。此外，粮食安全的外延也非常广泛，不仅包括世界粮食安全，还包括国家粮食安全与家庭粮食安全。通常意义上探讨的粮食安全即指国家粮食安全，具体包括粮食的生产、储备、流通、调度。其中粮食生产安全又与耕地红线制度密切相关。但耕地红线制度更多是通过维持耕地数量以保障粮食安全，忽视了耕地质量，将土地数量与质量并重的土地"当量"制度值得借鉴。

西南政法大学经济法学院万江教授指出，在中央反复提及"双循环"政策思路，要求加快形成以国内大循环为主体、国内国际双循环相互促进的新发展格局背景下，粮食安全是我们必须直面的现实问题，18 亿耕地红线的重要性被凸显。由此延伸出的"地票"制度、土地增减挂钩制度等在未来若干年内也将继续存在。

重庆大学法学院谢潇副教授谈了三个观点：一是粮食安全同时涉及环境法问题，

因为能够种出粮食的土壤是一种稀缺资源;二是土地经营权制度的构建可以促使更多有意愿、有资本、有技术的市场主体进入粮食生产领域,产出更多的商品粮;三是如果财政允许,政府应加大对农业生产的补贴力度。

天津大学法学院杨雅婷副教授指出,农产品质量与各地特有的自然条件密切相关,因此如何有效、绿色地利用各地现有特色自然条件生产出特色优质的农产品值得关注。有效利用方面涉及回归土地承包经营权的用益物权本质;绿色利用方面涉及土地利用效率与环境治理的平衡。

(四)农村市场监管制度改革

西南政法大学经济法学院万江教授指出,市场失灵是进行监管的前提。从经济法角度而言,市场失灵表现为竞争失灵、信息失灵、理性失灵等方面。将以上分析框架具体运用于农村市场监管,一是需要建立起竞争机制。为了避免出现“生猪大战”“蚕丝大战”等地方保护主义,法律不仅要反垄断,还要解决城乡分割导致的要素流通受阻问题;二是需要将分散化的小农经营者整合成合作社等规模主体,降低信息成本、合规成本;三是政府须构建完善的市场交易平台,除了简政放权,还应该扮演好服务者角色。

天津大学法学院杨雅婷副教授重点探讨了对农村土地市场的监管。政府可以从以下方面着手:一是供地计划上,建立土地储备制度;二是用地规划上,对集体经营性建设用地入市用途进行监管,其能否用于房地产开发颇具争议;三是入市价格上,可以考虑建立统一基准地价或标准地价体系。

西南政法大学经济法学院刘俊教授同样重点探讨了农村土地市场监管问题。主要可从以下方面着手:一是农用地转用监管;二是用地价格监管;三是入市流转程序监管。因为目前集体土地主体制度相对不健全,因此仍须强调通过“招拍挂”程序进行公开流转;否则,会成为村干部犯罪的重灾区。

嘉兴学院文法学院欧阳仁根教授从以下三个角度探讨了农村市场监管问题:一是在农产品市场监管方面,许多国家将药品监管标准运用于婴幼儿奶粉或其他有关卫生健康方面的农产品的监管;二是农村市场主体多是一些小微企业或家庭农场等小型合作组织,考虑主体的特殊性,可以参考国际惯例对其进行垄断豁免;三是为了增强农产品在国际贸易领域的竞争力,政府可以适当加大补贴力度。

乡村振兴法治保障研究

——第五届全国土地法制与社会发展博士生学术论坛会议综述

夏玉洁*

目　次

强化乡村振兴的法治保障,把行之有效的乡村振兴政策法定化。2020年11月1日,由中国土地法制与乡村振兴战略会议联盟主办,西南政法大学经济法学院、经济法学科和中国农村经济法制创新研究中心共同承办的第五届全国土地法制与社会发展博士生学术论坛在重庆顺利举行,会议主题为"乡村振兴战略的法治保障"。吉林大学房绍坤教授、李国强教授,浙江大学丁关良教授,烟台大学王洪平教授,南开大学陈耀东教授,华中师范大学文杰教授,嘉兴学院向勇教授,西南政法大学经济法学院张波副院长、杨惠教授、万江教授、杨青贵副教授,以及10多位来自全国各地的博士研究生出席了本次论坛,对当前农村发展领域的热点和重点的问题进行了深入探讨交流。现将参会论文及会议研讨的主要内容综述如下。

* 西南政法大学中国农村经济法制创新研究中心助理研究员,硕士研究生。

一、乡村振兴的背景及政策依据

（一）乡村振兴的背景

党的十九大报告指出，农业农村农民问题是关系国计民生的根本性问题，必须始终把解决好“三农”问题作为全党工作的重中之重，实施乡村振兴战略。

王洪平教授认为，从我国制度国情中能看出农村问题已成为当下一大热点问题，农村的问题、“三农”的问题、乡村振兴的问题，都颇受关注。张波副院长认为，乡村振兴战略的实施离不开法治的保障，坚持农业农村优先发展需要不断丰富相关制度建设和规则体系，建立健全城乡融合发展体制机制和政策体系，运用法律权威有效回应和化解好乡村振兴战略实施中面临的新情况和新问题，实现农业农村现代化。徐泽恒认为，马克思、恩格斯“三农”观源于马克思、恩格斯对人类历史上“三农”发展规律与资本主义制度下“三农”基本状况的阐述，迄今依旧具有重大的理论价值，以习近平同志为核心的党中央坚持把解决好“三农”问题作为全党工作的重中之重。[1] 实施乡村振兴战略，是全面建成社会主义现代化国家的必然选择，是实现全体人民共同富裕的必然要求。

（二）乡村振兴的政策依据

党的十九大报告指出，实施乡村振兴战略，巩固和完善农村基本经营制度，深化农村土地制度改革，完善承包地“三权”分置制度，深化农村集体产权制度改革，保障农民财产权益，壮大集体经济。

农村集体经济组织是实现乡村振兴的重要主体。梅维佳指出，2015 年中央一号文件《关于加大改革创新力度　加快农业现代化建设的若干意见》已将农村集体经济组织条例列入立法规划。2016 年《关于稳步推进农村集体产权制度改革的意见》中提出，研究制定农村集体经济组织方面的法律，赋予农村集体经济组织法人资格。2017 年至 2019 年连续三年的中央一号文件以及《乡村振兴战略规划（2018—2022 年）》再次强调这一精神，为农村集体经济组织的未来改革方向给出了宏观顶层设计。[2]

---

〔1〕 许泽恒：《论马克思恩格斯“三农观”》，载《第五届全国土地法制与社会发展博士生学术论坛论文集》（会议交流用），2020 年 11 月。

〔2〕 梅维佳：《论农村集体经济组织法人之“特别性”》，载《第五届全国土地法制与社会发展博士生学术论坛论文集》（会议交流用），2020 年 11 月。

李泰廷指出,随着2016年中共中央、国务院《关于稳步推进农村集体产权制度改革的意见》的出台,我国农村集体产权制度改革正如火如荼地进行。周崇聪进一步指出,该意见对确认集体经济组织成员身份的原则及须考虑的因素进行了规定,指导集体成员资格认定规则制定工作。

集体经营性建设用地问题是乡村振兴战略实施不可回避的问题。韩宁指出,2018年中央一号文件《中共中央 国务院关于实施乡村振兴战略的意见》提出集体经营性建设用地入市。2019年中央一号文件《中共中央 国务院关于坚持农业农村优先发展做好"三农"工作的若干意见》指出,全面推开农村土地征收制度改革和农村集体经营性建设用地入市改革,加快建立城乡统一的建设用地市场。2020年中央一号文件《中共中央 国务院关于抓好"三农"领域重点工作确保如期实现全面小康的意见》强调要制定农村集体经营性建设用地入市配套制度。在上述背景下,集体经营性建设用地入市的研究显得尤为重要。[1]

宅基地改革是乡村振兴的"牛鼻子"。李谦指出,2018年中央一号文件提出,我国将探索宅基地所有权、资格权、使用权三权分置。任怡多从宅基地流转的角度分析相关政策依据,指出2018年中央一号文件强调落实宅基地集体所有权,保障宅基地农户资格权和农民房屋财产权,适度放活宅基地和农民房屋使用权。薛玉飞分析我国农村宅基地超标占用行为,指出应当依据2019年《土地管理法》第62条第1款"一户一宅""面积法定"的要求对超占行为进行规制。

推进乡村振兴,必须做好"三农"工作。周春光指出,拓展农民就业增收渠道,持续改善农民生产生活条件是2020年《政府工作报告》中关于"三农"问题的核心要义。构造适当性的土地产权流动体系是盘活农村土地市场的关键,《中华人民共和国农村土地承包法》顺应了"三权分置"的改革趋势,明确了土地经营权独立流转的法律地位。[2]

---

〔1〕 韩宁:《集体经营性建设用地入市下"三维一体"的机制障碍与破冰设想》,载《第五届全国土地法制与社会发展博士生学术论坛论文集》(会议交流用),2020年11月。

〔2〕 周春光:《农地商事信托中农民利益保障规则的构造》,载《第五届全国土地法制与社会发展博士生学术论坛论文集》(会议交流用),2020年11月。

二、乡村振兴法治保障的相关实践

(一)农村集体经济组织现状

在乡村振兴的大背景下,组织振兴是乡村振兴战略中的重要内容,农村集体经济组织是组织振兴中的关键环节之一。梅维佳指出,我国仍有较多地区,尤其是中西部,独立于村委会和乡镇政府的农村集体经济组织尚未设立。但在改革过程中,各地已经开始有意识地保证农村集体经济组织对集体资产完整的经营管理权能。例如,陕西、河北、辽宁等地在表述“集体资产所有权行使主体”时,均只出现“集体经济组织”。[1]

宋天骐则认为,从试点实践来看,随着改革进程的不断推进,全国87.2%的农村已建立农村集体经济组织,农村集体经济组织的特别法人地位得以巩固。实践中,也存在其他形式的农村集体经济组织,如广东省广州市天河区将农村集体经济组织改制为公司。但《民法典》的立法确认并没有解决农村集体经济组织法人成员的法律地位。在目前的改革中,中共中央、国务院《关于稳步推进农村集体产权制度改革的意见》提及,股份合作制改革不同于工商企业的股份制改造,应体现成员集体所有和特有的社区性,这在一定程度上保障了集体成员的利益。[2]

(二)集体成员资格认定实践

集体成员资格认定是新一轮农村土地改革关键环节。周崇聪指出,截至2020年4月26日,全国范围内共确认的集体经济组织成员达6亿多人。不少地区已出台集体成员资格认定的指导意见,相关实践如:青龙满族自治县将“户籍关系、土地承包、居住状况以及义务履行、兼顾各类成员群体的利益”作为成员资格认定的条件;天津市综合考量户籍登记、土地承包、居住生活以及对村集体履行义务等因素,并强调婚姻关系中成员的资格认定;铜陵市则对“出嫁女”和“入赘男”、丧偶或离婚妇女、在外地长期从事工商业人员等特殊情况资格认定规则给予明确规定;文昌市强调需要特别注重保护妇女、儿童的合法权益。多地成员认定规则存在共同之处,即要求综合考虑不同因素,避

---

〔1〕 梅维佳:《论农村集体经济组织法人之“特别性”》,载《第五届全国土地法制与社会发展博士生学术论坛论文集》(会议交流用),2020年11月。

〔2〕 宋天骐:《论农村集体经济组织法人成员的特别性》,载《第五届全国土地法制与社会发展博士生学术论坛论文集》(会议交流用),2020年11月。

免单一的认定标准。但其侧重点又存在差异，如天津市侧重婚姻关系、铜陵市综合设计各类情况、文昌市则侧重于妇女儿童。[1]

（三）农村产权流转制度实践

农村土地是农民、集体与国家之间联动的主要纽带和关键枢纽，对农村土地产权的法律配置直接关乎集体利益的发展与国家政治意愿的表达。李泰廷指出，从我国清产核资工作已基本完成所获得的成效来看，农村产权基本走出了因产权界定模糊而导致流转成本过高、产权纠纷过多的泥潭，各地均能实现将集体资产与非集体资产分离开来，有利于后续的产权确权和交易流动，产权经营者的主体地位与类型也由此变得明晰。例如，江苏省扬州市在2014年完成以乡镇为最小单元的三级农村产权信息服务平台，并于2019年完成江苏省首次线上竞拍，实现了农民的大幅增收。

从不同行政管理层级的视角审视产权交易平台的构建：县级层面，河南省温县率先创建了覆盖到村民小组的集体产权交易中心与监督平台，集体成员可以通过网络监督和了解本集体产权交易情况，常州市五星街道建立了动态全覆盖的农村产权交易平台，并要求所有村级集体资产交易一律通过平台线上进行，有效防止了场外交易与以权谋私行为；市级层面，各个省级农村产权交易平台都必须依托于县或乡镇级的产权交易平台才能拥有设立基础，例如浙江省温岭市构建了“市—镇”两级的产权交易体系。省级层面，吉林省在试点地区投资设立产权交易平台，挂牌交易项目有包括股权与农业知识产权在内的六种常见类型，以出租、抵押等多种方式促使全省城乡之间资产循环的流通，并与互联网企业展开合作，实现了信息的动态更新与持续监管。[2]

丁关良教授指出，在我国的农村产权交易实践中，浙江较为成熟，湖北武汉和四川成都也有农村产权交易所。

（四）集体经营性建设用地改革实践

传统土地市场施行“双轨制”，即国有经营性建设用地可以入市（包括一级市场和二级市场）交易，从事商业性开发，而集体经营性建设用地不能入市，只能将该用地作

〔1〕 周崇聪：《农民集体成员资格认定规则研究》，载《第五届全国土地法制与社会发展博士生学术论坛论文集》（会议交流用），2020年11月。

〔2〕 李泰廷：《农村产权交易平台构建与法治保障研究》，载《第五届全国土地法制与社会发展博士生学术论坛论文集》（会议交流用），2020年11月。

为村办企业、乡镇企业用地。这对充分利用土地资源、实现城乡经济的统筹发展造成了巨大的障碍。中央正积极推进农村集体经营性建设用地使用权的入市试点。韩宁指出,北京大兴区等试点县,在符合规划、用途管制和依法取得的前提下,允许存量农村集体经营性建设用地使用权出让、租赁、入股,实行与国有建设用地使用权同等入市、同权同价。[1]

王珺指出,国家利用指标制度来对建设用地进行管控,但由于指标行政配置的失灵,中央政府开始允许部分试点地区进行改革,出现了诸如“折抵指标有偿调剂”“宅基地置换”“城乡建设用地增减挂钩”及“地票”等多种指标市场化的探索。其中两种较为可取的模式:一是“增减挂钩”,建立城乡建设用地增减挂钩节余指标跨省域调剂机制;二是“重庆地票”,“地票”交易是将农村闲置的建设用地、宅基地复垦整理为耕地,经验收合格后产生新增建设用地指标,有意愿使用指标的主体可以在政府搭建的平台内购得指标,从而赋予指标生产者与使用者自由选择权。[2]

(五)宅基地“三权分置”改革实践

在两权分置的宅基地制度模式下,通过赋予农民宅基地使用权的方式实现的住房保障已经不合时宜,需要更加关注宅基地使用权的财产价值。2018 年中央一号文件提出“探索宅基地‘三权分置’”伊始,两权分置到三权分置的宅基地权利分置模式尝试试点。李谦指出,我国已在 33 个试点县(市、区)展开宅基地三权分置制度改革试点。而在宅基地制度改革的试点过程当中,很多地区都形成了具有规模化和借鉴意义的“地票交易”制度。诸如浙江省诸暨市、重庆市等地区的地票交易制度已经具有了较为成熟的运行体制。[3]

任怡多则指出,我国农村宅基地闲置率为 10.7%,样本村庄宅基地闲置率最高达 71.5%。实践中,尽管尚未实行宅基地信托流转模式,但有部分地区展开了宅基地流转试点。如上海市奉贤区南桥镇六墩村,具备宅基地使用权流转意愿的村民与村委会

---

[1] 韩宁:《集体经营性建设用地入市下“三维一体”的机制障碍与破冰设想》,载《第五届全国土地法制与社会发展博士生学术论坛论文集》(会议交流用),2020 年 11 月。

[2] 王珺、汪莉:《建设用地指标法律属性的重释与厘定》,载《第五届全国土地法制与社会发展博士生学术论坛论文集》(会议交流用),2020 年 11 月。

[3] 李谦:《宅基地资格权的法律诠释与内涵重塑》,载《第五届全国土地法制与社会发展博士生学术论坛论文集》(会议交流用),2020 年 11 月。

签订流转协议，获得逐年递增的租金收益。同时，针对农居进行商业开发活动并保留农民房屋使用权的"联建模式"也大肆盛行。较为典型的是，联众（中国）休闲产业集团有限公司在浙江省内的临安、淳安、德清等县市开展了11个联建项目。另外，沈阳市沈北新区兴隆台街道因地制宜探索盘活宅基地的方式，形成破解宅基地盘活难题的"沈北模式"，即试点村农民将闲置的宅基地经村股份经济合作社收拢后，统一租赁给农事企业，促使农民得租金、村集体增收入、农事企业获经营空间。[1]

在现行土地法律法规对农村宅基地的严格管制下，要求对农村宅基地超标占用行为进行严厉惩治。薛玉飞指出，对于农村宅基地超标占用行为，由县级以上人民政府农业农村主管部门、城乡规划主管部门、乡（镇）人民政府作为执法机关，通过罚款、没收、查封、强制拆除、责令退还、责令停止建设、限期改正、限期拆除进行规制。针对历史遗留原因导致的宅基地"一户多宅""面积超标"等，当前宅基地制度试点地区大胆探索采用"有偿使用费"的措施，如湖北宜城、浙江义乌、江西余江等，"有偿使用"的范围有进一步扩张的趋势。[2]

从宅基地使用权继承的立法现状出发，朱海荣指出，涉及宅基地使用权继承的具体执行制度已初具规模。例如，于登记簿内标注继承人身份、取消"一户一宅"对继承认定的限制、根据继承人身份实行有偿使用或采取自愿退出补偿等基本内容都可在各类地方规范性文件中寻到基本范式。[3]

（六）农地利用方式探索实践

周春光认为，商事信托逐渐成为土地资源流转的有效配置方式。结合各地农村的具体条件，不同的土地信托模式不断涌现，如浙江"绍兴模式"、湖南"草尾模式"、福建"沙县模式"、安徽"宿州模式"等类型对于促进农村土地资本化流动与规模化经营发挥

---

〔1〕 任怡多：《"三权分置"下宅基地信托流转的法律探析》，载《第五届全国土地法制与社会发展博士生学术论坛论文集》（会议交流用），2020年11月。

〔2〕 薛玉飞：《论新〈土地管理法〉视阈下农村宅基地超标占用行为的法律规制》，载《第五届全国土地法制与社会发展博士生学术论坛论文集》（会议交流用），2020年11月。

〔3〕 朱海荣：《论宅基地使用权继承取得》，载《第五届全国土地法制与社会发展博士生学术论坛论文集》（会议交流用），2020年11月。

着积极作用。[1]

李运达通过对山东省3县6镇12村进行实地调研，指出该地区土地利用的现状为，由于执行“增人不增地，减人不减地”的国家政策，受访地区娶进来的媳妇大多分不到土地，而嫁出去的姑娘和离婚的妇女，土地也多不会被收回，即由于法律及国家政策对承包地的调整和收回规定十分严格，该调查区域内因婚嫁而发生土地变动的情况较少。而在承包地流转方面，转包、出租和互换的流转方式普遍存在，而抵押和入股则比较少，流转不仅受到限制，还需要经过村委会或者登记确权程序，给农民融资带来阻碍。[2]

三、乡村振兴法治保障面临的问题

（一）农村集体经济组织面临的问题

梅维佳认为，《民法典》第99条仅具有宣示意义，农村集体经济组织的“特别性”并未得到合理彰显。实践中，农村集体经济组织常与村委会主体混同。同时，农村集体经济组织往往被赋予过多的公共事业服务功能，忽视了最根本的核心任务即发展壮大集体经济。此外，农村集体经济具有成员的封闭性，在当前“三权分置”的政策背景下，对于不具备农村集体经济组织成员身份，但是对本集体作出了一定贡献的人，难以获得相应的经济收益。这既不利于更多的外来资本、人员、技术进入本集体，更不利于集体经济的壮大。[3]

丁关良教授指出，按照中央文件表示，农村集体经济组织主要存在两种类型：经济合作社和股份经济合作社，可能具有不同的特别性，需要区别分析。

宋天骐认为，农村集体经济组织法人的特别性根源于成员的特别性。因此农村集体经济组织法人成员的法律地位的模糊，不利于农村集体经济组织法人的法律地位和治理机制的构建。同时农村集体经济组织制度的不完善，也影响集体经济组织成员的

---

〔1〕 周春光：《农地商事信托中农民利益保障规则的构造》，载《第五届全国土地法制与社会发展博士生学术论坛论文集》（会议交流用），2020年11月。

〔2〕 李运达：《山东省农村土地法律问题的调研报告》，载《第五届全国土地法制与社会发展博士生学术论坛论文集》（会议交流用），2020年11月。

〔3〕 梅维佳：《论农村集体经济组织法人之“特别性”》，载《第五届全国土地法制与社会发展博士生学术论坛论文集》（会议交流用），2020年11月。

利益实现。比如,集体经济组织成员自身份确定之后便享有一定的集体资产股份,但现阶段集体资产股份的转让和退出受到社区性的限制。[1]

(二)集体成员资格认定面临的问题

周崇聪认为,作为农民土地权益享有基础,集体成员权制度的缺失,阻碍了农用地流转、宅基地使用、农村集体产权制度与市场经济快速变革的有效对接。归纳出我国集体成员资格认定存在的两个问题:一是农村集体成员与农村集体经济组织成员混淆使用;二是缺乏统一的资格认定规则,表现为立法缺位、司法裁判标准多元化、具体实践侧重点存在差异。[2]

万江教授指出,集体成员资格认定规则的健全需要对"三权分置"带来的冲突进行回应。

(三)农村产权流转面临的问题

李泰廷从不同行政管理层级分析产权交易平台存在的问题:一是县级层面,确权颁证工作一度进展缓慢,地上附着物的归属存在争议,缺乏财务人员与监督机制,农业抵押贷款受限,政策支持不足;二是市级层面,工作人员尤其是专业知识人才缺失,各类产权交易主体的积极性不高,利益散化,监管保密机制滞后,集体股权继承、内部流转、有偿退出等方面缺乏规范,政府政策创新与部门间的配合不彰显;三是省级层面,各级产权交易平台的交易机制不匹配,没有实现全面覆盖,场外交易盛行,网络设施落后,宣传方式单一,未形成交易中介体系和交易评估体系,实践中相应细则、法律规定不明或缺少。[3]

(四)集体经营性建设用地改革面临的问题

韩宁指出,在一系列正在进行的农村土地改革,尤其是在集体经营性建设用地改革中,集体经营性建设用地入市研究不容回避。集体经营性建设用地的入市会与国有建设用地长期垄断一级市场的现状产生矛盾。同时,上述基础上产生的地方土地财政

---

〔1〕 宋天骐:《论农村集体经济组织法人成员的特别性》,载《第五届全国土地法制与社会发展博士生学术论坛论文集》(会议交流用),2020年11月。

〔2〕 周崇聪:《农民集体成员资格认定规则研究》,载《第五届全国土地法制与社会发展博士生学术论坛论文集》(会议交流用),2020年11月。

〔3〕 李泰廷:《农村产权交易平台构建与法治保障研究》,载《第五届全国土地法制与社会发展博士生学术论坛论文集》(会议交流用),2020年11月。

问题也会牵涉重大利益格局的调整。此外,“三维一体”路径依赖也对农村集体经营性建设用地入市新机制产生制约。[1]

陈耀东教授进一步指出,集体经营性建设用地入市以后,和土地征收产生重叠与冲突,政府的财政收入也会受到限制。

王珺则指出,建设用地指标的法律属性模糊混乱,严重影响背后制度的体系化构建和有效运行。一是建设用地指标行政配置僵化,主要体现为行政权力法治化程度的不够,包括行政权力法治化程度不够,土地的开发许可权法治化程度不够,民主运行机制不畅;二是指标的市场交易存在市场化程度不高,农民和集体的权益得不到充分保护。[2]

(五)宅基地“三权分置”改革面临的问题

在宅基地“三权分置”改革中,李谦认为,现阶段宅基地问题的调整仅是在政策颁布的层面,缺乏规范的法律指引。基于我国现有的宅基地制度,宅基地权利只有通过使用权来体现,无法形成可以彰显于外的宅基地使用权权利概念。实践中的“地票交易”并没有实际的制度依托,仅有赖于地方政府宅基地制度的试点政策。此外,无论是以往的两权分置还是目前的三权分置制度,宅基地所有权都是固定由集体经济组织享有,对于农户和第三人享有的权利缺乏统一的认识。[3]

任怡多则指出,农村宅基地存在大面积的闲置浪费,亟须对其加以有效利用,而宅基地“三权分置”政策为推动宅基地高效流转,盘活宅基地资源提供了良好契机。因此,将闲置宅基地用于经营性用途,允许广大社会资本方使用宅基地,创造更大的经济价值是宅基地制度改革的大势所趋,但囿于严格实行的土地用途管制制度,完全放开宅基地的经营性用途在短期内难以实现。[4]

---

〔1〕 韩宁:《集体经营性建设用地入市下“三维一体”的机制障碍与破冰设想》,载《第五届全国土地法制与社会发展博士生学术论坛论文集》(会议交流用),2020年11月。

〔2〕 王珺、汪莉:《建设用地指标法律属性的重释与厘定》,载《第五届全国土地法制与社会发展博士生学术论坛论文集》(会议交流用),2020年11月。

〔3〕 李谦:《宅基地资格权的法律诠释与内涵重塑》,载《第五届全国土地法制与社会发展博士生学术论坛论文集》(会议交流用),2020年11月。

〔4〕 任怡多:《“三权分置”下宅基地信托流转的法律探析》,载《第五届全国土地法制与社会发展博士生学术论坛论文集》(会议交流用),2020年11月。

薛玉飞认为,农村宅基地超标占用行为的规制措施出现异化,具体表现为:一是合法、非法的性质区分并未得到足够的重视,以规制合法超标占用行为的积极性措施规制非法超标占用行为,以及非法超标占用的公私法规制措施配置失衡;二是现行规范体系中超标占用行为规制措施的缺位,执法机关的制止权具有模糊性,没有“强制拆除”的强制执法权;三是实践中经常出现“以罚代法”的问题,采取“罚款、改正”代替“拆除、恢复原状”措施,使执法部门的治理措施陷入“罚款”经济性处罚的恶性循环。[1]

朱海荣认为,“三权分置”改革激活了宅基地使用权的财产属性,“可继承”是应有之义。但被确定后的继承利益能否现实化,从继承人角度尚存两点疑难:一是如何处理具备集体成员身份的继承人与“一户一宅”规则的可能冲突;二是如何能使非集体成员身份的继承人突破身份限定说最终获得应得的财产利益。[2]

(六)农地利用方式面临的问题

陈耀东教授指出,乡村振兴主要解决三个问题:人、地、财,土地问题是关键。

在农地商事信托法律关系中,多元化的模式源于产权流动性扩张的现实需求,法律维度的农民利益保障会成为土地经营权运行过程中影响我国土地流转的非产权因素。周春光指出,农地商事信托中农民利益法律保障存有四个问题:一是信托委托人适格要件的不明;二是信托受托人担责原则的瑕疵;三是信托监管路径的模糊;四是信托法律主体救济性利益的缺位。[3]

李运达指出,调研地近半数的农民认为,土地承包经营方面,土地无法抵押贷款以及承包地调整、流转、征收存在问题;承包期限方面,因为“增人不增地,减人不减地”政策的施行,导致土地占有不均衡;承包地流转方面,抵押、入股比较少,并且大部分土地需要经过村委会或者登记确权程序才可流转,给农民融资带来阻碍;土地利用方面,在有“四荒地”存在的村子,主要存在的问题是承包后没有登记确权,虽然土地利用较为

〔1〕 薛玉飞:《论新〈土地管理法〉视阈下农村宅基地超标占用行为的法律规制》,载《第五届全国土地法制与社会发展博士生学术论坛论文集》(会议交流用),2020年11月。

〔2〕 朱海荣:《论宅基地使用权继承取得》,载《第五届全国土地法制与社会发展博士生学术论坛论文集》(会议交流用),2020年11月。

〔3〕 周春光:《农地商事信托中农民利益保障规则的构造》,载《第五届全国土地法制与社会发展博士生学术论坛论文集》(会议交流用),2020年11月。

充分，但仍存在“四荒地”权属不清晰的问题。[1]

四、乡村振兴法治保障相关建议

（一）农村集体经济组织制度探索

梅维佳从农村集体经济组织法人的历史溯源、组织职能、成员和破产能力等方面进行分析，剖析它特别性背后的制度困境，针对性地提出相应的法律解决措施。一是亟须探索“政经分离”的农村集体经济组织与村民委员会关系，厘清角色定位，保障集体经济组织独立行使自主权；二是应当弱化农村集体经济组织的公共事业服务职能，强化其生产经营职能；三是适度开放组织成员资格以及设立组织成员的双层结构，淡化原有集体内部成员的身份性因素，给外来资本顺畅进入原本封闭的组织更多可能性；四是应当肯定农村集体经济组织法人具有破产能力，同时加强风险控制制度、厘定破产财产范围限制其破产能力。[2]

宋天骐则侧重于特别性中的“具体性”问题，对农村集体经济组织法人成员的特别性进行分析。成员身份的特别性体现于成员身份的多重含义与认定标准、认定程序等方面，旨在通过强调社区性，巩固农村社区的内部稳定。成员权利的特别性体现于成员权的具象化与集体资产股份权利的权能限制，旨在通过强调权利平等和权利行使增加农民财产性收入。农村集体经济组织法人的法权关系具有特别性，其体现于《民法典》法人分类中特别法人设定的中国特色，以及法人与成员之间自治与强制的双重维度，旨在通过厘清主体的内外部边界实现法人内部的有效治理。[3]

（二）集体成员权制度建设

周崇聪以新一轮土地制度改革、集体经济组织法制定为契机，对集体成员资格认定原则予以设计。首先，以概念明晰为起点，厘清集体成员与集体经济组织成员的关系，对农村集体事务与集体经济组织事务相区分，各司其职；其次，以公平正义为原则，

---

〔1〕 李运达：《山东省农村土地法律问题的调研报告》，载《第五届全国土地法制与社会发展博士生学术论坛论文集》（会议交流用），2020年11月。

〔2〕 梅维佳：《论农村集体经济组织法人之“特别性”》，载《第五届全国土地法制与社会发展博士生学术论坛论文集》（会议交流用），2020年11月。

〔3〕 宋天骐：《论农村集体经济组织法人成员的特别性》，载《第五届全国土地法制与社会发展博士生学术论坛论文集》（会议交流用），2020年11月。

制定集体成员资格认定的统一规则并在司法过程中同等适用；再次，以尊重历史为基础，以户籍为主要方式展开成员资格认定工作，保护源村民及其新生代的资格权利；最后，以兼顾现实为补充，综合考量社会生活保障，将社会生活保障为辅助性标准考量因素。[1]

(三)农村产权流转制度改革

对于农村产权交易平台的构建，李泰廷建议，一是全面建设“省—市—县—乡”四级联动的产权交易平台，统一人员编制安排和交易运行规制，增加平台绩效考核机制，成立行业协会，构建顺畅透明的产权交易网络通道；二是明确产权交易涉及主体的法律地位，增加交易种类；三是设立标准统一、程序透明的退出机制，并使每个需要退出的成员均可按照自身实际情况得到相对应的补偿；四是优化激励政策，给予首次入场主体一定奖励，扶持规模经营主体、引导零散农户进行产权集中流转；五是实施税率调控，设立“风险资金池”与“项目池”以及农业保险等风险缓释机制；六是加强业务指导与软硬件配备；七是完善产权交易平台各环节的监管和追责机制，努力实现无纸化办公。[2]

(四)集体经营性建设用地“入市”

韩宁立足于“三维一体”探究集体经营性建设用地的入市问题。“三维一体”指税制以及分税制度之下的转移支付、地方政府官员的评价机制、土地财政这三个维度集中于地方政府这一载体。基于此背景提出三点建议：一是实施专项财政转移支付；二是设置相应的税费政策，轻徭薄赋，还利于民；三是制定特殊的官员绩效评价机制，以利害关系人是否满意作为重要的衡量指标，引入第三方评价机制。同时要将中央的政策结合地方实际，调动地方政府的积极性。[3]

王珺在探索建设用地指标的市场化过程中，认为公权和私权同时存在于建设用地指标中，承认指标具有公私权融合的内在属性。因此需要把公私权两者都纳入法治化

---

〔1〕 周崇聪：《农民集体成员资格认定规则研究》，载《第五届全国土地法制与社会发展博士生学术论坛论文集》(会议交流用)，2020年11月。

〔2〕 李泰廷：《农村产权交易平台构建与法治保障研究》，载《第五届全国土地法制与社会发展博士生学术论坛论文集》(会议交流用)，2020年11月。

〔3〕 韩宁：《集体经营性建设用地入市下“三维一体”的机制障碍与破冰设想》，载《第五届全国土地法制与社会发展博士生学术论坛论文集》(会议交流用)，2020年11月。

管理,有效限制公权,以立法形式保护私权。[1]

(五)宅基地“三权分置”改革

落实宅基地“三权分置”改革,需要将作为政策性语言的资格权转换为专业法律术语。李谦认为,宅基地资格权兼具财产权能和身份权能的双重属性,应当把关注的重心从对农民住房需求的满足过渡到住房财产权的实现。农户自己使用宅基地使用权时,资格权和财产权合一;农户转让宅基地使用权时,资格权和财产权发生分离,第三人享有宅基地的使用权,而农户享有宅基地的身份权,可以行使宅基地使用权购买权、宅基地利益分享权、宅基地取回权、宅基地退出权等权利。[2]

关于宅基地流转方面,任怡多以“三权分置”改革和土地承包经营权信托的实践经验为支撑,参考国外土地信托制度,描绘宅基地信托流转的运作流程。首先,宅基地使用权人基于对受托人的信任,将自身享有的宅基地使用权委托给农地信托公司。其次,农地信托公司在接受宅基地使用权人委托的土地后,需要制定合理的建设规划方案,将流转的宅基地进行集中管理和统一规划,并以是否增加农民收益并发展壮大农村集体经济为衡量标准,选择符合条件的社会主体入驻。再次,各类社会主体根据自身的实际需要,在流转的宅基地上建设建筑物并创造经营收益。最后,农地信托公司遵照宅基地信托流转合同的约定,按时向宅基地使用权人支付信托收益。[3]

如何对宅基地超标占用规制的异化问题进行匡正,薛玉飞认为,首要是区分合法超标占用和非法超标占用。对于合法超标占用的规制主体可以效仿江西改革的经验,加入类似于村民的规制主体,扩大原有的主体范围。规制措施以激励性措施为主,但是否采用税收方式、何种税收方式有待商榷。对于非法超标占用,有以下三点建议:一是以“应拆尽拆、应收尽收、应罚尽罚”作为严格执法根本遵循,对因执法措施不当、司法裁判导致伪“合法”超标占用一律认定非法超标占用并溯及既往;二是执法主体下放到乡镇人民政府,形成乡镇综合执法的规制主体;三是在完善行政规制措施的基础上

[1] 王珺、汪莉:《建设用地指标法律属性的重释与厘定》,载《第五届全国土地法制与社会发展博士生学术论坛论文集》(会议交流用),2020年11月。

[2] 李谦:《宅基地资格权的法律诠释与内涵重塑》,载《第五届全国土地法制与社会发展博士生学术论坛论文集》(会议交流用),2020年11月。

[3] 任怡多:《“三权分置”下宅基地信托流转的法律探析》,载《第五届全国土地法制与社会发展博士生学术论坛论文集》(会议交流用),2020年11月。

采用第三方规制措施，引入公益诉讼机制、土地督察制度。[1]

朱海荣从立法规制上对宅基地使用权继承问题提出三点建议：一是修改《土地管理法》相关条文或增设"允许宅基地使用权继承"条款；二是因继承原因造成"一户多宅"、宅基地面积超标或继承人非本集体成员且不愿将宅基地使用权交回集体组织的，集体组织有权对该类继承人实行"有偿使用"宅基地使用权制度；三是以自愿有偿退出为原则，允许继承人持宅基地使用权证书申请向集体建设用地使用权的转化。[2]

(六)农地利用方式探索

周春光从对农民利益倾斜性保护出发，从四个方面构造农地商事信托中农民利益保障规则：一是通过理论解构与域外经验借鉴，优化法律规范的内容联动，在《信托法》中对农地商事信托进行专章规定，明确信托公司的法律地位；二是完善受托人信义义务，农民与受信人之间的信用关系以法律规范为载体厘定为信义义务关系，同时明确受信人违反信义义务的损害赔偿方式与农民的救济路径，发挥政府的激励功能；三是确立信托协同监管的治理体系，农地商事信托中的流转关系由土地部门监管，信托关系由银行部门监管，土地、农业与信托三部门主管机关强化部门联动与协调合作，构建信息互通与磋商协调机制；四是提供委托人权利救济路径，畅通司法救济进路，强化法律援助部门职权，扩展争议解决渠道，设立先行补偿专项资金。[3]

李运达认为，山东省在实行"大稳定、小调整"的策略下，应适当调整"增人不增地，减人不减地"政策，同时丰富农地流转方式，并适当简化其流转程序，尊重村民的行为自治，充分发挥村集体的统一领导作用，实现土地承包经营权长期稳定的现实与法律目标。[4]

---

[1] 薛玉飞：《论新〈土地管理法〉视阈下农村宅基地超标占用行为的法律规制》，载《第五届全国土地法制与社会发展博士生学术论坛论文集》(会议交流用)，2020年11月。

[2] 朱海荣：《论宅基地使用权继承取得》，载《第五届全国土地法制与社会发展博士生学术论坛论文集》(会议交流用)，2020年11月。

[3] 周春光：《农地商事信托中农民利益保障规则的构造》，载《第五届全国土地法制与社会发展博士生学术论坛论文集》(会议交流用)，2020年11月。

[4] 李运达：《山东省农村土地法律问题的调研报告》，载《第五届全国土地法制与社会发展博士生学术论坛论文集》(会议交流用)，2020年11月。

五、会议总结

本次博士生论坛以“乡村振兴战略的法治保障”为主题，重点围绕当前中国农业和农村治理领域的重点和热点问题展开了为期半天的学术研讨。与会博士生在讨论中指出了乡村振兴法治保障面临的新情况和新挑战，在乡村振兴战略的政策目标指引下，从农业农村的发展实践出发，对“农村集体经济组织法人”“农村产权流转”“三权分置”“农地利用方式”等问题进行研究分析，提出了创新式的见解，为更好地落实乡村振兴战略，实现农业农村现代化有重大意义。与会老师也对博士生们的发言做了深入的点评，促使研究者完善学术研究方法和研究内容。向勇教授表示全国土地法制与社会发展博士生论坛是按照未来法学家的标准来要求博士生，是一个很好的历练平台。房绍坤教授总结，如今中国农村问题关注的人越来越多，未来农村土地研究、农村法治研究能迈上新台阶。